2013年度中央财政支持地方高校发展专项资金建设项目“公安学及公安技术学科创新团队”成果
重庆高校物证技术工程研究中心课题成果（课题号：LCFS140816）
重庆高校物证技术创新团队资助项目成果（合同号：KJTD201301）

西南政法大学刑事侦查学院公安学学术文库

国（区）际检察官侦查制度研究

Research on the Investigative System of International/Interregional Prosecutor

刘玉贤　肖　军　著

群众出版社
·北　京·

图书在版编目（CIP）数据

国（区）际检察官侦查制度研究/刘玉贤，肖军著．—北京：群众出版社，2016.4
（西南政法大学刑事侦查学院公安学学术文库）
ISBN 978-7-5014-5520-1

Ⅰ.①国…　Ⅱ.①刘…②肖…　Ⅲ.①检察机关—侦查—司法制度—研究—世界　Ⅳ.①D916.3

中国版本图书馆 CIP 数据核字（2016）第 073357 号

国（区）际检察官侦查制度研究

刘玉贤　肖　军　著

出版发行：群众出版社
地　　址：北京市西城区木樨地南里
邮政编码：100038
经　　销：新华书店
印　　刷：北京普瑞德印刷厂

版　　次：2016 年 4 月第 1 版
印　　次：2016 年 4 月第 1 次
印　　张：15
开　　本：787 毫米×1092 毫米　1/16
字　　数：238 千字

书　　号：ISBN 978-7-5014-5520-1
定　　价：52.00 元

网　　址：www.qzcbs.com
电子邮箱：qzcbs@sohu.com

营销中心电话：010-83903254
读者服务部电话（门市）：010-83903257
警官读者俱乐部电话（网购、邮购）：010-83903253
公安综合分社电话：010-83901870

前　　言

2015年是联合国成立暨世界反法西斯战争胜利70周年。为了维护世界的和平与秩序，联合国应运而生。同样，为了惩治严重违反人道主义犯罪，国际刑事法院宣告成立。联合国安理会与国际刑事法院又有着千丝万缕的联系。此为本书的研究背景。

本书由我和刘玉贤共同完成。刘玉贤是我在中国人民公安大学读博期间的同学，师从赵永琛教授。一直以来，其研究方向为国际刑法与刑事诉讼法，国际刑事法院便是其研究内容之一，而国际刑事法院检察官办公室承担着严重违反人道主义犯罪的侦查与起诉工作，故也在其研究之列。当她问我是否愿意以其博士毕业论文《国际刑事法院的调查规则》为基础，合作出一本这方面的专著时，我欣然答应。因为在我上一本专著《欧洲主要国家与欧盟侦诉主体研究》中，重点阐释了作为欧盟侦诉主体之一的欧洲检察官办公室的有关内容，对比起来，两者都是打击国（区）际犯罪的侦诉主体，都以“检察官办公室”命名，具有一定的共性，倘若加以比较研究，一方面，能使我的研究具有延续性；另一方面，势必能够找到两者的异同并为我国检察机关的侦查制度之完善提供些许素材。而将两者融合起来，称作“国（区）际检察官侦查制度研究”较为妥当，此为书名的由来。

准备工作就绪后，我们进行了分工，她负责国际刑事法院检察官部分的撰写，我负责欧洲检察官部分的撰写。初稿出来后，只是完成了书的主干部分，而一本书要成体系，必须添加必要的枝叶，即相关的内容予以辅佐。而由于我时间比较充裕，故承担了此项工作，包括加入并完善了国（区）际检察官侦查制度概述、国（区）际检察官侦查的理论基础、国（区）际侦查主体制度、国（区）际检察官侦查对中国的影响和启示等章节的部分内容。总体来看，我们的分工大致如下：

刘玉贤：第一章第二节、第三章第一节、第四章、第六章第二节；

肖军：第一章第一节、第二章、第三章第二节、第五章、第六章第一节与第三节、第七章。

从字数来看，每人约各占一半。

成稿后，我进行了统稿，主要是文字上的处理和结构上的微调。此为成书的过程。

本书的写作思路在于：从两大检察官的侦查制度入手，寻找各自的特征并加以比较研究，提炼出可供借鉴之处，为我所用，并列出了我国检察机关侦查制度改革的方向与有关措施。目前来看，国内学者鲜有将这两类检察官结合并进行研究的。

当然，在研究过程中，也发现了这两大检察官的相同点与不同点都较为明显，书中一一罗列出来，便于比较，可以说初步达到了写作目的。但是如何将其利用好并提炼出精华，才是真正的难题。由于时间仓促和水平有限，书中难免有不成熟和思考欠妥的地方，希望各位专家学者批评指正，也为今后更深入地研究奠定基础。

肖　军

二零一五年国庆佳节

于西南政法大学敬业楼

目　　录

第一章　国（区）际检察官侦查制度概述 …………………… （1）
　第一节　国（区）际检察官侦查的概念 ………………… （1）
　　一、国（区）际侦查的概念 ……………………………… （1）
　　二、国（区）际检察官侦查（制度）的概念 ………… （2）
　第二节　国（区）际检察官侦查的必要性与可行性 …… （3）
　　一、关怀全人类的发展 ……………………………………… （3）
　　二、有效打击国际犯罪 ……………………………………… （6）
　　三、具备展开侦查的条件 …………………………………… （9）
第二章　国（区）际检察官侦查的理论基础 ……………… （11）
　第一节　国家主权理论 ……………………………………… （11）
　　一、国家主权理论的缘起 …………………………………… （11）
　　二、国家主权理论的含义 …………………………………… （11）
　　三、国家主权理论在国（区）际检察官侦查过程中的
　　　　体现 ………………………………………………………… （13）
　第二节　行为科学理论 ……………………………………… （18）
　　一、行为科学理论概述 ……………………………………… （18）
　　二、主体与行为：谁最适合实施、实施何种国（区）
　　　　际侦查行为 ………………………………………………… （19）
　　三、国（区）际侦查行为的有限性 ……………………… （24）
　第三节　人权保障理论 ……………………………………… （28）

一、人权保障理论概述 …………………………………………（28）
二、人权保障理论对国（区）际侦查行为的影响 ………（30）
三、三大理论间的关系 ………………………………………（36）
第三章　国（区）际侦查主体制度 ……………………………（38）
第一节　国际刑事法院检察官制度 ……………………………（38）
一、国际刑事法院检察官办公室概述 ………………………（38）
二、国际刑事法院检察官的产生及免职 ……………………（41）
三、国际刑事法院检察官的特性 ……………………………（44）
第二节　区际检察官制度：以欧盟为例 ………………………（47）
一、欧洲检察官办公室概述 …………………………………（47）
二、欧洲检察官办公室的任务与特性 ………………………（57）
三、欧洲检察官办公室的组成 ………………………………（58）
四、欧洲检察官办公室的管辖 ………………………………（61）
第四章　国际刑事法院检察官的侦查 ………………………（65）
第一节　国际刑事法院检察官侦查特征 ………………………（65）
一、侦查事项不能溯及既往 …………………………………（65）
二、侦查启动不适用时效 ……………………………………（68）
三、侦查范围十分有限 ………………………………………（70）
第二节　国际刑事法院检察官侦查的启动类型 ………………（81）
一、缔约国提交情势引起的侦查 ……………………………（82）
二、安理会提交情势引起的侦查 ……………………………（87）
三、检察官自行侦查 …………………………………………（93）
第三节　国际刑事法院检察官侦查前程序 ……………………（99）
一、受理前的初步裁定 ………………………………………（99）
二、是否开始侦查的决定 ……………………………………（111）
第四节　国际刑事法院检察官侦查的具体措施 ………………（120）
一、检察官自行采取的侦查行为 ……………………………（121）
二、预审分庭授权的侦查行为 ………………………………（128）
三、独特侦查行为（机会） …………………………………（133）
四、合作侦查行为 ……………………………………………（137）
第五节　国际刑事法院检察官侦查后程序 ……………………（144）

一、证据开示 …… (144)
二、听讯 …… (147)
三、修改或撤销指控 …… (148)
第五章　区际检察官的侦查：以欧盟为例 …… (150)
第一节　欧洲检察官侦查的基本原则 …… (150)
一、辅助性原则 …… (150)
二、比例性原则 …… (151)
三、忠诚合作原则 …… (151)
四、保障人权原则 …… (151)
五、效率原则 …… (151)
第二节　欧洲检察官侦查的启动 …… (152)
一、案件的来源 …… (152)
二、案件信息的处理 …… (152)
三、紧急措施 …… (152)
第三节　欧洲检察官侦查的进行 …… (153)
一、侦查的实施 …… (153)
二、具体的侦查措施及保障 …… (154)
三、程序保障——权利保障 …… (155)
第四节　欧洲检察官侦查的结果 …… (156)
一、起诉 …… (156)
二、撤销案件 …… (156)
第五节　欧洲检察官侦查的合作 …… (157)
一、与欧洲司法组织的合作 …… (158)
二、与欧盟其他组织、机构的合作 …… (159)
三、与第三国和国际组织的合作 …… (161)
四、与不同主体合作小结 …… (161)
第六章　比较与借鉴：国（区）际检察官侦查对中国的影响和启示 …… (164)
第一节　国际检察官与区际检察官侦查之比较 …… (164)
一、侦查主体比较 …… (164)
二、侦查特征比较 …… (168)

三、侦查程序比较 …………………………………………………（171）
第二节　国（区）际检察官侦查对我国的影响 ……………（180）
一、我国公民可能受到管辖 …………………………………（180）
二、我国公民可能受到侦查 …………………………………（181）
三、我国对国（区）际检察官侦查的态度 …………………（186）
第三节　国（区）际检察官侦查对我国的启示 ……………（188）
一、对我国检察官国内侦查制度完善之启示 ……………（188）
二、对我国检察官国际侦查制度完善之启示 ……………（203）
三、对我国法律其他方面完善之启示 ……………………（211）
第七章　结语 ……………………………………………………………（219）
附录　附表和插图索引 ………………………………………………（222）
参考文献 …………………………………………………………………（223）

第一章 国（区）际检察官侦查制度概述

第一节 国（区）际检察官侦查的概念

一、国（区）际侦查的概念

在谈到国（区）际检察官侦查之前，首先要明确国（区）际侦查的含义。国（区）际侦查，或曰国（区）际刑事调查，指在刑事（司法）领域内，国家/地区间通过某种或某些侦查方式、手段互相提供帮助以获取相关证据的过程和程序。它既是一个过程，也是一种程序。

国（区）际侦查并非单纯意义上的国家之间的协作调查，而是指国际社会对国（区）际性犯罪进行的范围更宽泛的刑事调查。其内在含义是：国（区）际侦查的主体不仅仅是国家，还可以是某一个或几个国（区）际组织。在国（区）际组织成立之前，国家是国（区）际侦查的当然主体；在某些国（区）际组织成立之后，其成为国（区）际侦查的主要主体。

国（区）际侦查是随着引渡的发展而不断向前推进的。国（区）际侦查是国（区）际刑事司法协助的重要组成部分，而中世纪以前的国（区）际刑事司法协助大部分仅限于引渡。关于引渡最早的记述，应该是公元前 1280 年埃及法老和赫梯王缔结的同盟条约。当时西亚强国赫梯和古埃及王国因连年征战使得彼此实力削弱，而西亚的亚述则逐步强盛起来。赫梯国担心腹背受敌，便向埃及法老求和修好。[①] 埃及法

① 参见百度百科中“引渡”词条，http://baike.baidu.com/view/56925.htm#refIndex_1_56925。

老拉姆西斯二世接受了赫梯王哈图里三世的议和条件，双方缔结的同盟条约中就有关于互相遣返逃到对方境内的罪犯的规定。除了国家间的引渡行为，最早的国（区）际侦查行为起源于公元前1~2世纪的古希腊，当时主要是向其他城邦的证人收集证词。随着国家之间交往日益密切、人员流动增多、跨国犯罪不断出现，国际刑事司法协助在许多方面得到广泛的发展，内容形式也得以极大地丰富。

汉诺威和萨克森-哥达于1793年11月29日签署的条约规定，双方国家的法院对于刑事案件中的证人或其他人的讯问，根据请求应互相提供协助。这种协助包括在必要时逮捕有关人员。[①] 到了19世纪中期，世界各国开始频繁签订引渡条约，条约的内容不仅对引渡作出了详细的规定，也开始对国家间的侦查作出详细的规定。1846年，法国与巴登之间签订的条约被认为是第一个国际司法协助文件，这个条约的内容涉及相互送达司法文件、收集证据和执行判决等。1857年7月13日法国与葡萄牙签订的引渡条约第10条规定了询问证人。1869年4月18日比利时与意大利、1869年4月29日比利时与法国的引渡条约载明了有关证人询问及刑事调查取证的条款。1869年11月29日法国与巴伐利亚的引渡条约规定了互相协助收集证据的条款。1870年5月12日法国与意大利引渡条约的第12~14条对送达文件、询问证人、传唤证人等作了详尽的规定。[②] 随着国家间交流的日益频繁，大多数国家在20世纪以后开始纷纷制定与国家间侦查有关的刑事司法协助国内法规。例如，1904年印度的引渡法规定了获取证据的问题，1905年日本在允许司法协助的特别法中规定了提供证明文件的问题。国际条约与国内立法的不断兴起，使国际侦查的作用不断扩大，已成为独立于引渡之外的一项重要的国际刑事司法协助和合作的重要形式，成为预防和惩治国际犯罪不可或缺的手段。

二、国（区）际检察官侦查（制度）的概念

国（区）际领域侦查的另一条发展主线在上述基础上诞生。在这

---

① 陈灿平. 国际刑事司法协助专题整理［M］. 北京：中国人民公安大学出版社，2007：28.

② 参见百度百科中“国际刑事司法协助”词条，http://baike.baidu.com/view/1719585.htm。

条截然不同的主线中扮演主角的是国际范围或区际范围的“检察官”、“警官”，如国际刑事法院检察官办公室的检察官、国际刑警组织中的警察、欧洲检察官办公室的检察官、欧洲警察署的警察等。

而在这条主线上，由“检察官”主导的侦查（刑事调查）更为常见。所谓国（区）际检察官侦查，就是指在国（区）际范围内，由国（区）际组织（机构）中的检察官针对国际性或区际性犯罪开展刑事调查的一系列活动的总称，它是对之前已经存在的国家这一主体对国际性或区际性犯罪开展侦查的扩充（补充），即这种侦查源于不同国家间相互协作的刑事调查。

源于此，却高于此。虽然国家或地区间的侦查为国（区）际检察官的侦查提供了丰富的经验，但随着时间的推移，国（区）际检察官侦查之形式与内容相较于前者有了很大程度的拓展。而它们之间最大的区别当属主体：单纯的（或曰狭义的）国（区）际侦查主体是国家或地区内的相关主体，如某一国（地区）或多国（地区）的行政部门、司法部门等；而国（区）际检察官侦查主体是带有国（区）际色彩的检察官——并非一般意义上的国内检察官。显然，国（区）际检察官侦查重在“检察官”一角上。

一般认为，侦查制度是指侦查机关的性质任务、组织体系、组织与活动原则以及工作制度的总称。而国（区）际检察官侦查制度，则是指围绕国（区）际检察官这一核心主体形成的一系列组织体系、工作制度以及程序事项的总称。故，本书从国（区）际检察官的组织、工作方式、遵循的程序等方面入手进行探讨。

第二节　国（区）际检察官侦查的必要性与可行性

由于国家交往日趋频繁，人员流动增多，于是跨国犯罪不断出现。国（区）际（刑事）法院是人类社会发展到一定阶段出现的社会产物，国（区）际检察官侦查的展开取决于一个时代的社会需求，因此它的存在具有一定的必然性与必要性。

一、关怀全人类的发展

《联合国宪章》序言中明确指出：我联合国人民同兹决心，欲免后世再遭今代人类两度身历惨不堪言之战祸，重申基本人权、人格尊严与价值，以及男女与大小各国平等之信念，创造适当环境，俾克维持正义，尊重由条约与国际法其他渊源而起之义务……并设立国际组织，定名联合国。[①]《国际刑事法院罗马规约》（Rome Statute of the International Criminal Court，1998 年 7 月 17 日通过、2002 年 7 月 1 日生效）序言中指出：意识到各国人民唇齿相依，休戚与共，他们的文化拼合组成人类共同财产，但是担心这种并不牢固的拼合随时可能分裂瓦解……决心保证永远尊重并执行国际正义。[②]《国际刑事法院罗马规约》继承了《联合国宪章》体现的正义与和平精神，二者一脉相承，认为建立一个国际性机构是为人类谋福祉，为全人类的发展提供条件。然而，各国之间，甚至是各国国内均可能因为生存的空间不同而在各自的语言、文化上有所差别。目前，全球所面临的贩毒、恐怖主义、生态环境危机、资源破坏、饥饿等问题，已不是一个国家或者一个区域就能够解决的。国家间的依存度在不断提高，各国、各民族间的利益共同点在不断增多，在达成共识的领域，国家间的合作也需要不断加强。每个国家都有各自的领土、居民、国家制度，司法制度也不尽相同，但在处理一些关乎人类共同发展的问题上有着一致的利益。这种人类共同的利益不是某个单一国家的利益，也不是国际社会中各国利益的简单叠加，是国际社会的根本价值诉求，是国际社会的和平与安全、正义与发展。安全、和平等价值观念也是所有有道德和有良知的人士所共同崇尚和追求的目标，是自然法中指引和规范全人类行为的最高准则和衡量人们行为合法与否的具体标尺。遵守有关准则、维系价值，是人类最终实现互相尊重和共同安全的基本道德观念，也是人类自身安全需要的考虑。[③]

（一）保障人类安全发展

在过去 50 年间的 250 余次冲突中，共造成超过 860 万平民死亡，其中严重危害人类和平与安全的国际犯罪时有发生。无论是南斯拉夫境内、卢旺达及其邻国境内的严重违反国际人道法的行为，东帝汶境内发

---

① 联合国. 联合国宪章［EB/OL］. http://www.un.org/zh/documents/charter/preamble.shtml,2015-06-25.

② 赵秉志，王秀梅. 国际刑事审判规章汇编［M］. 北京：中国人民公安大学出版社，2003：50.

③ 王秀梅. 国家对国际社会整体的义务［M］. 北京：法律出版社，2009：86.

生的驱逐东帝汶人的暴力事件，还是塞拉利昂革命统一战线的反政府起义，抑或是柬埔寨红色高棉政权在管治时期针对本国同胞的大屠杀行径，无不挑战着人类脆弱的神经。

时至今日，全球仍然存在多场规模不等的流血冲突，这是对人类和平与安全的极大威胁。例如，某个区域里存在的冲突：2011 年突尼斯的社会动荡波及阿拉伯国家，造成中东、北非乱局，多个国家陷入动荡，致使有些国家发生政权更迭，有些国家至今还处在冲突之中，一直没有稳定。又如，国家与国家之间存在的冲突：以色列和巴勒斯坦，印度和巴基斯坦，俄罗斯和格鲁吉亚，美国和伊拉克，美国和阿富汗，至今仍偶有发生冲突或正在打击反抗武装。再如，国家内部的冲突：安哥拉政府军击败安盟统一全国，哥伦比亚的武装派别（包括政府军和美国秘密军队）在为各自的利益混战，缅甸的政府军与贩毒组织之间暧昧的战争，尼泊尔的政府军与反政府武装间时有冲突。这些事实时时刻刻提醒着我们，只要世界还有冲突，世界和平就难以实现。若要维护全人类的安全，就必须对威胁到全人类安全的行为采取行动，使这种危险行为受到惩罚，减少以后出现这种危险行为的可能性。

于是，迫切需要一个国际性的刑事机构对这些震撼人类良知的行为进行调查，给予被害者公平与正义的回应，国际刑事法院是首选。从南斯拉夫问题国际刑事法庭和卢旺达问题国际刑事法庭到东帝汶特别法庭、塞拉利昂特别法庭及柬埔寨特别法庭的各种调查，无一不是国际社会试图对严重国际犯罪进行严惩，唤回人类良知的实践。这些国际性质的刑事法院在完成其特有的历史使命时，发挥了巨大的作用，可是它们的成功仍旧无法遮掩其弊端。然而，不论是正面的效用还是负面的影响，都为国际刑事法院的设立及调查活动积累了经验。

（二）保障人格尊严和人身权利

对人所享有的固有尊严和自尊所体现的个人权利、价值达成的共识，反映出世界对人类价值达成的一致。尊重人的生命、身体及精神的完善和人的尊严，即和平与人权是人类的基本价值，是整个人类得以发展的基本保证。作为主体的人，在国际社会不需要经过国家的认可便可获得权利，是在国际社会已经朝着全球化方向发展的背景下实现的。这种变化，保护着每一个人（个体）的价值，人们对危及任何个人权利、价值的行为之刑事审判的需求随之增加。一系列关注人身权利和人格尊严的国际性文件都反复强调对人身权利和人格尊严的保护：1948 年《世界人权宣言》、1965 年《联合国取消一切形式种族歧视宣言》、1984 年《禁止酷刑和其他残忍、不人道或有辱人格的待遇或处罚公约》、1979 年《关于取消对妇女歧视宣言》、1989 年《儿童权利宣言》……《国际刑事法院罗马规约》同样成为保障人类人身权利和人格尊严国际法律体系的组成部分。国际刑事法院的管辖权对象仅限于个人，在对个人进行调查的时候，要遵循有关保护人身权利和人格尊严的宗旨。

国际刑事法院的诞生不仅是国际社会、国际法委员会及国际学术机构共同努力的结果，也是在世界各国渴望和平、安全与发展的共同期冀下，努力克服文化观及价值观之间的差别，求同存异的结果。[①] 它将为维护、保持人类和平、安全和营造一个和平共处、共同发展的社会等方面作出应有的贡献。

二、有效打击国际犯罪

人类社会不断发展，世界上任何一个国家都越来越难脱离他国的影响而独立存在。现阶段，自由贸易区、关税同盟、共同市场和经济联盟四种形式在各自领域各展所长，加快了全球经济一体化的进程。世界各国经济相互开放，形成相互联系、相互依赖、高度协调统一的有机体。全球经济一体化的持续不断发展带来了犯罪的国际化。人类社会的进步，交通和通信事业突飞猛进的发展，为人们交往带来了便利的同时，也为日益严重、数量不断增加的国际型犯罪提供了方便，为一些不法之徒进行跨国犯罪或犯罪后潜逃国外开了方便之门，国际犯罪愈演愈烈让国际社会开始感到不安和惶恐。

（一）国际犯罪的危害与预防

国际犯罪的概念可以追溯到古希腊和古罗马时期，但迄今为止，对于国际犯罪的定义，各国专家学者莫衷一是，尚无统一的界定标准，[②] 不能拟订出一个像国内刑法总则所确定的一般意义上的国际犯罪的定义。犯罪从本质上说是一种严重侵害利益的行为，而对于“国际”的理解难免存在分歧，国际犯罪既可指因犯罪涉及不同国家，也可指国家

① 王秀梅. 国际刑事法院研究［M］. 北京：中国人民大学出版社，2002：63.

② 黄风，凌岩，王秀梅. 国际刑法学［M］. 北京：中国人民大学出版社，2007：108.

间在观念上就犯罪问题达成一致的看法，并在立法和司法上做出一定的反应。[①] 有学者指出，国际犯罪按其含义可有广义和狭义之分。狭义的国际犯罪仅仅指违反国际法的犯罪和违反各国公共利益的犯罪。而广义的国际犯罪包括违反国际法的犯罪、违反各国共同利益的犯罪、域外犯罪和涉外犯罪等。[②] 不管是广义还是狭义的国际犯罪，它们存在的前提均是国际社会。国际社会的存在意味着国际社会共同利益、价值的形成。

国际社会对国际犯罪的认识最早开始于17世纪，当时国际习惯法已经开始认识到海盗罪（Piracy）对国际社会的危害。[③] 1937年《尼翁协定》（Nyon Agreement）[④] 使海盗行为成为国际社会最早认同的国际犯罪。此协议将“海盗”定性为一种恐怖主义行为，并将该罪行列入国际犯罪种类之中。此后，国际犯罪种类中便常常将海盗罪作为范本，以此来考察某一行为是否应划归到国际犯罪中。根据某行为是否危及国家利益、威胁国际社会和平与安宁这一标准，贩卖奴隶、发动战争等行为也成为国际社会谴责的对象。但在这一时期，国际罪行法典的编纂工作尚未启动，这些行为也就没能被明确规定为国际犯罪。国际条约或者国际习惯法只对何种行为属于国际犯罪作出界定，但对应该如何去追究行为人的法律责任以及行为人应承担什么样的法律后果则没有作出规定。也就是说，国际法在其长期的发展过程中只规定某些行为属于国际不法行为，为国际法规则所禁止，但不存在对这些行为从刑法上采取惩罚措施的规定和实际可能性。[⑤]

同时，国际上为共同打击及预防国际犯罪签订了一系列的文件、条约：1948年的《防止及惩治灭绝种族罪公约》、1980年的《反腐败的实际措施》和《发展和国际经济新秩序环境中预防犯罪和刑事司法的

---

① 胡陆生．刑法国际化——全球化背景下中国刑法的完善［M］．北京：中国人民公安大学出版社，2009：87.

② 赵永琛．国际刑法与司法协助［M］．北京：法律出版社，1994：35.

③ 王新．国际刑事实体法原论［M］．北京：北京大学出版社，2011：1.

④ 《尼翁协定》是一部关于保护不属于西班牙内战任何一方的商船在地中海不受潜艇袭击的国际协定。由英国、法国、苏联、保加利亚、希腊、埃及、罗马尼亚、土耳其、南斯拉夫九国于1937年9月14日在瑞士尼翁签署，当即生效。意大利于同年9月30日加入。

⑤ 朱文奇．国际刑事法院与中国［M］．北京：中国人民大学出版社，2009：76.

指导原则》、1990 年的《关于从发展角度进行预防犯罪和刑事司法国际合作的建议》和《关于犯罪收益的刑事事件互助示范条约的任择议定书》、1997 年的《防止恐怖主义爆炸事件的国际公约》和《禁止在国际商业交易中贿赂外国公职人员公约》、1998 年的《减少毒品需求指导原则宣言》和《在处理毒品问题上加强国际合作的措施》、1999 年的《制止向恐怖主义提供资助的国际公约》、2000 年的《打击跨国有组织犯罪公约》、2003 年的《联合国反腐败公约》、2005 年的《制止核恐怖行为国际公约》等。经过半个多世纪的发展和完善，国际社会已经逐步成为一个有机联系的防御和制止犯罪的整体。

当然，国际犯罪还包括国际经济犯罪，囊括了区域性的侵犯财政利益的犯罪，即侵犯国家或官方组织甚至是私人的经济利益的犯罪。欧盟范围内的侵犯财政利益犯罪随着经济的发展变得日益严重起来，不仅危及欧盟经济崛起，更影响欧盟成员国国内经济发展，亟待治理。而区域范围内的检察官侦查能够在某种程度上打击该类犯罪，并对其具有一定的预防与警示作用。

（二）共同打击的必要

国际形势日趋复杂，多种矛盾争端纷繁缭乱：种族歧视、地区冲突、贫富差距……仅依靠国际立法不足以处罚和防止国际犯罪，有必要采取更为有效的手段和措施。第一次世界大战与第二次世界大战的爆发，更体现了国际社会对大规模的人类残忍暴力行为缺少行之有效的制约办法。国际社会开始认识到需要形成基本一致的认识和态度，摆脱局部地区利益观念的羁绊，超越狭隘的国内刑法管辖原则，并据此建立相应的惩罚机制。①

不仅如此，世界各国还意识到，单凭某一个国家或某几个国家之力来打击国际犯罪，显然不太现实，也不可能。所以，各国应当联合起来，共同打击国际犯罪。然而，由谁主导便成了接下来亟待解决的问题。根据相应规则（拟定规则），如果由某一个国家主导，其他国家配合，似乎会招致更大的不满，这里牵涉主权等更为复杂的问题。于是，各国只有推选出共同的机构方可解决这一难题。而实践证明，由国（区）际检察官来主导，配以相关规则，能为多数国家所接受。这同时

① 张筱薇. 新型国际犯罪研究［M］. 北京：法律出版社，2012：20.

也证实了，无论从共同打击国际犯罪的角度，还是从各国的承受度和容忍度来讲，国（区）际检察官开展侦查成为首选，其有存在的必要性。

三、具备展开侦查的条件

（一）法律依据

针对国际刑事犯罪而言，1945 年秉持以和平方法且依正义及国际法制原则，调整或解决足以破坏和平之国际争端或情势①为宗旨而建立的国际法院仅以国家作为管辖的对象，难以起到遏制灭绝种族、战争、危害人类和侵略行为发生的作用。而依据《国际刑事法院罗马规约》于 2002 年成立的国际刑事法院则实现了以个人为直接对象，只要行为人实施了灭绝种族、战争、危害人类和侵略行为，检察官便可对其展开调查。

针对区际刑事犯罪而言，以欧盟为例（下同），2007 年签署并于 2009 年生效的《里斯本条约》（《欧盟条约》与《欧盟运行条约》的合并版本）就设立了专门的机构，如《欧盟运行条约》第 86 条规定，为了打击那些对联盟财政利益造成危害的刑事犯罪活动，理事会应按照一项特别立法程序（special legislative procedure）并在得到欧洲议会的认可后以全体一致同意通过一项规则，以便在欧洲司法组织内部设立一个欧洲检察官办公室（European Public Prosecutor's Office）。② 这里的欧洲检察官办公室即为欧盟领域内打击有关刑事犯罪活动的主体。

通过规约或条约等国（区）际性法律文件规定打击国际犯罪、区际犯罪的责任主体——国际刑事法院检察官、欧洲检察官办公室检察官，使得展开国（区）际侦查成为可能。

（二）现实条件

在实践中，对于一些国际犯罪的实施者，部分主权国家可能出于某

---

① 何谓“情势”？美国芝加哥德保罗大学 M. C. 巴西奥尼教授曾对“情势”做出如下定义：情势（situation）是事实间的一般关系，而这些事实是得出发生了国际刑事法院有管辖权的罪行的基础。

② Article 86 (1), Treaty on the Functioning of the European Union: In order to combat crimes affecting the financial interests of the Union, the Council, by means of regulations adopted in accordance with a special legislative procedure, may establish a European Public Prosecutor's Office from Eurojust. The Council shall act unanimously after obtaining the consent of the European Parliament.

种政治上的考量，不愿意对其进行起诉也不愿意进行引渡。譬如，犯罪主体若是某国元首或者政府首脑，而该政府仍在掌权中，奢望这个政府的司法机构作出公平、正义的审判是不现实的，因为它们连基本的调查可能都不会展开。为了避免这种情况发生而致使实施危险行为的人逃脱法律的制裁，国际刑事法院对此进行了规定：国家如果不能或不愿意对此类本国享有管辖权的案件进行调查，国际刑事法院可以对其进行管辖，由国际刑事法院检察官出面进行侦查，把犯罪分子绳之以法。①

另外，在需要展开国际侦查时，根据某一情况的发生，当事国双方可凭借之前共同参加的国际公约、双方签订的司法协助条约或者通过外交途径展开侦查。但这种侦查的展开，往往是事后才确定赋予侦查的权限。国际刑事法院检察官以及欧洲检察官办公室检察官主体设置的常态化，使得国（区）际社会一劳永逸地实现了对发生的国（区）际犯罪进行管辖，为打击犯罪奠定了坚实的基础，给国（区）际侦查提供了便利：即存在必要的权力主体，对某些之前无法进行侦查或发生多时才可以侦查的案件拥有法定管辖权。当然，这些案件是指那些如果不展开侦查就有失公平与公正的案件。正是在这样的背景下，国（区）际社会进行广泛商讨后，设置了国（区）际检察官，使得他们在国（区）际范围内进行侦查具备了理论上的可行性。正因如此，大部分国家都对国（区）际检察官的侦查给予积极的配合，使得他们的侦查行为也具备了现实可行性。

① 参见《国际刑事法院罗马规约》第17条。

第二章　国（区）际检察官侦查的理论基础

所谓“理论基础”，简单来说，就是我们研究的对象和范畴的理论依据与基石。它是对某一行为的实施起着指导作用的理论，亦是指导主体进行实践活动的一种基本思想。也就是说，理论基础有着双重含义：既可以体现在“理论”高度上，也可以融入“思想”深度里。正因为有了理论基础，我们的研究对象才具备牢靠的地基。

第一节　国家主权理论

一、国家主权理论的缘起

在谈论国家主权理论之前，首先要了解《威斯特伐利亚和约》（the Peace Treaty of Westphalia）。它是象征三十年战争结束而签订的一系列和约，签约双方分别是统治西班牙、神圣罗马帝国、奥地利帝国的哈布斯堡王室和法国、瑞典以及神圣罗马帝国内勃兰登堡、萨克森、巴伐利亚等诸侯邦国。《威斯特伐利亚和约》的深远意义在于：改变了欧洲政治力量对比，创立了以国际会议解决国际争端的先例，确立了国家主权平等原则。其中，确定国际关系中应遵守的国家主权、国家领土与国家独立等原则，对近代国际法的发展具有重要的促进作用，因此被誉为“影响世界的100件大事”之一。

二、国家主权理论的含义

国家主权理论至少包含着以下两层含义：

第一层含义为国家主权不容退让（不可剥夺性）。国家控制着政治、经济、外交、文化、法律等领域，拥有主控权。我们通常说的

“政治犯不引渡”便体现了国家主权不容退让。

第二层含义为国家主权平等原则，即一个国家在平等原则之下，不能超越行使管辖权。[①] 也就是说，所有国家都是平等的，在未取得其他国家的同意之前，没有国家可以超越另一个国家行使刑事管辖权。

虽说维系国家最适当的办法就是不把国家主权所包含的各类特征性权力赋予任何臣民行使，更不用说是赋予一个陌生人来行使了，因为这些权力是国家主权的基石，言下之意就是不能将主权交给其他人，更别说是其他国家或国际组织共同行使了。[②] 但是，随着交流的日益频繁，国家主权不容退让变得不再绝对，超越另一个国家行使刑事管辖权也不是没有可能，即都存在某些例外，只是这种例外被严格控制。通常所说的相互承认原则便是例外。

相互承认原则意指其他国家对某一国主管机关作出的刑事裁判（包括强制措施令、判决书）在某种程度上的承认。当然，这种承认本身也是有条件的。因为按照之前的观点，大部分国家都不会承认其他国家的刑事判决效力，除非国内法院审查承认，方可减免外国刑事判决刑罚之部分或全部。然而，过分地强调国家主权，将可能导致犯罪嫌疑人在一国犯罪后逃往另一国从而免责，使得正义无法伸张。相反，承认逮捕令并予以执行是国家主权的礼让，也是国际合作的应有之义。[③] 而审查的过程反过来也体现了国家主权，如只要认为行为符合构成要件，不论违法性与有责性为何，其审查应交由被请求国决定。

主权有两大特征：对内是最高，对外是独立。其中，前者表现为不可分性与不受限制性，后者表现为平等性。而在限制范围内适用例外以及选择有条件的退让正是对国家主权理论的修正，这点尤其体现在欧盟国家的自由过境上，因为此举就是对领土主权的退让。

---

① Rebecca M.M.Wallace.International Law：A Student Introduction［M］.London：Sweet & Maxwell，1986：108.

② ［法］让·博丹著，［美］朱利安·H. 富兰克林编. 主权论［M］. 李卫海，钱俊文译. 北京大学出版社，2008：127.

③ 洪期荣，陈荔彤. 新欧盟逮捕令及解送程序架构规定与传统国际法引渡制度的比较研究［J］. 军法专刊，2011，（1）：134.

三、国家主权理论在国（区）际检察官侦查过程中的体现

国家与国际组织是当今世界舞台主体间互动与博弈的两大奕者，国家让渡一部分主权给国际组织处理犯罪等问题。通说认为，国际组织（政府间国际组织），是指两个及两个以上主权国家为实现某些特定的目的，以一定协议的方式建立的有常设机构的组织。① 由此观之，其关键词在于：多国（至少两个）；特定目的（如打击犯罪、保障人权）；协议（如公约、条约）；常设机构（如国际刑事法院检察官办公室、欧洲检察官办公室）。

常设机构的行动必定会牵涉主权问题，如国际刑事法院检察官的侦查必然会涉及相关主权国家的利益。《国际刑事法院罗马规约》的产生是以承认每个参与国享有相对的国家主权并尊重其主权利益为基础的。国家间的利益关系是平等的，应该在互相尊重、互谅互让的基础上不断培育国家间的共同利益。国家主权利益包括国家的政治、军事、司法、经济等各个方面的利益，国家在国际社会从事任何活动都是以追求本国的主权利益最大化为目标。加入《国际刑事法院罗马规约》以放弃一定程度的国家主权利益为基础，如何在放弃本国一定程度的主权利益的同时追求本国主权利益的最大化，成为各个加入《国际刑事法院罗马规约》的主权国家的考量。

（一）政治主权利益

国家主权利益中的政治利益是国家的最高利益，不可能做出任何让步。国际刑事法院检察官办公室检察官或欧洲检察官办公室检察官在进行侦查时，不能损害到一国的国家体制、政党体制、社会统治关系，不能破坏国家的政权结构，更不能从事任何颠覆他国合法政府的活动。一国的国家政权结构形式与组成本质上属于一国的内政问题，别国不得干涉，国际组织也无权干涉。然而，随着全球一体化的发展，以国家的政治独立利益为最高追求目标的观点受到冲击。

例如，《国际刑事法院罗马规约》第 12 条第 2 款，让非缔约国有可能在缔约国提交情势或检察官依职权开始侦查的情况下成为国际刑事

---

① 张丽华. 主权博弈——全球化背景下国家与国际组织互动比较研究［M］. 长春：吉林大学出版社，2009：63.

法院检察官的调查对象。只要有关行为发生在某国领域（包括该国注册的船舶或飞行器），该国以及行为人的国籍国之一为规约的缔约国，国际刑事法院就能对此案件行使管辖权，进而拥有侦查权。在这些情境下，对非缔约国拥有管辖权的情况是非常容易发生的。例如，甲为A国人，A国为规约缔约国，则无论甲在全球任何一处实施国际刑事法院管辖的犯罪，国际刑事法院检察官都可以对甲实施的犯罪行为的发生地、人物、证据等进行侦查。国际刑事法院检察官针对其缔约国展开侦查是情理之中的事情，但是这种强行介入侦查对于非缔约国来说却是难以接受的。一国若不是《国际刑事法院罗马规约》的缔约国，就等同于此国不同意加入《国际刑事法院罗马规约》，不认同规约的某些条款，也不愿意承担国际刑事法院可能赋予它的义务。缔约国对国际刑事法院所应承担的义务之一便是对国际刑事法院检察官的侦查工作予以配合，非缔约国并不存在此项义务，也不负有让国际刑事法院检察官进入其国境内行使侦查权的义务。但《国际刑事法院罗马规约》强行规定对非缔约国拥有管辖权，违背了国际法基本原理，容易造成非缔约国对国际刑事法院检察官侦查的不理解和不支持。这在某种程度上是对国家主权利益的削减。

《国际刑事法院罗马规约》第15条“检察官享有的自行侦查权”中规定，根据个人、非政府组织、各种机构提供的可靠来源，检察官可以指控国家公务员和军人。这在一些情况下很可能演变成对一国政治独立的干涉。一国的国家公务员和军人从整体上代表的是该国的政权，而将个人和非政府组织的意志置于国家主权之上的启动程序，极有可能成为国际社会指责国际刑事法院干涉别国内政的理由。

当然，国际刑事法院检察官的侦查是为了实现公平与正义，本质上与一国的政治利益是没有冲突的。在对某国（不论是缔约国还是非缔约国）进行侦查或者进入某个国家境内实施侦查行为时，要符合法定的程序，对于带有强制性的侦查行为，要符合该国国内法的规定，并得到国际刑事法院的批准执行，不得从事任何与侦查无关而对一国的根本利益有威胁的行为。国际刑事法院检察官应尽量平衡各主权国家的政治利益，平衡犯罪侦查与主权之间的关系。

（二）司法主权利益

每个国家都拥有自己独立的国内司法机关，维护着本国的法律施行。侦查，作为司法活动中必不可少的环节，是每个国家一定会实施的行为。国际刑事法院检察官或欧洲检察官的侦查活动等同于外部司法力量对本国的侦查，这必然与本国国内的侦查活动有所区别。一国国内的侦查以快速有效地查明案件真相为目标，但因为是在一国国内的机构中实施的行为，在实际的运作中，即使这个目标与其他的目标（如维护一国国内现有稳定秩序）发生冲突，也会及时地得到较好的协调。国（区）际检察官的侦查行为则不同，一旦发生冲突并不好协调，但是顾及司法主权利益，其侦查不得影响一国国内的独立司法行为。

国际刑事法院的管辖权与对案件的受理是两个不同的概念。国际刑事法院只对四种严重违反国际人道法的罪行拥有管辖权。管辖权规则不允许有任何的例外，只要涉及这四种犯罪，国际刑事法院都当然地享有管辖权。然而，可受理性，是在国际刑事法院确立了管辖权并对具体的案件分析后作出的一种判断。例如，一起案件发生后，国际刑事法院对其享有管辖权，但是可能因为某种原因而决定不对此案启动调查（侦查）程序。此处的某种原因，应理解为法律上明文规定的原因，如《国际刑事法院罗马规约》第 17 条第 1 款第 4 项规定，案件缺乏足够的严重程度，因而国际刑事法院无充分理由采取进一步的行动。

国内司法机构对案件的实际管辖权在行使上具有优先性，国际刑事法院对于国内司法机构来说，具有补充性。《国际刑事法院罗马规约》第 17 条即对国际刑事法院的补充性作出了规定，在国际刑事法院具有管辖权的前提下，仍存在不予受理的可能。其中，涉及可能造成国际刑事法院检察官侦查受阻的为第 17 条第 1 款第 1 项、第 2 项。综合这两项，可以得出的结论是：对案件具有管辖权的国家正在进行侦查或者已经对其相关人员作出不起诉决定（在该决定是因为该国“不愿意”或者“不能够切实”进行侦查或起诉的情况下作出的除外），国际刑事法院不可以受理相关案件。至于何种状态下才能理解为“不愿意”或者“不能够切实”，在第 17 条第 2 款、第 3 款分别作出了规定。一国国内司法机构是否有“不愿意”的问题，应考虑是否存在以下情况：（1）已经完成或者正在进行的侦查程序，或者作出的有关决定是否出于包庇有关的人，使其免于国际刑事法院追究的目的；（2）侦查程序的不正当延误及侦查程序不独立、不公开，是否符合将有关的人绳之以法的目的。确定一国国内司法机构的“不能够切实”进行侦查程序的标准是：本国的司法系统已经完全瓦解，或者实际上瓦解或并不存在，而不能实施侦查行为。这也是考虑到，如果一国只是表面上走程序，而没有切实履行调查的义务，就是在放纵犯罪行为人。国际刑事法院检察官的侦查补充性也适用于非缔约国，只要这个国家已经针对国际刑事法院管辖的案件采取了相应适当的、公正的侦查措施，国际刑事法院检察官就可以不再对其进行侦查程序。

国际社会公认，国际刑事法院的补充性，是为了尽可能尊重国家的司法主权。这种制度在建立中曾受到过一些批评，因为持批评意见者认为，这种制度将有利于富有的发达国家而不利于穷国：对于一个不发达国家的司法制度，国际刑事法院检察官很容易主张他们的诉讼，包括认为该国的侦查行为“不能够切实履行其诉讼义务”。过度严厉评价发展中国家的司法机制，在将来国际刑事法院检察官的侦查过程中显然存在一定的危险。

无独有偶，欧洲检察官办公室检察官的侦查同样具有补充性。虽然《欧盟运行条约》第 86 条规定，欧洲检察官能够打击损害欧盟财政利益的刑事犯罪活动，但他们并不是对每一个类似行为都要进行管辖，而是在成员国司法本身“不愿意”或“不能够”充分保护欧盟财政（经济）时，欧洲检察官才有“上场机会”。举例来说，本身有追诉权限的欧盟成员国，如果其保护犯罪行为人（如政客），或未切实尽力客观进入追诉程序（对欧盟经济保护缺乏追诉兴趣），欧洲检察官即可基于该国之“不愿意”态度而介入追诉。另一例为，成员国国内立法对危害欧盟财政利益的犯罪未制定充分的法律进行惩治，是为法律的“不能够”，亦为成员国之“不能够”。① 而这些与欧盟层面的比例原则等不谋而合。

---

① ［德］萨茨格尔. 欧盟检察署的未来设置——为“补充性模式”建言［J］. 王士帆译. 检察新论，2014，(1)：357.

无论是国际刑事法院检察官还是欧洲检察官办公室检察官，都是在尊重成员国司法主权利益的基础上采取的侦查措施，这点从“最后手段”之做法便能够看出。他们只有在缔约国（成员国）“不愿意”或“不能够”的基础上才能实施侦查行为，虽然侦查行为会在某种程度上阻碍司法主权，但总体而言是必要的，是平衡各方权益后不得已而为之。但是，一旦由欧洲检察官办公室检察官着手进行侦查，为保证其独立性，成员国不得影响其侦查与起诉。

（三）信息主权利益

网络化时代，信息的流动变得难以监控，国家主权外延从物理空间扩大至虚拟空间。国家管理的边界越来越模糊，国家的主权，尤其是对内的最高权威性受到严重挑战。在网络化时代，任何一个人都可以通过互联网，在万里之外完成自己的行为，行为的结果却在另一国出现。信息技术不仅渗入国民的日常生活、国家的高尖端领域，甚至军事领域，而且这些领域中的一些信息就是国家的高级机密。国家对信息的控制与管理权正在不断减弱，互联网的影响力却在不断加强。一国内政与外交的透明度，因为互联网的普及而越来越高。互联网在今后不仅会是经济全球化和建立世界新秩序的手段，也很可能成为颠覆新秩序的有力武器。

国际刑事法院检察官或欧洲检察官对一国的侦查，不可避免地要对一个国家相关的网络信息进行侦查，通过调查获得的信息有可能是颠覆一国秩序的有力武器。例如，为了妥善处理所获得的敏感信息，《国际刑事法院罗马规约》第 72 条就对保护国家安全的资料文件作出了相应的规定。在采取侦查行动前，国际刑事法院可以通过互联网进行信息发布，公布有关的侦查行为与目的，以此来获得国际社会的舆论支持，使侦查工作顺利进行。在侦查行动中，对一国的信息的采集以与犯罪有关为限，避免损害一国的信息主权。

（四）其他相关主权利益

在国际刑事法院检察官对案件进行侦查的同时，还会涉及其他方面的国家主权利益。例如，国际刑事法院检察官的侦查有可能会涉及一国的军事利益，但绝不允许以侦查为名，行刺探一国军事机密和情报之实。国家军事利益是国家的核心利益，任何国家都不会允许其他国家的武装部队或者武装警察进入本国的领土、领空或领海实施司法活动，这将严重危及国家领土完整与安全，绝大多数的司法协助也都明确规定军事犯罪的问题不属于司法协助的范围。

再如，国家经济利益，国家的发展离不开经济的发展，特别是科学技术的创新与进步为维护和发展国家利益提供了基本的物质保障，对公平、正义的追求不能阻碍一国经济的发展。国际刑事法院检察官的侦查只限于享有管辖权的行为，对与之相关的涉及经济的行为并不当然享有管辖权，更不能为了实现某种侦查行为而对某一国家采取经济制裁措施。相反，欧洲检察官办公室检察官则对成员国涉及的经济犯罪（财政利益犯罪）享有管辖权，不过，即便如此，也不能对成员国采取经济制裁措施。

综上所述，虽然国家的主权利益在概念上是抽象的，但在实践中则会得到具体的体现，渗透至包括政治、司法、信息、军事、经济在内的各个领域。因此，国际刑事法院检察官或欧洲检察官在实施具体侦查行为时，应当充分考虑被侦查国各方面的主权利益要求。

第二节　行为科学理论

一、行为科学理论概述

行为科学理论，顾名思义，是研究行为（科学）的一种理论。该理论的研究始于20世纪20年代末30年代初，发展于20世纪50年代。关于行为科学，分为广义与狭义两种。广义的行为科学是与研究人的行为规律有关的诸学科，如心理学、社会学、哲学、法学等，这些学科从不同的角度研究人的行为；狭义的行为科学是运用类似自然科学的实验法和观察法、社会科学的社会调查法，研究人在工作环境中的行为规律。狭义上的应用，使得行为科学与管理科学并列成为现代管理学发展的两大支柱。

我们这里研究的行为科学是从法律角度，尤其是从侦查的角度来进行的，应属广义上的行为科学，但我们也不可忽视狭义上的行为科学——从管理的角度对行为进行研究。而这就是我们通常所说的“行为科学的两重性”。[①]

显然，国（区）际检察官侦查行为属于广义行为的一种，故行为科学理论自然成为其理论基础。实际上，多数学者认为，“行为科学”并不是“独立”的科学，“行为学”也不是一门新学科，而是把原来分散在各学科中研究的对象，即“人类行为”这一部分联系到一起，并将其命名为“行为科学”，其全称应该是“研究行为的各种科学”。为了符合中文表达习惯，才简称为“行为科学”。[②] 而这点亦可从“行为科学”的英文表述——“behavioral sciences”上得以证明，因为“sciences”是复数形式。[③] 所以，法学中的行为同样属于行为科学的一部分。

由此观之，行为科学理论是综合性的理论，不同学科里具体表现会有所不同。例如，在组织管理领域体现的是组织管理行为学，在医疗领域表现为医疗行为学，而在法律领域当属法律行为，在刑事领域可以表现为侦查行为。与此同时，主体与行为是密不可分的。

二、主体与行为：谁最适合实施、实施何种国（区）际侦查行为

从行为科学这一角度来看，有两个问题需要厘清：

第一，实施行为的主体资格问题，即谁最适合实施国（区）际侦查行为。第二，行为的内容问题，即国（区）际侦查具体包含哪些行为（内涵）。当然，这些与刑事侦查权紧密相连。

就第一个问题而言，侦查行为自古以来就存在，只是主体有所不同。现如今，在一国国内，有专门的主体，如警察、检察官等。然而，针对国际上或区际内的犯罪，应该由谁来充当执法者呢？国际刑事法院检察官办公室或欧洲检察官办公室应运而生。其诞生历程并不顺畅，充满挫折。但实践证明，他们是目前最为合适的国（区）际侦查行为的主体。

就第二个问题来看，解决的是国际刑事法院检察官办公室或欧洲检

① 许宁宁. 行为科学百科全书［M］. 北京：中国劳动出版社，1992：355-356.

② 谢邦宇. 行为法学［M］. 北京：法律出版社，1993：8.

③ 正如“维基百科”中对“行为科学”（behavioural sciences）这一词条的解释一样：行为科学包括了所有探索自然界里组织间行为和关系的学科（all the disciplines）。具体参见：http://en.wikipedia.org/wiki/Behavioural_sciences（2015 年 7 月 9 日最后访问）。

察官办公室的检察官们能够实施何种侦查行为等相关问题。《国际刑事法院罗马规约》第 54 条规定，检察官应当：为查明真相，调查一切有关的事实和证据，以评估是否存在本规约规定的刑事责任。进行侦查时，应同等地侦查证明有罪和证明无罪的情节；采取适当措施，确保有效地对本法院管辖权内的犯罪进行侦查和起诉。检察官可以根据下列规定，在一国境内进行侦查：第九编的规定或第 57 条第 3 款第 4 项的规定，由预审分庭授权进行调查。具体而言，国际刑事法院检察官可以收集和审查证据；要求被调查的人、被害人和证人到庭，并对其进行讯（询）问；请求任何国家与其合作，或请求政府间组织或安排依照各自的职权和（或）任务规定给予合作；达成有利于国家、政府间组织或个人提供合作的必要安排或协议，但这种安排或协议不得与本规约相抵触；同意不在诉讼的任何阶段披露检察官在保密条件下取得的、只用于产生新证据的文件或资料，除非提供这些资料的一方同意予以披露；采取必要措施，或要求采取必要措施，以确保资料的机密性、保护人员或保全证据。而通过分析发现，该条与通常所说的“侦查行为”相关的可能只有“收集证据”与“讯（询）问”两种情形，而且前者仍较为抽象。

而《关于建立欧洲检察官办公室的理事会规则》（A Council Regulation on the establishment of the European Public Prosecutor's Office，以下简称《理事会规则》）第 26 条①则细化了欧洲检察官办公室检察官采取的措施：搜查、扣押、冻结财产、拦截通信、监控、讯（询）问、

① See Proposal for a Council Regulation on the establishment of the European Public Prosecutor's Office(COM/2013/0534 final).

身份识别、秘密侦查、控制下交付、委托专家等。① 显然，其比《国际刑事法院罗马规约》的规定要具体得多，手段不可谓不丰富。无疑，规定得越详细，主体可以实施的侦查行为就越有法律依据。

侦查主体与侦查行为的关联在于侦查权。一方面，适格的侦查主体必须实施侦查行为才能运用侦查权，其主体的价值和追求才能得到充分

---

① The European Public Prosecutor's Office shall have the power to request or to order the following investigative measures when exercising its competence: a) search any premises, land, means of transport, private home, clothes and any other personal property or computer system; b) obtain the production of any relevant object or document, or of stored computer data, including traffic data and banking account data, encrypted or decrypted, either in original or in some other specified form; c) seal premises and means of transport and freezing of data, in order to preserve their integrity, to avoid the loss or contamination of evidence or to secure the possibility of confiscation; d) freeze instrumentalities or proceeds of crime, including freezing of assets, if they are expected to be subject to confiscation by the trial court and there is reason to believe that the owner, possessor or controller will seek to frustrate the judgement ordering confiscation; e) intercept telecommunications, including e-mails, to and from the suspected person, on any telecommunication connection that the suspected person is using; f) undertake real-time surveillance of telecommunications by ordering instant transmission of telecommunications traffic data to locate the suspected person and to identify the persons who have been in contact with him at a specific moment in time; g) monitor financial transactions, by ordering any financial or credit institution to inform the European Public Prosecutor's Office in real time of any financial transaction carried out through any specific account held or controlled by the suspected person or any other accounts which are reasonably believed to be used in connection with the offence; h) freeze future financial transactions, by ordering any financial or credit institution to refrain from carrying out any financial transaction involving any specified account or accounts held or controlled by the suspected person; i) undertake surveillance measures in non-public places, by ordering the covert video and audio surveillance of non-public places, excluded video surveillance of private homes, and the recording of its results; j) undertake covert investigations, by ordering an officer to act covertly or under a false identity; k) summon suspected persons and witnesses, where there are reasonable grounds to believe that they might provide information useful to the investigation; l) undertake identification measures, by ordering the taking of photos, visual recording of persons and the recording of a person's biometric features; m) seize objects which are needed as evidence; n) access premises and take samples of goods; o) inspect means of transport, where reasonable grounds exist to believe that goods related to the investigation are being transported; p) undertake measures to track and control persons, in order to establish the whereabouts of a person; q) track and trace any object by technical means, including controlled deliveries of goods and controlled financial transactions; r) undertake targeted surveillance in public places of the suspected and third persons; s) obtain access to national or European public registers and registers kept by private entities in a public interest; t) question the suspected person and witnesses; u) appoint experts, ex officio or at the request of the suspected person, where specialised knowledge is required.

体现，所以说对侦查行为的研究离不开侦查主体，侦查行为与侦查主体是“并蒂莲”。而从行为科学的角度深入研究侦查行为，又能为侦查主体的选择提供帮助，为侦查主体的改革提供一个强有力的理论支撑。侦查行为的现代化也是适格主体的现代化。

目前来看，国际刑事法院检察官或欧洲检察官成为国（区）际侦查主体已然力排各方争议，适格的侦查主体基本定型，故现在关键的问题是这些主体应该实施哪些侦查行为？这既是本书的关键，也是行为科学理论所要解决的问题。如何理解侦查行为？这里，我们是否能与国内的侦查行为相比较呢？

根据我国新修订的《刑事诉讼法》第一百零六条规定，“侦查”，是指公安机关、人民检察院在办理案件过程中，依照法律进行的专门调查工作和有关的强制性措施。该定义的落脚点在“调查工作”和“强制性措施”上。结合该法中的其他条文便可知，我国《刑事诉讼法》对“侦查”下的定义实际上是“侦查行为”的定义。因为在侦查一章中规定的“讯问犯罪嫌疑人”“询问证人”“勘验、检查”“搜查”“查封、扣押物证、书证”“鉴定”“技术侦查措施”“通缉”等“调查工作”和“强制性措施”无一不可认为是侦查行为。侦查行为的特征有：是有权主体的权力行为，它以法律赋予的侦查权为依据，由法定主体实施；侦查行为的运行以法律为框架；侦查行为在具体形式上表现为侦查主体进行的专门调查活动和采取的有关强制措施等。[①]

分析到此，便产生了疑问：首先，国（区）际适格主体的侦查行为是和我国“侦查行为”整体对应还是仅仅和“调查工作”对应（即排除了“强制性措施”）；其次，不管与何种称谓对应，其侦查行为的内涵是相同的吗？对此，要弄清“强制性措施”的含义。通说认为，强制性措施包括强制措施（拘传、取保候审、监视居住、拘留和逮捕），还包括对犯罪嫌疑人的强制（人身）检查、对于案件相关物品的扣押、资金的冻结等。结合《理事会规则》第26条我们发现，其不乏强制性措施，所以合理的解释应该是国（区）际适格主体的侦查行为不仅仅有“调查工作”，还有“强制性措施”，而是否包括“强制性措

① 刘为军. 刑事证据调查行为研究——以行为科学为视角［M］. 北京：中国政法大学出版社，2007：35.

施”中的“强制措施”呢？这就涉及侦查行为的内涵。笔者认为，国（区）际适格主体的侦查行为应当包括“强制措施”，典型的便是逮捕。一方面，从行为科学理论来看，我们论述的是广义上的行为，即凡是属于侦查主体在法律范围内做出的具有侦查性质的工作都可以纳入侦查行为当中；另一方面，如果将逮捕等强制措施纳入，可以更好地分析国（区）际适格主体的刑事调查行为。而《理事会规则》第18条“进行侦查”（conducting the investigation）中就提到了“侦查措施”（investigation measures，被委派的欧洲检察官可以承担调查任务），其第26条便是“侦查措施”。至于《国际刑事法院罗马规约》，在其第54条（“检察官在侦查方面的义务和权力”）、第56条（“预审分庭在独特侦查机会方面的作用”）等规定中，提到国际刑事法院检察官可以向预审法庭提交材料并申请逮捕令，虽然没有直接说检察官能够进行逮捕，但是至少提请逮捕是可以的。

综合来看，我们研究的国（区）际适格主体的侦查行为既包括一般的侦查行为，也包括强制性的侦查行为，尽量将行为内涵宽泛化，将有助于我们理解国（区）际侦查行为的本质，亦有助于我们具体分析国（区）际侦查行为的内容。而关于侦查行为与侦查主体、侦查权的关系可用图2-1表示：

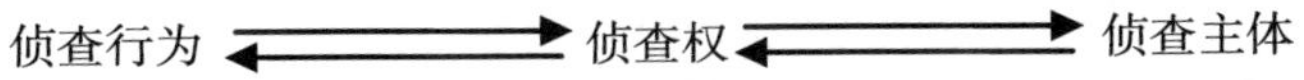

图2-1　侦查行为与侦查权、侦查主体的关系

侦查行为与侦查主体的联系在于侦查权，从“反方向”上看，侦查主体拥有侦查权，能够实施侦查行为，所以评价侦查行为即某行为是否具有侦查性质可从侦查主体、侦查权等方面加以判断；从“正方向”上看，一旦存在侦查行为一般可以反推是侦查主体运用侦查权的必然结果。故行为理论不失为侦查行为的第二个理论支撑。研究国（区）际检察官侦查行为就是对行为进行探讨，而研究侦查行为同样应该把侦查主体纳入讨论的体系当中，它们相互交织。当然，起着桥梁作用的正是“侦查权”，“侦查权”将行为与主体牢牢地捆绑在一起。

所以，行为科学理论这一理论基础要解决的是谁最适合实施侦查行为以及实施何种侦查行为的核心问题，即解决哪些主体能够拥有侦查权，这些主体能够行使哪些侦查行为等一系列问题，而后述关于侦查主体（两类检察官）的完善实际上解决的就是主体的资格及相关问题，对相关主体作出事实上的判断即为行为科学理论的目标。

例如，对侦查行为的控制体现在侦查权上，而更具体的则是落实在侦查主体及监督主体上。欲想对侦查主体及其权力进行控制，可以从侦查行为入手，实际上也是从侦查主体本身入手，因为它们是相互关联的：优化侦查行为的体制环境、减少侦查行为的外在阻力，改善个人的合理需要及工作生活条件，健全激励机制，完善监督体制（见图 2-2）。[①]

侦查行为 ⇄ 体制环境、动机、激励机制、监督 ⇄ 侦查主体

图 2-2　侦查行为与侦查主体的关系

三、国（区）际侦查行为的有限性

从理论上来讲，虽然侦查行为尽可能地覆盖到更为宽泛的范围，使得国（区）际社会对犯罪之打击力度有所增大，但就实务而言，国（区）际侦查不可能涉及方方面面。故国（区）际侦查的重心在于行为的“重点侦查”，即行为的有限性。

以国际刑事法院检察官为例，其侦查工作烦琐，如果要做到事无巨细，对每一个涉案人员、情节等都进行侦查，将是一项浩大的工程。在检察官准备启动侦查程序时，其主要考量因素应是犯罪的明显性与严重性，[②] 即检察官的侦查应确定重点侦查的原则，根据案件的严重性，特别是犯罪的规模、性质、形式以及犯罪的影响来进行筛选：选择最有代表性的、最为严重的案件。法院的管辖案件种类仅限于国际社会全体最关注的、最严重的罪行，这为国际刑事法院检察官的侦查工作进行了第一层筛选。《国际刑事法院罗马规约》第 17 条第 1 款第 4 项在规定可受理性问题时指出，能够受理的案件必须具有足够的严重性，这可视为是对国际刑事法院检察官的侦查工作的第二层筛选。鉴于国际刑事法院可

---

① 刘为军. 刑事证据调查行为研究——以行为科学为视角［M］. 北京：中国政法大学出版社，2007：242-245.

② 龙宗智. 国际刑事法院检察官的地位与功能研究［J］. 现代法学，2003，（3）：10-14.

支配的资源和能力有限，检察官选择有限数量的案件，聚焦可能承担最重责任的人，无疑能加速侦查工作的进程，集中国际刑事法院检察官的侦查力量完成有重大意义的调查任务。

（一）资金有限

对于任何一个司法机构，其财政开支和来源对于它的独立性是非常重要的。如果缺乏资金将会给国际刑事调查带来很大的困难。就国际刑事法院的财政问题，《国际刑事法院罗马规约》第十二编“财务事项”（第 113 条至第 118 条）作了规定。国际刑事法院的资金来源有：缔约国的摊款；① 联合国经大会核准提供的经费，尤其是安理会提交请示所涉及的费用以及自愿捐助。在实际运作中，法院的资金主要由缔约国承担，也接受各国政府、国际组织、个人、企业以及其他实体的自愿捐款。② 没有这些资金的支持，国际刑事法院检察官的侦查就无从谈起。有的国际性法庭已经出现了这样的问题：塞拉利昂特别国际刑事法庭，一个为审判在塞拉利昂国内战争期间的犯罪特设的国际刑事法庭，它的资金来源完全依靠国内非官方组织的自愿捐赠，由于自愿捐赠带有一定的不确定性，该法院曾经一度出现财政危机。相比之下，国际刑事法院的资金来源更加充足，但这并不能不让人担忧其资金问题。国际刑事法院由各规约缔约国交纳一定的费用作为财政预算，虽然借鉴了联合国资金估算方式，其财务状况透明、公正，但法院的整个财务状况仍是不容乐观。例如，联合国排名前两位的缴费会员国美国、日本由于种种原因并未成为《国际刑事法院罗马规约》的缔约国（这里应重申，国际刑事法院毕竟不是联合国的机构③），而缺少美国、日本这样强力的经济输出国的资金投入，就意味着国际刑事法院的资金运作失去了很大一部分的支持。

---

① 《国际刑事法院罗马规约》第 117 条规定，应依照议定的分摊比额表摊派缔约国的缴款。该比额表应以联合国为其经常预算制定的比额表为基础，并依照该比额表所采用的原则予以调整。

② International Criminal Court.About the Court[EB/OL].http://www.icc-cpi.int/en_menus/icc/about%20the%20court/Pages/about%20the%20court.aspx,2015-07-16.

③ Is the ICC an office or agency of the United Nations? No.The ICC is an independent body whose mission is to try individuals for crimes within its jurisdiction without the need for a special mandate from the United Nations. 参见 http://www.icc-cpi.int/en_menus/icc/about%20the%20court/frequently%20asked%20questions/pages/faq.aspx。

为了扩大法院的资金资助来源，国际刑事法院可以通过接受自愿捐助的资金来增加法院的经费。对于自愿捐助的资金，书记官要先审查其自愿捐助的目的，因为有些捐助是为了对国际刑事法院施加影响，如果接受了这种捐助就会影响法院的独立与公正。为了排除这种影响，缔约国在 2002 年通过了一个决议，要求那些愿意提供自愿捐助的缔约国作出声明，声明他们不是出于影响法院的独立性的目的对其进行捐助。[①]资金是有限的，侦查活动却是无限的，国际刑事法院的资金并不全部用于侦查、起诉、审判活动，对于证人、鉴定人旅费和安全的有关费用、笔译和口译费用以及法院工作人员的旅费和生活津贴等均由国际刑事法院支付。客观的物质条件决定了对国际犯罪行为进行侦查不能不惜代价；相反，还要从诉讼效益的角度去考虑如何以最小的代价换取最大的实质利益。

（二）人力有限

国际刑事法院对国际犯罪事实的侦查工作由检察官办公室负责，除此之外，还要负责接受和审查提交的事项或情势、起诉，可以要求某一法官在某一特定的案件中回避或暂停某一法官在某一特定案件中的职务，向指控方传唤的证人提供保护，就审判庭或上诉庭作出的裁决或判决提出上诉或要求复审，等等。[②] 因此，检察官的工作颇为繁杂。国际刑事法院检察官办公室由一名检察官、一名或多名副检察官以及若干必要的人员组成。国际刑事法院没有国际警察力量来帮助实施侦查工作，检察官能依靠的只有国家间的合作，而这一运作模式显然就决定了其自身资源是有限的。

联合国安理会 2011 年第 1970 号决议所作的一份报告中指出，国际刑事法院检察官办公室确立的侦查方针是，根据侦查中发现的证据，重点关注那些对最严重犯罪承担最重责任的人。同时应注意到，如果检察官办公室没有特别关注某些人，并不表明这些人被豁免了。一份仅是针对 2011 年 2 月 15 日以来的利比亚局势问题的报告，截至 2011 年 4 月 26 日已经收集到的证据就有：（1）将近 45 份已完成的采访，或个人已

---

① 赵秉志，卢建平．国际刑法评论（第 3 卷）［M］．北京：中国人民公安大学出版社，2009：191-192.

② 高燕平．国际刑事法院［M］．北京：世界知识出版社，1999：160.

被筛选准备接受采访。（2）超过569份文件，包括报告以及支持这些报告的材料，也包括有检察部门独立取得或通过各种渠道取得的视频文件，如录像和照片。从这份报告中可以看出国际刑事法院检察官的任务之重，即使只对最严重的犯罪展开调查也还是有大量工作需要完成，国际刑事法院检察官的数量显然无法满足需求。[①] 因此，《国际刑事法院罗马规约》第44条第4款规定了在特殊情况下，该法院可以利用缔约国、政府间组织或非政府组织免费提供的人员的专门知识，协助完成相关工作。同时，检察官可以接受向检察官办公室提供的这类协助。任用此类免费提供的人员应依照缔约国大会指定的准则进行。这个条款规定了只有在特定的情况下，国际刑事法院检察官办公室才可以使用自愿、免费提供的人员协助来完成调查工作。即便如此，也会引起一些国家的担心，因此对于这类人员的录用，需要严格依照《工作人员条例》[②] 的有关规定。

从行为角度来看，国（区）际刑事调查行为的有限性对国际刑事法院检察官办公室的运作大有裨益。国际刑事法院检察官办公室的重点调查原则有助于确保其干预的例外性——它只会发生在国家侦查和起诉失败，或者当国家声称要进行侦查而实际上却不愿意或者不能够实施这些程序的时候——检察官必须集中关注最能体现国际刑事法院正当性的那些骇人听闻的犯罪案件。国际刑事法院的工作当前集中在刚果民主共和国的情势上，对北乌干达和达尔富尔的情势调查也证明了这一点。[③]

---

① 参见 http://www.icc-cpi.int/en_menus/icc/structure%20of%20the%20court/office%20of%20the%20prosecutor/Pages/office%20of%20the%20prosecutor.aspx。

② 同时，《国际刑事法院罗马规约》第44条第3款规定，书记官长应在院长会议和检察官同意下，拟定《工作人员条例》，规定本法院工作人员的任用、薪酬和解雇等条件。《工作人员条例》应由缔约国大会批准。

③ 赵秉志，卢建平．国际刑法评论（第3卷）[M]．北京：中国人民公安大学出版社，2009：275.

第三节　人权保障理论

一、人权保障理论概述

人权，是指在一定的社会历史条件下每个人按其本质和尊严享有或应该享有的基本权利。人权的本质特征和要求是自由与平等，实质内容和目标是人的生存与发展。尊重和保障人权既是民主政治的基本要求，又是社会政治文明的基本标志。[①] 在近代，人权大体经历了三个主要发展阶段：第一阶段是资产阶级革命时期以及这一革命在全球范围内取得胜利以后的很长的一个时期。这一阶段人们所争取和实际已经逐渐争得的人权，主要是人身人格权利、政治权利与自由，如言论、信仰、结社、通信、宗教、普选等自由与权利，免受非法逮捕、无罪推定、得到公正审判等方面的权利，这一阶段以美国的《独立宣言》[②]（1776 年）和法国的《人权与公民权利宣言》[③]（1789 年）为主要标志。第二阶段是伴随 19 世纪初开始的反对剥削与压迫的社会主义思潮、运动与革命而出现的人权，其基本内容是经济、社会和文化方面的权利，它在宪法

---

① 莫纪宏．人权法制的确立与缺憾［J］．人民论坛，2010，(6)：52.

② 美国《独立宣言》(The Declaration of Independence)，为北美洲十三个英属殖民地宣告从大不列颠王国独立，并宣明此举正当性之文告。1776 年 7 月 4 日，该宣言由第二次大陆会议（Second Continental Congress）于费城批准，这一天后成为美国独立纪念日。宣言之原件由大陆会议出席代表共同签署，并永久展示于美国华盛顿特区之国家档案与文件署当中。此独立宣言为美国最重要的立国文书之一。《独立宣言》由四个部分组成：第一部分为前言，阐述了宣言的目的；第二部分阐述政治体制思想，即自然权利学说和主权在民思想；第三部分历数英国压迫北美殖民地人民的条条罪状，说明殖民地人民是在忍无可忍的情况下被迫拿起武器的，力争独立的合法性和正义性；第四部分，也就是宣言的最后一部分，美利坚庄严宣告独立。

③ 《人权与公民权利宣言》，即通常所说的《人权宣言》是在法国大革命时期颁布的纲领性文件。此宣言确实采用了 18 世纪的启蒙学说和自然权论。其中宣布自由、财产、安全和反抗压迫是天赋不可剥夺的人权，肯定了言论、信仰、著作和出版自由，阐明了权力分立、法律面前人人平等、私有财产神圣而不可侵犯等原则。众所周知，法国是启蒙运动的核心。两百多年来，《人权宣言》的精神、原则和规范已融入社会生活的各个方面，不但形成了法国宪政文化的鲜明特色，而且对西方近现代的历史产生了深刻的影响。从一定意义上说，法国《人权宣言》是西方国家人权宣言的集中代表，法国《人权宣言》的历史演变反映了整个西方世界人权观念演化的历程。

上的反映，在东方以苏联的《被剥削劳动人民权利宣言》① （1918 年）为代表，在西方则以德国的《魏玛宪法》②（1918 年）为标志。第三阶段是第二次世界大战以后，在反对殖民主义压迫的民族解放运动中产生并发展起来的人权，其特点是人权由国内保护变为国际保护，其内容包括民族自决权、发展权、和平权、环境权、自然资源权、人道主义援助权等国际集体人权。这类人权内容已为一系列国际人权文件所确认。到 1994 年年底，联合国已制定国际人权宣言与公约 71 个，其中《世界人权宣言》③（1948 年）、《公民权利和政治权利国际公约》、《经济、社会

---

① 《被剥削劳动人民权利宣言》由列宁起草，于 1918 年 1 月 25 日在全俄苏维埃第三次代表大会上通过。后作为第一篇载入 1918 年的《俄罗斯社会主义联邦苏维埃共和国宪法》。

② 《魏玛宪法》（德语：Weimarer Verfassung）是德国魏玛共和国时期（1919～1933 年）的宪法，也是德国历史上第一部实现民主制度的宪法。它建立了一个议会民主制、联邦制的共和国。现今的德意志联邦共和国宪法仍保留着魏玛宪法的少许条文。该法因在魏玛制定而得名。该法全文共 181 条，分两编。第一编为联邦的组织及其职责，分联邦及各邦、联邦议院、联邦总统及联邦政府、联邦参议院、联邦立法、联邦行政、司法 7 章。规定德国为联邦，主权在民。人民有普选权、创制权。采用责任内阁制，但总统有紧急命令权，可以暂时停止宪法中部分规定的效力。第二编为德国人民的基本权利及基本义务，分个人、共同生活、宗教及宗教团体、教育及学校、经济生活 5 章。第二编表现出这部宪法的特色，规定了个人的各种基本权利和许多社会生活的准则，其中有一些社会民主主义性质的规定。1933 年希特勒建立独裁统治后，先用紧急命令宣布《魏玛宪法》中许多关于人民权利的条文停止生效，又制定了《消除国民与国家危机的法律》，规定政府可以自行制定与宪法相抵触的法律，于是《魏玛宪法》名存实亡。第二次世界大战后，在联邦德国，《魏玛宪法》被 1949 年的《德意志联邦共和国基本法》所代替。该基本法在一定程度上继承了《魏玛宪法》的传统，可以说《魏玛宪法》是现代宪法的源头。

③ 1948 年 12 月 10 日，联合国大会通过第 217A（II）号决议并颁布了《世界人权宣言》。这一具有历史意义的《宣言》颁布后，大会要求所有会员国广为宣传，并且“不分国家或领土的政治地位，主要在各级学校和其他教育机构加以传播、展示、阅读和阐述”。《世界人权宣言》是联合国的基本法之一。

及文化权利国际公约》是三个最基本的国际人权文件。①

综上观之，人权由国家内部事务转变为全人类共同关注的事务（即从一国、多国到世界）。正因如此，各国才会纷纷签署世界级的人权宣言、人权公约。这些宣言与公约同样对国（区）际性的侦查行为有着某种程度的约束力。这里延伸出另一个问题：人权理论既有普遍的适用性，又有区域的局限性。因为不同国家在实现和拓展人权上有分歧，故自由与平等、社会目标与个人价值、个人权利与公共利益之间的关系常常难以平衡。② 而这同样会反映在国际刑事法院检察官或欧洲检察官之侦查当中。

二、人权保障理论对国（区）际侦查行为的影响

“全球治理”相对于单纯的国家治理而言是一个全新的治理理念，也可以说是一种全新的方法。从超越民族、国家边界的治理与超意识形态的人权统一，到平等对话基础上的“全球治理”与主权国家人权保障的有机结合，维护民族自决权、发展权，为世界各国的发展创造了良好的国际环境。实施国（区）际侦查行为的过程中，相关主体运用法治方式保障人权，杜绝以任何借口违反国际法及国际公约采取行动，促进了国家治理的实现及权利保障义务的履行。③

因与案件的调查有关而受到国际刑事法院检察官的侦查，被依法采取专门的调查工作或有关强制性措施的人，称为被调查人。《国际刑事

① 因为《世界人权宣言》内容包括第一阶段的公民和政治权利以及第二阶段的经济、社会和文化权利，再达成一个同时包括两阶段的公约是很难在国际上达成共识的。另外，像资本主义的美国会比较关心公民和政治权利，而共产主义国家则偏向于经济、社会和文化权利。为解决这个问题，联合国人权委员会撰写了两份公约：《公民权利和政治权利国际公约》以及《经济、社会及文化权利国际公约》。1954 年，联合国人权委员会完成了《公民权利和政治权利国际公约》和《经济、社会及文化权利国际公约》草案，提交联大审议。经过 10 余年的审议，1966 年 12 月 16 日，第 21 届联大最终通过两项公约，供各国签署、批准和加入。《经济、社会及文化权利国际公约》和《公民权利和政治权利国际公约》先后于 1976 年 1 月 3 日和 1976 年 3 月 23 日生效。故《经济、社会及文化权利国际公约》和《公民权利和政治权利国际公约》统称“人权两公约”，与《世界人权宣言》合称“国际人权宪章”，是国际人权领域最重要的文书。

② 何平. 世界多国保障和发展人权的启示［J］. 人民论坛，2010，(6)：54-55.

③ 李龙，任颖. 论国家治理与人权保障［J］. 武汉大学学报（哲学社会科学版），2014，(5)：89.

法院罗马规约》第 55 条虽然规定了侦查阶段个人的权利，但对于侦查阶段个人的范围却没有作出规定。有学者曾建议该概念应涵盖以下人员：犯罪嫌疑人，不管其是被临时逮捕还是根据缔结请求被逮捕；被告人以辨认、录取证言或获得其他协助而羁押的人员；在其他与国际刑事法院相关联的程序中被逮捕或羁押的人员。[①] 而此处笔者所探讨的是在审前程序中，国际刑事法院检察官实施的侦查行为所涉及的被侦查对象，主要包括犯罪嫌疑人、被害人及证人。这三类人与案件有着密切的关系，在调查程序中都有非常重要的作用，侦查期间没有对他们的权利进行保护，就难以实现整个程序的公正性与完整性。

（一）犯罪嫌疑人权利保护

犯罪嫌疑人指因涉嫌犯罪而受到侦查、起诉的人。与国内的刑事诉讼一样，在国际刑事诉讼中亦以向法院提出正式诉讼为界限，审前程序中是“犯罪嫌疑人”，审判程序中为“被告人”。调查程序属于审前程序，故称为“犯罪嫌疑人”。之前有关特设国际刑事法庭的规约规定了被告人的权利，但对于犯罪嫌疑人的权利却只字未提。对犯罪嫌疑人权利的保障可以约束和规范侦查人员权力的正当行使，确保犯罪嫌疑人对诉讼程序的充分参与，充分体现诉讼的人道主义精神和人文主义关怀。

《国际刑事法院罗马规约》第 55 条第 1 款囊括了包括犯罪嫌疑人在内的被调查人侦查期间享有的基本权利：1. 不被强迫认罪或证明自己有罪。不被强迫自证其罪规则是 1898 年英国《刑事证据法》首次以立法形式确认的。1966 年著名的“米兰达警告”有着里程碑的意义，甚至对大陆法系国家立法都有着深远的影响。随着人权保障思潮的高涨，国际社会也将此项权利确定为犯罪嫌疑人的最低限度保障标准。1966 年《公民权利和政治权利国际公约》第 14 条第 3 款第（庚）项对此作了规定：在判定对任何人提出的任何刑事指控时，他完全平等地有资格享受该项最低限度的保证。《国际刑事法院罗马规约》不仅将此项规定适用于犯罪嫌疑人，而且对于所有被调查的人均可以适用，从正面禁止、防范侦查人员采取非法手段获取证据。2. 不受任何形式的胁迫、威胁或强迫，不受酷刑或任何其他形式的不人道、有辱人格或残忍的待

① 李世光，刘大群，凌岩. 国际刑事法院罗马规约评释（下册）[M]. 北京：北京大学出版社，2006：468.

遇或处罚。1948年《世界人权宣言》第5条[①]与《公民权利和政治权利国际公约》第7条[②]均有作出类似的规定。有著者论述此条规定过于绝对，“任何形式”不应该包括合理的强迫，如法院通过命令要求证人出庭作证，则不应属于被禁止的范围。[③] 可既然条文作出了这样的规定，就应该理解为任何形式的强迫都不可以，一切活动以尊重、保障人权为基础。3. 在讯问语言不是该人所使用和通晓的语言时，免费获得为求公正而需要的文件译本以及合格口译员的协助。《公民权利和政治权利国际公约》第14条第2款第（已）项（如他不懂或不会说法庭上所用的语言，能免费获得译员的援助）提到能免费获得译员的援助，但文件译本则未涉及，因此《国际刑事法院罗马规约》对犯罪嫌疑人的保障更全面，更有助于帮助犯罪嫌疑人享有诉讼权利。4. 不得被任意羁押或逮捕，也不得基于该规约规定以外的理由和程序被剥夺自由。《世界人权宣言》第9条、[④]《公民权利和政治权利国际公约》第9条第1款[⑤]与1988年《保护所有遭受任何形式拘留或监禁的人的原则》原则2[⑥] 规定对任何人不得加以任意逮捕、拘留，这项权利被公认为带有强制法性质。

《国际刑事法院罗马规约》第55条第2款则是专门对有理由相信其实施了国际刑事法院管辖范围内的犯罪的人进行讯问时所享有权利的规定，这也是国际上首次将此类被讯问人员单列出来作为权利保障的对象。具体的保障措施有：1. 在进行讯问前，应告知其被怀疑所实施的犯罪。2. 告知其有权保持沉默，并不得因其保持沉默而认定其有罪或无罪。3. 为其提供所选择的法律援助。在其没有法律援助的情况下，为其提供法律援助，若该人无力支付相关费用，应为其免费提供，但仅限于为了实现公正而有必要时。4. 除其本人自愿放弃获得律师协助的

---

① 任何人不得加以酷刑，或施以残忍的、不人道的或侮辱性的待遇或刑罚。

② 任何人均不得加以酷刑或施以残忍的、不人道的或侮辱性的待遇或刑罚。特别是对任何人均不得未经其自由同意而施以医药或科学试验。

③ 李世光，刘大群，凌岩. 国际刑事法院罗马规约评释（下册）[M]. 北京：北京大学出版社，2006：468.

④ 任何人不得加以任意逮捕、拘禁或放逐。

⑤ 人人有权享有人身自由和安全。任何人不得加以任意逮捕或拘禁。除非依照法律所确定的根据和程序，任何人不得被剥夺自由。

⑥ 逮捕、拘留或监禁应严格按照法律规定并由为此目的授权的主管官员或人员执行。

权利外，在其被讯问时应有律师在场。以上规定的被讯问人员四项权利，在以前的国际公约中鲜有见到，仅在南斯拉夫问题国际刑事法庭和卢旺达问题国际刑事法庭《程序和证据规则》中规定有被讯问人的沉默权，以及《公民权利和政治权利国际公约》第 14 条第 3 款第（丁）项[①]对法律援助作了规定，其余两项并未找到与之相关的国际条约。而适用于《国际刑事法院罗马规约》的《程序和证据规则》[②] 规则 112 还要求在国际刑事法院检察官进行讯问时要录音或者录像，对“讯问的记录”作了详细规定，但并没有要求国家当局也遵守此规则。

（二）被害人、证人权利保护

根据适用于《国际刑事法院罗马规约》的《程序和证据规则》规则 85“被害人的定义”之规定，被害人，是指遭受国际刑事法院管辖权内的犯罪行为侵害的受害自然人，以及遭受国际刑事法院管辖权内的犯罪行为直接侵害的组织或机构。此处的组织或机构只限于其专用于宗教、教育、艺术、科学或慈善事业的财产，其历史纪念物、医院和其他用于人道主义目的的地方和物体受到直接损害的组织或机构。第一类被害人是遭受国际刑事法院管辖权内的犯罪侵害的自然人，第二类是遭受直接损失的组织或机构。1985 年《为罪行和滥用权力行为的受害者取得公理的基本原则宣言》是联合国在被害人保护领域通过的首个国际

---

① 出席受审并替自己辩护或经由他自己所选择的法律援助进行辩护；如果他没有法律援助，要通知他享有这种权利；在司法利益有此需要的案件中，为他指定法律援助，而在他没有足够能力偿付法律援助的案件中，不要他自己付费。

② 此处的《程序和证据规则》（全称应该是《国际刑事法院程序和证据规则》）是适用《国际刑事法院罗马规约》的文书——每个法院都会有自身的《程序和证据规则》（见上）。在任何情况下《程序和证据规则》从属于《国际刑事法院罗马规约》。在拟定《程序和证据规则》时，已注意避免改写和尽可能避免复述《国际刑事法院罗马规约》的规定。《程序和证据规则》在适当之处提及与《国际刑事法院罗马规约》有关的条文，根据第 51 条，特别是第 4 款和第 5 款的规定，强调《程序和证据规则》和《国际刑事法院罗马规约》之间的关系。在任何情况下均应参照《国际刑事法院罗马规约》的规定理解《程序和证据规则》，并以《国际刑事法院罗马规约》的规定为准。《程序和证据规则》不影响任何国内法院或司法系统适用于国内诉讼程序的程序规则。《国际刑事法院罗马规约》第 51 条第 4 款、第 5 款规定，《程序和证据规则》、其修正案和任何暂行规则，应与《国际刑事法院罗马规约》保持一致。《程序和证据规则》的修正案及暂行规则，不应追溯适用，损及被调查、被起诉或已被定罪的人。《国际刑事法院罗马规约》与《程序和证据规则》冲突之处，以《国际刑事法院罗马规约》为准。

公约，该宣言体现了对被害人保护的全面性和整体性。《世界人权宣言》、《联合国宪章》和《公民权利和政治权利国际公约》对被害人的保障也有提及。在被害人参与侦查的过程中要防止对其造成二次伤害，对于被害人的保护可以使其充分参与到侦查中。被害人因为犯罪行为而身心受创，通过对被害人的赔偿、补偿以及社会援助可以抚慰被害人受伤的心灵。

证人，是指在诉讼过程中了解案件情况的人。被害人是一种特殊的证人，国际刑事法院诉讼中的证人很多都是犯罪被害人。除此之外，还有一种特殊的证人，就是“双手沾满鲜血”的证人，这些证人的证言非常重要。但是这种证人对于作证有着特殊的担忧，他们害怕自己如果来到法庭作证将会被检察官起诉其罪行。① 如果对被害人和证人的保护不得力，会直接导致国际范围内的侦查无法顺利开展。《南斯拉夫问题国际刑事法庭规约》第 22 条和《卢旺达问题国际刑事法庭规约》第 21 条对被害人、证人的保护作了笼统的规定，但没有对被害人、证人保护的具体方法和机制作出详细说明。这两个特设刑事法庭的《程序和证据规则》中规定了对证人在作证前和作证时采取的程序性保护措施等一系列被害人和证人的保护规则。《国际刑事法院罗马规约》第 68 条以及国际刑事法院的《程序和证据规则》规则 87、规则 88 对被害人和证人的保护作了规定，由设在书记官处的被害人和证人股（一个专门部门）为证人、出庭作证的被害人，以及由于这些证人作证而面临危险的其他人提供保护办法和安全措施，在必要时与国际刑事法院检察官进行协商。被害人及证人在被侦查期间应享有《国际刑事法院罗马规约》第 55 条第 1 款规定的四项权利及第 68 条对被害人、证人的保护权。

《国际刑事法院罗马规约》第 68 条第 1 款规定，法院要采取适当的措施，保护被害人和证人的安全、尊严、隐私和身心健康。具体的措施在《程序和证据规则》中分为保护性措施和特别措施。国际刑事法院的《程序和证据规则》规则 87 第 3 款规定了对被害人、证人的保护措施。具体在侦查中，预审分庭可以根据检察官或辩护方的请求，或根据证人、被害人或其他有可能有的法律代理人的请求作出命令，防止向

---

① 肖玲. 国际刑事诉讼证据规则研究［M］. 北京：人民出版社，2010：108.

公众或报界及通讯社公开被害人、证人或因证人作证而面临危险的其他人的身份或下落。这项命令的义务主体是公众与媒体，预审分庭作出此项命令不应以诉讼一方参与的形式提出申请或请求，即双方都可以对此发表自己的意见。《程序和证据规则》规则 88 规定了特别措施，即适用于一些身受创伤的被害人和证人作证的措施。特别措施的采取具有灵活性：首先，在规则中没有对特别措施进行系统的归纳，而只是举例式地列出，协助证人、儿童、老年人、性暴力被害人及其他身受创伤的被害人作证。其次，特别措施是以防不时之需，因此它的申请程序可以采用与保护性措施一样的双方参与的形式，必要时也可以通过单方参与的形式或不公开程序申请。

《国际刑事法院罗马规约》第 68 条第 3 款规定了被害人可以提出意见和关注，这是法律文件赋予被害人参与到案件中的权利，最早出现在《为罪行和滥用权力行为的受害者取得的公理基本原则宣言》中。被害人享有参与诉讼全过程的权利，具体表现在侦查阶段为：1.《国际刑事法院罗马规约》第 15 条第 3 款，检察官在认为有合理根据进行侦查，请求预审分庭授权侦查时，被害人可以向预审分庭做出陈述。2.《国际刑事法院罗马规约》第 19 条第 3 款，检察官请本法院就管辖权或可受理性作出裁定时，被害人可以向该法院提出意见。3.《程序和证据规则》规则 90、规则 91，被害人可以自由选择法律代理人，法律代理人可以提出书面意见或陈述。4.《程序和证据规则》规则 119 第 3 款，在规定或修改任何对有关人员的限制自由的条件以前，预审分庭应征求被害人的意见。

《国际刑事法院罗马规约》第 68 条第 5 款规定可以不公开可能使证人或其家属的安全受到威胁的资料或证据。《程序和证据规则》规则 81 对限制开示作了具体规定：一方面，当侦查过程中使用的资料或证据的披露可能会威胁到证人及其家属的安全时，检察官可以采取不公开的方式，如审判开始前不公开他们的身份以保护证人及其家属的安全；另一方面，这种资料或证据的不公开，会使犯罪嫌疑人的诉讼权利尤其是对案情的了解受阻，为了公平地对待双方当事人，在事先未向检察官做出充分开示的情况下，其后不得在确认指控的听讯或审判中提出这些材料或资料作为证据。《国际刑事法院罗马规约》第 68 条第 1 款①与第 5 款②的规定都是基于不得损害或违反被告人的权利的前提。在对被害人、证人的权利进行保护的同时要注重对犯罪嫌疑人的权利保护。

值得注意的是，犯罪嫌疑人有时也会作为证人出现。例如，纽伦堡法庭中，大多数犯罪嫌疑人都选择为自己作证。当他们在调查中的身份为证人时，也应当享有证人的权利。

三、三大理论间的关系

国（区）际检察官侦查的理论基础为国家主权理论、行为科学理论、人权保障理论，其关键词分别为主权、行为与人权。事实上，通过分析，我们发现这三者之间同样存在密切的关系。

就行为与人权的关系来说，其是刑事诉讼领域讨论得最多的话题。适格主体在实施行为、采取行动时，必须要保障侦查对象（犯罪嫌疑人、被害人、证人）的人权，防止权力的滥用；与此同时，也要确保其他主体（如国内主管机关）不得滥用职权，从而使人权得到保障。现在置于国际视野中同样适用。

就人权与主权的关系来说，其多为宪法领域的论题。从法理上来讲，主权是至高无上、不可侵犯的。然而在各国联系日益密切的趋势下，各类犯罪滋生与发展亦是不争的事实。走私毒品、贩卖人口、有组织犯罪、经济犯罪以及更为严重的危害人类罪、战争罪等罪行不断升级，刺激着各国执政者的神经。在此情形下，各国执政者商谈对策，折中的方法是让渡出部分主权，交给国（区）际侦查行为主体来行使，试图通过其侦查、起诉等行为来保障受到各类犯罪威胁的人们的基本权利，尤其是生命权。

---

① 本法院应采取适当措施，保护被害人和证人的安全、身心健康、尊严和隐私。在采取这些措施时，本法院应考虑一切有关因素，包括年龄、第 2 条第 3 款所界定的性别、健康状况，以及犯罪性质，特别是在涉及性暴力或性别暴力或对儿童的暴力等犯罪方面。在对这种犯罪进行调查和起诉期间，检察官尤应采取这种措施。这些措施不应损害或违反被告人的权利和公平公正审判原则。

② 对于在审判开始前进行的任何诉讼程序，如果依照本规约规定披露证据或资料，可能使证人或其家属的安全受到严重威胁，检察官可以不公开这种证据或资料，而提交这些证据或资料的摘要。采取上述措施不应损害或违反被告人的权利和公平公正审判原则。

就主权、行为与人权而言，联系的纽带是人权（见图 2-3）。一方面，让渡主权是为了更好地保证各国公民的人权得以彰显；另一方面，实施侦查行为亦是欲使基本人权得到保障。

国家主权 ⇄ 基本人权 ⇄ 侦查行为

图 2-3　国家主权、侦查行为与基本人权的关系

第三章　国（区）际侦查主体制度

第一节　国际刑事法院检察官制度

一、国际刑事法院检察官办公室概述

国际刑事法院检察官办公室与院长会议、书记官处、各分庭（上诉分庭、审判分庭和预审分庭）并列为国际刑事法院的四大机关，它们在国际刑事法院的运作中各司其职，共同维护法院的正常工作。

（一）国际刑事法院检察官办公室简介

在国际刑事法院内，国际刑事法院检察官办公室是其中的一个部门。2012 年 6 月 15 日，由法图·本苏达（Fatou Bensouda）接替原检察官路易斯·莫热诺-奥坎博（Luis Moreno-Ocampo）的职务，负责领导整个办公室的工作，为期 9 年。国际刑事法院检察官办公室由三个工作部门组成：第一，侦查部门，由律师、侦查人员和分析人员组成小组，负责具体的案件侦查；第二，起诉部门，由庭审和上诉律师组成，负责将案件提交法庭；第三，司法协调协作部门，由分析人员、国际合作专家和律师组成，针对所有侦查和起诉都十分重要的前提条件——管辖权和可接受性向检察官提出意见。[1]

当检察官决定开始立案侦查时，这三个部门的代表聚集成一个联合小组。联合小组的组成和大小取决于侦查的程序和需求。当确认指控后，这个联合小组就会被一个庭审小组所取代。由于没有自己的警察力

① International Criminal Court.Office of the Prosecutor[EB/OL].http://www.icc-cpi.int/en_menus/icc/structure%20of%20the%20court/office%20of%20the%20prosecutor/Pages/office%20of%20the%20prosecutor.aspx,2015-07-24.

量和其他机构可依赖，检察官办公室必须建立合作网络。司法协调协作部门负责确保在国家、国际组织实施全面安全的合作时已经有了必要的协议和安排，该部门也成为检察官办公室与公众之间进行沟通和对话的桥梁。这些合作区域，由法律咨询组、公共信息组提供支持，从语言组、信息和证据组以及信息库组接受技术服务。① 目前，检察官办公室拥有对在《国际刑事法院罗马规约》缔约国或在缔约国范围内实施种族灭绝罪、危害人类罪以及战争罪的管辖权。2010 年在坎帕哈举行第一次审议会议后，经大多数缔约国同意，国际刑事法院修改了包括定义侵略罪在内的《国际刑事法院罗马规约》。据此，国际刑事法院检察官自 2017 年将对侵略罪拥有管辖权。②

《国际刑事法院罗马规约》第 42 条第 2 款规定，检察官办公室由检察官领导。检察官全权负责检察官办公室，包括办公室设施、工作人员、行政事务及其他资源的管理。检察官办公室的组成包括检察官一名，副检察官一名或多名，同时根据需要检察官③可以任命其处、室的合格工作人员。这里的工作人员，不仅指侦查人员，还包括在特殊情况下依照缔约国大会指定的准则免费提供服务的人员。检察官在任用工作人员时，应确保其忠诚、才干和效率达到最高标准并适当顾及第 36 条第 8 款关于法官的任职条件。此外，检察官办公室的全体人员均应专职，不得兼任其他任何职务。

远东国际军事法庭之后的南斯拉夫问题国际刑事法庭、卢旺达问题国际刑事法庭均以检察长负责制建立法院的检察组织。国际刑事法院检察官办公室的组成具有其自身的特点，尤其是带有不同法系的一些特征：在组织机构上，检察官办公室类似于美国的“老板”与“雇员”式的检控办事机构。以检察长一人为中心领导人，其他检控人员则围绕此中心来进行检控活动。而在德国等一些大陆法系的检控系统中，不只

① International Criminal Court. Regulations of the Office of the Prosecutor[EB/OL]. http://www.icc-cpi.int/NR/rdonlyres/FFF97111-ECD6-40B5-9CDA-792BCBE1E695/280253/ICCBD050109ENG.pdf,2015-07-24.

② International Criminal Court. Frequently Asked Questions[EB/OL]. http://www.icc-cpi.int/en_menus/icc/structure%20of%20the%20court/office%20of%20the%20prosecutor/faq/Pages/faq.aspx,2015-07-24.

③ 值得注意的是，在没有特别说明的情况下，即对副检察官没有不一样的规定时，视为检察官与副检察官具有同等的权力。

检察长，包括其他的普通检察官都是在诉讼中享有稳定地位且有身份保证的职业官员。[①] 国际刑事法院检察官办公室又不同于一般国内的检察机构，各国的检察官（不论是英美法系还是大陆法系的检察官）基本都是独立的，且不与法院混同。而国际刑事法院检察官办公室虽然是独立的机构，但是它终究是法院的下设机构。在这一点上，其优势在于有利于法院内部资源的统一配置与管理，也有利于法院在对外开展调查活动时的联系与工作协调。

（二）国际刑事法院检察官办公室的作用

《国际刑事法院罗马规约》第 42 条规定，国际刑事法院检察官办公室是国际刑事法院内一个独立的机关，其主要职能是负责接收和审查向其提交的情势以及向其提交的关于国际刑事法院管辖权内的犯罪的任何有事实根据的资料，以此进行侦查并在国际刑事法院起诉。侦查与起诉职能是国际刑事法院检察官办公室的核心职能。现代刑事司法活动为了保证起诉的专业化及对侦查活动的有效控制，要求对侦查与起诉进行适当的分离，国际刑事法院检察官办公室则是处于警检一体化状态。对于这种警检一体化的制度有过推崇，在实践中欲发挥其优势的关键是如何对警检一体化过分强大的控诉力量进行制约。为此，国际刑事法院设置了预审分庭对检察官的侦查、起诉工作进行司法控制。而为了保证公正审判，检察官和副检察官不得参加处理其公正性可能因任何理由而受到合理怀疑的事项。除其他外，过去曾以任何身份参与本法院审理中的某一案件，或在国家一级参与涉及被侦查或被起诉的人的相关刑事案件的检察官和副检察官，应当该依照该款规定，回避对该案件的处理。检察官和副检察官的回避问题，应当由上诉分庭决定：被侦查或被起诉的人可以在任何时候根据该条规定的理由，要求检察官和副检察官回避；检察官和副检察官本人有权就该事项作出评论。

同样，检察官有权要求某一法官在某一特定的案件中回避或暂停某一法官在某一特定案件中的职务，为指控方传唤的证人提供保护，就审判庭或上诉庭作出的裁决或判决提出上诉或要求复审，等等。此外，检察官还可以请求国际刑事法院就管辖权或案件的可受理性问题作出裁

---

① 赵秉志. 国际刑事法院专论［M］. 北京：人民法院出版社，2003：329.

决，请求有关国家提供合作和司法协助等。[①]

国际刑事法院检察官工作中面临的最大挑战是如何在持续暴力的情况下进行侦查。为了迎接这些困难带来的挑战，检察官已经缩短了侦查的时间和减小了侦查范围。2005 年 5 月 6 日，乌干达的逮捕令在展开侦查后的 10 个月做出；2006 年 1 月 12 日，刚果（金）的第一个通缉令于展开侦查后的 18 个月对托马斯·卢班加·迪伊洛发出；2007 年 2 月 27 日在达尔富尔，艾哈迈德·哈伦和阿里·库沙卜的逮捕令经过 20 个月的侦查后做出。检察官在达尔富尔面临着更大的挑战：在特别动荡的局势中，如何保护证人在达尔富尔地区的安全？因此，国际刑事法院检察官办公室决定不去达尔富尔侦查，而是通过 17 个国家的 70 个代表团收集证词和证据。相比之下，2011 年 5 月对卡扎菲、赛义夫·伊斯兰·卡扎菲和阿卜杜拉·森诺在利比亚的逮捕令在实施侦查行为后 3 个月便做出，对洛朗·巴博的逮捕令更是在展开侦查后的 1 个半月发出，突出了效率。这都是国际刑事法院检察官在侦查中做出的努力。

根据官方网站的介绍，国际刑事法院检察官目前正在进行的工作有：1. 侦查中的情势有八个：乌干达（一个案件）、刚果民主共和国（四个案件）、苏丹的达尔富尔地区（五个案件）、中非共和国（一个案件）、肯尼亚（两个案件）、利比亚（一个案件）、科特迪瓦（一个案件）、马里（尚未有具体的案件）。2. 在进行初步审查的情势包括：阿富汗、格鲁吉亚、几内亚、洪都拉斯、韩国和尼日利亚。[②]

二、国际刑事法院检察官的产生及免职

整个国际刑事法院检察官办公室的工作由检察官负责领导，副检察官则要协助检察官共同完成工作。由于检察官在侦查过程中的重要作用，对于检察官及副检察官的产生必须符合规定的条件，达到高标准的任职资格，而在任职期间如果出现了规定的事项，将会被免职。

（一）检察官的产生

检察官和副检察官应为《国际刑事法院罗马规约》第 42 条第 3 款

---

① 高燕平. 国际刑事法院［M］. 北京：世界知识出版社，1999：160.

② International Criminal Court.Office of the Prosecutor[EB/OL].http://www.icc-cpi.int/en_menus/icc/structure%20of%20the%20court/office%20of%20the%20prosecutor/Pages/office%20of%20the%20prosecutor.aspx,2015-07-24.

所规定的品格高尚、高度胜任工作的人士，并且在刑事案件起诉或审判方面具有丰富的实践经验和卓越的才能。同时，他们应该精通并熟练地使用法院的至少一种工作语言。这是成为检察官和副检察官的必要资格，只有符合这一款的规定，才有可能成为候选人进入选举的环节。品格高尚是一个较为抽象的词语，很难对它做出具体的界定，这主要是对个人的道德素质、修养程度做出的要求。没有提出出任检察官或副检察官的人选须有学习侦查或国际人权法等相关经历，而是要求有相关的实践经验，能够在上任之后积极地促进法院的工作，不需要再通过实践去探索。法院的工作用语为英语和法语，对其中任意一种掌握的程度达到精通并熟练使用即可。

检察官的提名程序与法官的提名程序相同，所有规约缔约国均有权提名候选人参加国际刑事法院的选举，每一个缔约国可以为任何一次选举提名候选人一名，该候选人不必为该国国民，但必须为缔约国国民。提名既可以依照《国际刑事法院罗马规约》规定的国际刑事法院法官候选人的提名程序，也可以依照有关国家最高司法职位候选人的提名程序。提名时要附上必要的详细资料，用以说明候选人的资格符合《国际刑事法院罗马规约》第 42 条第 3 款的要求。缔约国大会可以酌情决定成立提名咨询委员会，并确定该委员会的组成和职权。

检察官的选举由缔约国大会主席团确定选举日期。缔约国大会秘书处应准备一份候选人清单（按照英文字母顺序排列），并尽可能地以协商一致的方式选出检察官。鉴于国际刑事法院检察官办公室工作的重要性，以及为了保证国家对其的充分信任，在没有协商一致的情况下，检察官应按照《国际刑事法院罗马规约》第 42 条第 4 款的规定，通过无记名投票形式，以绝对多数缔约国大会的成员赞成而当选。2011 年检察官更替时所采取的预先设定的选举步骤的最后一项为：基于时间利益的考虑，应及时完成选举，如果经过三次投票没有候选人获得必要的多数票，应暂停投票，给予候选人退出选举的机会。在暂停投票前，缔约国大会主席应宣布恢复投票的时间。恢复投票后，如果没有候选人在第一轮投票中获得大多数票，则需要进一步的投票，但应只限于针对获得票数最多的两位候选人。这是为了当出现难以获得多数国家支持的候选人时，选举程序不会被过度延长。

副检察官的工作是协助检察官，其产生于获得检察官提名的候选人中，检察官应为每一个副检察官的职位提名3名候选人。副检察官的选举程序按照检察官的选举程序进行，检察官和副检察官任期9年，但在其当选时规定了较短任期的情况除外。检察官和副检察官不得连选连任。检察官与副检察官的国籍应当不同，并应尽可能代表不同的法系，从而在客观上保证他们实施行为的公正性。检察官和副检察官在根据《国际刑事法院罗马规约》的要求就职前，应各自公开宣誓，保证秉公竭诚地履行职务。

（二）检察官的免职

根据《国际刑事法院罗马规约》第46条的规定，检察官、副检察官在两种情况下应被免职：1. 经查明有《程序和证据规则》所指的严重不当行为，或严重违反《国际刑事法院罗马规约》的渎职行为。2. 无法履行《国际刑事法院罗马规约》规定的职责。《程序和证据规则》规则24对严重不当行为和严重渎职行为进行了列举式的定义。

严重不当行为规定在《程序和证据规则》规则24第1款中：在执行公务时，因玩忽职守，出现诸如披露本人因公获得的相关事实、资料，并因此对审判程序或对任何人造成严重影响；隐瞒相关事实、资料性质严重，以致足以使其失去任职资格；滥用司法职权，用以换取不正当有利待遇等严重损害或可能严重损害国际刑事法院的正当审判工作或正常内部运作的行为。严重不当行为还指在非执行公务时，严重程度足以导致损害或可能严重损害国际刑事法院信誉的行为。严重不当行为既包括已经造成严重损害法院的正当司法活动和法院的正常内部运作的事实发生，也包括仅发生造成这种严重损害的可能性。严重渎职行为规定在《程序和证据规则》规则24第2款中：在执行职务时，明知（指刑法中主观故意的明知）或严重不负责任地违背职守的行为，除其他外，包括以下行为：1. 不履行其明知有理由请求免除职责的义务。明知有理由请求免除职责，是指检察官及副检察官在其具有主动申请回避案件调查的情况下没有申请。2. 一再无故拖延案件的侦查起诉或审判，或行使司法权力。拖延案件的司法工作，则需要根据具体实施的次数来判断是否为严重渎职行为。

一旦查明检察官或副检察官在任职期间存在以上两种情况，检察官免职的决定由缔约国大会以不记名投票形式，经缔约国绝对多数同意作出。副检察官的免职决定，根据检察官的建议，由缔约国绝对多数同意作出。行为或履行《国际刑事法院罗马规约》所规定职责的能力受到质疑的检察官或副检察官应有机会依照《程序和证据规则》提出证据、被告知证据或为自己做出陈述或辩解，但不得以其他方式参与对这个问题的审议。对渎职行为较轻的检察官或副检察官，虽不构成免职条件，但应依照《程序和证据规则》给予纪律处分。

三、国际刑事法院检察官的特性

国际刑事法院检察官应该独立履行职责，不受外来指示行事。检察官不得从事或参与可能使其独立性和公正性受到合理怀疑的任何事务或活动。检察官或副检察官可以要求院长会议允许其不参与特定案件的调查或起诉工作。被告人也可以在任何时候，基于《国际刑事法院罗马规约》规定的理由，请求检察官或副检察官回避，并由上诉庭作出是否回避的决定。[①] 由于检察官在刑事诉讼过程中拥有广泛的裁量权，其独立性和公正性受到国际社会的关注，这也是其侦查结果能被认同的基础。

（一）独立性

国际刑事法院检察官应该代表整个国际社会的利益独立履行刑事追诉职能，保障国际刑事司法体系顺畅运作。国际刑事法院检察官办公室作为一个整体机构，具有其独立性，与国际刑事法院的其他机构各有分工，不需按照法院其他机构的指示行事，更不需要按照来自法院外部的指示行事。

首先，法院其他机构的指示，是指源于院长会议、书记官处和法院庭审机构的指示。院长会议的职能在《国际刑事法院罗马规约》第 38 条第 3 款第 1 项中明确提道：院长会议由院长和第一及第二副院长组成，适当管理本法院除检察官办公室以外的工作。因此，院长会议对于检察官办公室的工作没有任何权力予以插手，对于检察官的具体工作更是没有介入的理由。书记官处的职能规定于《国际刑事法院罗马规约》第 43 条，该条第 1 款写道：在不妨碍检察官职责和权力的情况下，书记官处负责本法院非司法方面的行政管理和服务。相比之下，多个特设国际刑事法庭的检察官办公室的工作人员、设施和资源依赖于书记官

① 高燕平. 国际刑事法院［M］. 北京：世界知识出版社，1999：161.

处，而国际刑事法院检察官办公室内部已经享有较为完整的行政权。法院庭审机构的职能是，根据已经形成的书面文字及言词证据对案件进行审理，而检察官的调查行为并不在其审查范围内。检察官的任命与免职由缔约国大会的绝大多数国家同意方能进行，与法官没有任何关系，检察官完全不受制于法官，也无须接受法官的指示。

其次，法院外部的指示，是指源于国际刑事法院外部，可能是任何一个国家或组织团体的指示。检察官代表整个国际社会利益而非某一个国家或团体组织的利益行使侦查权，对严重的国际刑事犯罪进行侦查。在法院体系中，检察官只对缔约国大会负责。检察官作出的决定应只从具体的案件出发，而不是其他因素。国际刑事犯罪的调查行为容易受到政治因素的影响，各国在国际活动中奉行的是利益原则而非完全依据法律与道义，这也是国家调查活动往往会受到阻碍的一个重大原因。当一项司法行为不是以实现正义为目的，那么此项行为的可信度便大打折扣。国际刑事法院的检察官侦查活动依靠与缔约国的合作，更为确切地说是依靠缔约国国内的侦查行为，但这并不意味着检察官的侦查活动需要按照缔约国的指示行事，法院外的任何机构也不应向检察官发出指令。根据《国际刑事法院罗马规约》第 42 条的规定，检察官办公室成员不得寻求任何外来指示，或按任何外来指示行事。在整个刑事诉讼程序中，包括提起案件、进行侦查和审查起诉，检察官均应独立行使其职权。检察官不得从事任何使其独立性受到怀疑以及其他任何可能妨碍或干预其检察官职务的活动，也不得从事其他任何专业性职业。

国际刑事法院的检察官的独立性相对于国内司法部门的检察官的独立性，面临着更为严峻的挑战。国际刑事法院介入的调查案件通常为一个国家支持的大规模犯罪，这些犯罪地往往带有浓烈的政治色彩（政治局势动荡），检察官置身于一个高度政治化的环境中，如何抵御政治压力，寻求独立，显得尤为关键。

（二）公正性

检察官的独立性在于保障整个国际刑事法院检察官办公室工作运行的可接受性，检察官的公正性则在于保障作为检察官个体行为的可接受性。前者针对的是机构，后者对应的则是人员。检察官的侦查活动最有可能被质疑的便是其可能带有政治色彩。例如，远东调查委员会与其说是一个调查机构，不如说是一个政治机构更为贴切，它的每个决定都带有强烈的政治意图。它最后所起的作用，较多的是与政治、国家间的利益有关，而无关于公正，最后的执行效果更是不尽如人意。为了避免检察官在行使职权时带有政治色彩的偏向，国际刑事法院检察官办公室强调检察官在侦查时要以客观的立场进行活动，并规定了对检察官存在质疑时可提出回避的程序，以确保检察官活动的公正性。

《国际刑事法院罗马规约》第54条第1款第1项规定，检察官在进行侦查时，应当同等地侦查证明有罪和证明无罪的情节。从国际刑事法院各个机构的作用来看，检察官办公室的主要作用是查明真相，并非与被侦查人相互敌对。这也就决定了检察官在侦查时应该持客观态度，对于证明有罪或者证明无罪的证据材料都应该进行同等地侦查，以期查明事实的真相。在这一点上，国际刑事法院的程序更偏向于大陆法系。南斯拉夫问题国际刑事法庭和卢旺达问题国际刑事法庭的法庭规约并未提及检察官对无罪证据的态度，即在实践中，特设刑事法庭的检察官更多的是对有罪证据的调查，无罪证据没有成为规约明文规定的调查对象。从国际刑事法院的机构设置来看，预审分庭的存在对检察官调查行为的公正性提供了制度上的保障。检察官的侦查行为需要预审分庭的支持，得到预审分庭发出的命令或授权令。预审分庭对侦查程序实施审查的事前监督，无疑能减少对检察官侦查行为公正性的质疑。

检察官的回避制度在《国际刑事法院罗马规约》第42条第6~8款作了具体的规定。回避的种类主要为：（1）主动申请回避，检察官可以自己主动向院长会议提出请求，准其不参与处理某一案件。（2）被申请回避，被侦查人或被起诉人可以对检察官提起回避程序。检察官不得参与可能使其公正性受到合理怀疑的任何事务或活动。例如，不得参与其过去曾以任何身份参与的案件的审理，或在某一国家司法系统内部曾是涉及被侦查人或被起诉人的相关刑事案件的检察官。① 在主动申请回避中，检察官除基于公正性应当回避的情形外，还包括根据其健康状况或者家庭原因等个人因素而不适合继续履行职务而申请回避。在被申请回避中，只能由被侦查人或被起诉人提起检察官的回避程序，只要检察官具有条约规定的回避理由即可。同时，检察官本人有权就该事项作出评论。国际刑事法院的《程序和证据规则》还对回避的理由做了进

① 高燕平. 国际刑事法院［M］. 北京：世界知识出版社，1999：161.

一步的拓展，主要是涉及有可能影响检察官的公正性的事项。例如，案件涉及个人利益，包括与当事任何一方有夫妻、亲子或其他亲密的家庭、私人或职业关系，或下属关系。在国际法委员会规约草案中曾规定，如果检察官和被告人有相同国籍，或者与指控国国籍相同，应当回避，但在正式的规约中并未保留。对于检察官的回避，由上诉分庭决定。有学者认为这是因为上诉分庭规模较大，其成员和检察官之间的个人接触较少，有利于客观地作出决定。不可否认，通过这种做法，让检察官置于合理的外部监督之下，可以增强其侦查行为的公正性。

在检察官参与的其他刑事诉讼程序中，也都有体现其公正性的内容。例如，在上诉中，检察官可代表被定罪人提出有利于被定罪人的上诉；在重审程序中，检察官可提起有利于被定罪人的再审。

总的来说，国际刑事法院检察官在履行职务期间要避免受到外界的干扰，秉持高度的独立性和公正性。为了保证检察官的正常工作，检察官在履行法院职务时享有与外交使团团长同样的特权和豁免权，对于其在任职期间的官方言论和行为享有终身免于任何形式追究的豁免权。对于特权和豁免权，检察官不能自行放弃。副检察官及检察官办公室其他工作人员特权和豁免权的放弃，由检察官决定。检察官的特权和豁免权的放弃，则需要经国际刑事法院法官的绝对多数同意。经济上，检察官依照规约的规定领取缔约国大会所确定的薪金、津贴和费用，薪金和津贴在其任期内不得减少。

第二节　区际检察官制度：以欧盟为例

一、欧洲检察官办公室概述

（一）欧洲检察官办公室成立简介

欺诈犯罪一直以来都是欧盟面临的一个难题。由于执法资源有限，故此类犯罪很少在成员国被侦查与起诉。为了更好地打击针对欧盟财政利益的犯罪，需要在欧盟层面——各国参与进来开展紧密合作，有效保障侦查与起诉工作。这也是基于目前打击不力的权宜之计：尽管有欧洲警察署（Europol）、欧洲司法组织（Eurojust）和欧洲反欺诈办公室（European Anti-Fraud Office，OLAF）等机构，但在合作、协调以及信息交流上仍面临着较大问题。欧洲警察署和欧洲司法组织可为侦查与起诉提供信息和合作，但本身缺乏执行权；而欧洲反欺诈办公室虽可调查欧盟领域内的欺诈和相关行为，但其权力仅限于行政调查。

为了加强欧盟与成员国之间的紧密合作和有效交换信息，形成打击侵犯欧盟财政利益犯罪的连贯机制，确保《欧盟基本人权宪章》得以顺利实施，特组建了欧洲检察官办公室（European Public Prosecutor's Office），将其规定在《里斯本条约》中。

实际上，欧洲检察官并不是《里斯本条约》的原创，其可追溯到《刑事大法典》（Corpus Juris）。在《刑事大法典》中，我们看到了学者们对欧洲检察官的初步设计：[1] 它是以法国起诉模式为范本建立起来并负责在欧盟成员国侦查和起诉欧盟欺诈犯罪的"新事物"。这些被指派的检察官有双重身份（wear two hats）：在打击国内犯罪时适用国内法，在打击欧盟财政犯罪时适用欧盟实体和程序性的刑事法律规则。[2]

欧盟委员会提出欧洲检察官的概念是在2000年，其认为刑事法的部分协调一致十分有必要（尽管这一建议没有得到后来《尼斯条约》的认可）。2001年，委员会《关于共同体财政利益的刑事法保护和建立欧洲检察官的绿皮书》（Green Paper on criminal-law protection of the financial interests of the Community and the establishment of a European Prosecutor，以下简称《绿皮书》）出版，其建议在当时的《欧盟条约》第280条后增加第280a条，规定欧洲检察官。2003年，有关报告就成员国对《绿皮书》要求建立欧洲检察官办公室的态度进行了总结：比利时、希腊、荷兰、葡萄牙和西班牙偏向于成立欧洲检察官办公室，但奥地利、丹麦、芬兰、法国、爱尔兰和英国都反对，而德国、意大利、卢森堡和瑞典则持怀疑态度。2004年的《欧盟宪法条约》设置了建立欧洲检察官办公室的条款，但该条约并未生效。《里斯本条约》（被看作《欧盟宪法条约》的替代品）为了在刑事司法领域加强欧盟（机构）的参与性，在《欧盟运行条约》第86条设立了欧洲检察官办公室：对违反欧盟财政利益的行为人及其同伙进行侦查、起诉、交付审判。该条被

---

① Mireille Delmas-Marty. Nécessité, legitimité et faisabilité du Corpus Juris[J]. AGON, 1999, (4): 5-9.

② Mireille Delmas-Marty. Combatting fraud-Necessity, legitimacy and feasibility of the Corpus Juris[J]. Common Market Law Review, 2000, (2): 247-256.

认为是保护欧盟财政利益 15 年来最大的成果，它创立了欧洲检察官办公室的总体性框架，同时将具体的实施方案留给规则决定。①

总体而言，对欧洲检察官办公室虽有不同的表述，如“European Public Prosecutor”、“European Public Prosecutor Service”、“European Public Prosecutor's Office”等，但含义大同小异，即它是为打击欧盟欺诈犯罪而成立的拥有侦查权和起诉权的实体。自从 1997 年提出欧洲检察官最初的模式以来，欧洲刑事法有了长足的进步：欧盟现在建立了欧洲逮捕令制度和欧洲证据令制度，并在将来可能建立欧洲侦查令制度；《欧盟条约》开辟了专门的一章来论及欧盟基本权利，而欧盟也正在为加入《欧洲人权公约》而努力。由此看来，欧洲刑事法正在通过相互认可、协调一致等方式逐步进化。②

（二）对欧洲检察官办公室的后续研究

如上所述，不少成员国起初就反对设立欧洲检察官办公室，它们认为这会损害国家在司法事务方面的主权，且责任问题和能否确保被告得到公正审判问题在建立欧洲检察官办公室之后仍无法妥善解决。而即便是在《里斯本条约》生效后，争论亦未停止。只是迫于条约已有规定，讨论的重点才有所转移。两个颇具代表性的讨论——《模范规则》与“欧洲需要”值得研究。

1.《模范规则》

从 2010 年 2 月到 2012 年 3 月，卡塔林·里盖蒂教授所带领的团队在欧盟委员会“赫丘勒计划Ⅱ”③ 和卢森堡大学的财政支持下对欧洲检察官办公室进行了研究。欧盟刑事法专家们④收集了 27 个成员国⑤近 3500 页的国别报告，分析了欧盟成员国现行侦查、起诉系统，试图设

---

① See Article 86, Consolidated Version of the Treaty on the Functioning of the European Union (Brussels, 15 April 2008, 6655/08).

② Simone White, Nicholas Dorn. Towards a decentralised European Public Prosecutor's Office [J]. Amicus Curiae, 2012, (1): 2-8.

③ 欧共体设立“赫丘勒计划”是为了促进与其财政利益保护相关行动的实施。该计划由 804/2004/EC 决定建立，持续期间为 2004 年到 2006 年。但根据 878/2007/EC 决定，此项计划从 2007 年延期到 2013 年。而后者通常被称为“赫丘勒计划Ⅱ”（Hercule Ⅱ）。

④ 专家名单详见 http://www.eppo-project.eu/index.php/Project-Participants。

⑤ 随着 2013 年 7 月 1 日克罗地亚加入欧盟，欧盟成员国扩展至 28 个。而该项研究是在克罗地亚加入欧盟前进行的，所以研究对象是之前的 27 个成员国。

计出欧洲检察官办公室的程序框架以建立欧洲统一规则。所收集的材料，除了用于规制欧洲检察官办公室的权力、程序性事项和证据标准体系外，还为未来欧盟刑事程序法的协调一致奠定了基础。

研究分为三个阶段：第一阶段为讨论建立欧洲检察官办公室时所涉及的一系列跨领域的关键性问题；第二、第三阶段为讨论并出台“关于刑事侦查和起诉的欧盟模范规则”（EU model rules of criminal investigation and prosecution）和“关于证据和程序性保障的欧盟模范规则”（EU model rules of evidence and procedural safeguards），旨在为欧洲检察官办公室制定一系列欧盟层面的刑事程序法规则，研究成果即为《关于未来欧洲检察官办公室适用程序的欧洲模范规则》（the European Model Rules for the Procedure of the Future European Public Prosecutor's Office，以下简称《模范规则》）。[①]

《模范规则》规定，欧洲检察官办公室是为欧洲的自由、安全和公正而设置的，所以它适用于整个区域（欧洲区域原则），其不仅致力于犯罪控制，还保护公民基本权利和国家刑事司法系统的安全。欧洲检察官办公室享有自主权（当然，没有规定的权力不得行使），同时也依赖于成员国侦查和起诉机构以及欧盟的其他机构；欧洲检察官办公室的行为受司法控制，在适用特定侦查措施时需要成员国主管法院的事先授权（ex ante authorization）。《模范规则》并没有把欧洲检察官办公室的管辖范围限制得过于狭窄，[②] 它并非不能管辖所有严重的跨境犯罪。

具体而言，如表 3-1 所示，《模范规则》由三部分组成：[③]

---

① See"Project description",http://www.eppo-project.eu.

② 即不像《欧盟运行条约》第 86 条那样，规定欧洲检察官办公室权力仅限于打击影响欧盟“财政利益”的犯罪或者“经过理事会一致决定”同意扩展的严重跨境犯罪。因为一些成员国仍对欧洲检察官办公室持保留意见，这样一来，很难想象短时间内能达成一致性决定。

③ Katalin Ligeti.Introduction to the Model Rules[EB/OL].http://eppo-project.eu/design/eppodesign/html/eu_model_rules/intro_model_rules/intro_model_rules.html,2015-07-24.

表 3-1 《模范规则》组成

部分	内容	作用
第一部分：概述	欧洲检察官办公室的地位和功能	厘清了欧洲检察官办公室和成员国刑事司法系统的关系、《模范规则》和成员国刑事程序法的关系
	适用于侦查和起诉的程序性保障	确定了程序适用的一般原则（比例原则和程序法定原则等）
第二部分：侦查阶段	启动侦查的适用规则、侦查措施以及剥夺自由权的规则（逮捕和审前拘留并非传统意义上的侦查措施）	厘清了不同类别侦查措施（非强制性措施、无须事先司法授权的强制性措施、需要事先司法授权的强制性措施）适用的程序
第三部分：起诉和交付审判阶段	强制起诉原则、法院管辖的适用标准	确保了后续诉讼得以顺利实施

2. “欧洲需要”

欧洲到底是否需要检察官办公室？“欧洲需要”① 或许已经给出了答案。

“欧洲需要”（EuroNEEDs）研究亦在欧盟委员会“赫丘勒计划Ⅱ”的支持下进行。该研究主要采取了访谈的形式，访谈对象既包括 132 名检察人员（其中经济专家 35 名、研究跨国犯罪的专家 64 名），又包括 30 名跨国警务与刑事司法机构中的代表。一方面，受访的大部分专家支持建立欧洲检察官办公室，所以讨论的重点是具体的设置模式和如何与成员国检察官建立必要的合作机制等延伸问题；另一方面，警务和刑事司法机构中的代表普遍认为在欧盟层面开展警务与司法合作是一大难题：建立跨国的、涉及多层次的法律体系意味着与传统的、国家内部的

① Marianne Wade.EuroNEEDs-Evaluating the need for and the needs of a European Criminal Justice System[R].Freiburg im Breisgau(Germany):Max Planck Institute for Foreign and International Criminal Law,2011.

案件处理方式不同，他们认为最核心的问题是执法者是否能意识到执法的“超国家性质”以及能否全方位地把握犯罪性质，而这急需专业人员识别这些案件以便能够发起侦查并确保起诉，还需获取更多的资源[①]和建立支撑机制来改进案件处理的方式，此时欧洲检察官办公室就有了存在的理由（raison d’ être），理应成为欧盟领域内相关案件的“指挥者”（ownership），即大部分的警务与刑事司法机构中的代表亦认为应该设立检察官办公室来统一执法、调配资源、进行人员培训等。

由此观之，对“建立欧洲检察官办公室后是否比现在更能保护欧盟财政利益”这一问题，此项研究给出了肯定的答案：与欧盟有关的问题由欧洲检察官办公室来解决似乎比由国家检察机关来解决更好，因为欧洲检察官办公室的运行不仅仅提高了效率，还保证了整个区域内的公平与公正。但是建立欧洲检察官办公室是“一场艰苦的战斗”（uphill battle），因为任何设置在超国家层面的政策都会带来一系列管理问题，如合法性问题和责任问题，况且欧洲刑事司法系统要想进一步完善，还必须经历一个漫长的过程。

综合两大研究来看，虽然有这种或那种的不足，但是总体而言，“欧洲需要”检察官办公室，需要建立《模范规则》。

（三）官方意见

就在学者们讨论得难解难分之时，欧盟于 2013 年 7 月 17 日出台了《关于建立欧洲检察官办公室的理事会规则》（这是欧盟委员会的一种建议——欧盟委员会有向欧盟理事会提出立法动议的权力，故冠名“理事会规则”。所以，从严格意义上来说，其名称应该为《欧盟委员会动议的关于建立欧洲检察官办公室的理事会规则》），其包含了欧洲检察官办公室的性质、结构、主要特征及适用法律等方面的内容。[②] 直接针对《欧盟运行条约》中“将具体的实施方案留给规则决定”的条款，将其付诸实施，从而细化了欧洲检察官办公室运转流程并回应了学者们的各方观点。

从其说明来看，《理事会规则》指出了成立欧洲检察官办公室的背

① 欧洲警察署和欧洲司法组织中的受访者认为执法者目前所作的侦查、起诉与否的决定是建立在不全面的信息基础之上的，如果信息量更加充分的话，决定或许有所不同。

② European Commission. European Public Prosecutor’s Office[EB/OL]. http://ec.europa.eu/justice/criminal/judicial-cooperation/public-prosecutor/index_en.htm, 2015-07-25.

景：虽然欧盟和成员国都有义务保护欧盟的财政利益，但实际上欧盟对成员国财政支出几乎不能控制且没有权力干预欧盟资金滥用的刑事案件。欧盟财政大部分由成员国主管机关控制且由成员国侦查与起诉有关犯罪。影响欧盟财政利益的欺诈犯罪以及其他犯罪的侦查会受到成员国之间不同立法和执法效果的阻碍，导致不同成员国保护欧盟财政利益的水平大相径庭，结果就是不同成员国对影响欧盟财政利益犯罪的起诉成功率相差甚远（据报道从19%至91%不等①）。成立欧洲检察官办公室后，上述问题至少能够得到部分解决：成员国仅在欧洲司法组织、欧洲警察署的支持下打击相关犯罪、挽回损失是不够的，欧洲检察官办公室成立后会加强影响欧盟财政利益犯罪案件的侦查，提高该类案件的起诉成功率，促进资源使用和信息交换，提升潜在犯罪的预防效果，在一定程度上解决不同成员国适用法律不一致等问题。例如，之前成员国执法机关不能及时将有关信息传递给其他成员国或者欧洲司法组织、欧洲警察署，这严重阻碍了侦查和起诉欧盟财政利益犯罪的效率，降低了打击效果。同时，常见的国际合作形式如司法互助（mutual legal assistance，MLA）和成立联合侦查小组（joint investigation teams，JITs）无法很好地发挥其功能，因为存在对司法互助请求回应缓慢、分享信息渠道不畅（时间花费长）、不同法律系统的程序差异甚至语言障碍等问题，无法惩治日益增多且复杂的犯罪。②

从《理事会规则》并结合上述分析来看，其是用“分散式结构”（a decentralised structure）之方式来设计欧洲检察官办公室的，涉及组成、适用法律、证据的可采性、权利保护、信息处理、关系处理等几大方面的内容，详见表3-2：

---

① Commission annual Report on the protection of the European Union's financial interests—Fight against fraud；COM（2012）40.

② OLAF's annual statistics demonstrate that the cases which are transferred to national investigation and judicial authorities are not equally effectively and efficiently prosecuted across the EU. In its eleventh operational report, OLAF analysed the judicial follow-up given by Member States to its cases over 12 years and found “very substantial differences between countries with respect to their capacity to bring EU-budget related judicial investigations and prosecutions to a conviction within a reasonable time”. The fact that the average prosecution rate lies under 50% shows that there are serious difficulties in achieving overall effectiveness of investigation and prosecution in the Member States.

表 3-2 《理事会规则》内容

序号	内容		作用
1	组成	一名欧洲检察官在四名副职的协助下领导该办公室，而侦查原则上由成员国委派的检察官（称作“委派检察官”）进行，他们是欧洲检察官办公室不可分割的一部分，但同时也会继续履行在成员国作为国家检察官的职能。不过，在效力于欧洲检察官办公室时，他们完全独立于国内的公诉机构	折中模式，目的在于充分利用成员国的资源
2	适用法律	除遵循欧盟现有法律（包括本规则规定的侦查权及其适用情形、可采性证据法则等）外，还必须依靠成员国国内法	限制检察官的权力
3	证据的可采性	即便是成员国国内法在证据的采集和展示上有不同的规则，只要不影响《欧盟基本权利宪章》中第 47 条和第 48 条所规定的程序公正性和辩护权，证据在审判中都可用	发挥相互承认、相互认可原则的功效，提高诉讼效率
4	权利保护	对犯罪嫌疑人和被告人等的权利保护也有所规定，典型的如沉默权和无罪推定	充分保护犯罪嫌疑人应享有的权利
5	信息处理	安排一名官员专司保护职责	充分保护有关信息的安全
6	关系处理	处理好与欧洲司法组织、欧洲警察署等欧盟机构以及第三国、国际组织等各方关系	促进侦查得以顺利实施，信息得以顺畅交换

关于《理事会规则》的具体条款分布，可参见表 3-3：[①]

① See Proposal for a Council Regulation on the establishment of the European Public Prosecutor's Office(COM/2013/534 final).

表 3-3　《理事会规则》具体条款

章序号	章标题	节序号	节标题	条序号	条标题
第一章	主题和定义	——	——	第一条	主题
				第二条	定义
第二章	基本规则（总则）	第一节	欧洲检察官办公室的地位、组织和结构	第三条	欧洲检察官办公室的建立
				第四条	欧洲检察官办公室的任务
				第五条	独立性和问责制
				第六条	欧洲检察官办公室的结构和组织
				第七条	内部程序规则
		第二节	欧洲检察官办公室成员的任命和解雇	第八条	欧洲检察官的任命和解雇
				第九条	欧洲检察官副职的任命和解雇
				第十条	委任检察官的任命和解雇
		第三节	基本原则	第十一条	活动的基本原则
		第四节	欧洲检察官办公室的权能	第十二条	管辖的犯罪行为范围
				第十三条	附带的司法管辖权
				第十四条	权力的行使
第三章	侦查、起诉和审判的程序规则	第一节	侦查行为	第十五条	案件来源
				第十六条	启动侦查
				第十七条	紧急措施和案件转交
				第十八条	实施侦查
				第十九条	特权或豁免权的解除
		第二节	信息处理	第二十条	信息的获得
				第二十一条	信息的收集
				第二十二条	案件管理系统、索引和临时工作文件
				第二十三条	索引和临时工作文件的功能
				第二十四条	进入案件管理系统
		第三节	侦查措施	第二十五条	侦查权能
				第二十六条	具体措施
		第四节	侦查和起诉权的终止	第二十七条	起诉到成员国法院
				第二十八条	撤销案件
				第二十九条	交易

续表

章序号	章标题	节序号	节标题	条序号	条标题
		第五节	证据可采性	第三十条	证据可采性
		第六节	没收	第三十一条	没收财产的规定
第四章	程序保障	—	—	第三十二条	犯罪嫌疑人、被告人和其他人的权利范围
				第三十三条	沉默权和无罪推定
				第三十四条	法律帮助权
				第三十五条	与证据有关的权利
第五章	司法审查	—	—	第三十六条	司法审查
第六章	数据保护	—	—	第三十七条	个人数据的处理
				第三十八条	个人数据存储的时间期限
				第三十九条	日志和文档
				第四十条	个人数据的授权进入
				第四十一条	数据保护官员
				第四十二条	进入权实施的方式
				第四十三条	修改、删除和限制处理权
				第四十四条	数据保护事项的责任
				第四十五条	欧盟数据监督员和国家数据保护机构的合作
				第四十六条	向欧盟数据监督员提起诉讼的权利
				第四十七条	未经授权或不正确处理数据的责任
第七章	财务和工作人员规定	第一节	财务规定	第四十八条	财务负责人
				第四十九条	财务预算案
				第五十条	预算的确定
				第五十一条	预算的执行
				第五十二条	账户的提交
				第五十三条	财务规则
		第二节	工作人员规定	第五十四条	一般规定
				第五十五条	借调的国家专家和其他人员

续表

章序号	章标题	节序号	节标题	条序号	条标题
第八章	欧洲检察官办公室与合作者的关系规定	第一节	一般规定	第五十六条	共同规定
		第二节	与合作者的关系	第五十七条	与欧洲司法组织的关系
				第五十八条	与欧盟机关、机构和其他组织的关系
				第五十九条	与第三国和国际组织的关系
		第三节	个人数据的传递	第六十条	向欧盟机构或组织传递个人数据
				第六十一条	向第三国和国际组织传递个人数据
第九章	一般条款	—	—	第六十二条	法律地位和运行条件
				第六十三条	语言安排
				第六十四条	保密
				第六十五条	透明度
				第六十六条	欧洲反欺诈办公室和欧洲审计法院
				第六十七条	分类信息保护的安全规则
				第六十八条	行政调查
				第六十九条	责任的一般制度
				第七十条	报告
第十章	最终条款	—	—	第七十一条	过渡性条款
				第七十二条	行政规则和计划文件
				第七十三条	通知
				第七十四条	审查条款
				第七十五条	生效

也就是说，欧盟认为“分散式结构”之模式仍是现阶段最为理想的选择，这也是妥协下的产物。而以下关于欧洲检察官办公室的论述也以《理事会规则》为准。

二、欧洲检察官办公室的任务与特性

（一）任务

欧洲检察官办公室具有法人资格（legal personality），其任务是在欧洲司法组织的支持下，打击影响欧盟财政利益的犯罪。欧洲检察官办公室的任务由欧洲检察官执行：

（1）侦查、起诉影响欧盟财政利益的犯罪；

（2）代表欧盟利益在成员国法院履行检察官职能。

（二）特性

1. 独立性

欧洲检察官办公室必须保持独立（independence）。欧洲检察官办公室，包括欧洲检察官及其副职、委派检察官等，在执行任务时不能寻求或接受任何人、任何成员国、欧盟任何组织的指示。相反，任何人、任何成员国、欧盟任何组织应当尊重检察官办公室的独立性，不得在其执行任务时施加任何影响。

2. 有责性

欧洲检察官办公室必须就其工作对欧洲议会、欧洲理事会、欧盟委员会负责（accountability），并就每一年的执法情况出具年度报告。

从上述解释来看，独立性和有责性似乎有冲突之处：一方面，检察官办公室需要独立；另一方面，检察官办公室还需要报告工作。实则不然，因为其侧重点不同：其独立性主要是指在执行任务时，即在侦查、起诉、支持审判过程中不得受到外界其他实体的干扰，一切以案件本身情况为依据；而有责性主要是指将执行任务情况总体性地向有关实体进行汇报。可以说一个是微观层面，另一个是宏观层面。

三、欧洲检察官办公室的组成

（一）结构

上文已简单地提及欧洲检察官办公室的组成，下面进行详细说明。

欧洲检察官办公室的结构如下：一名检察官（为了区分，将该名检察官称为欧洲检察官，当然为了简便，也可以以该名称代替整个欧洲检察官办公室成员，本书有关称谓即是如此）及其副职、辅助人员（支持他们工作的职员）、成员国委派检察官。检察官办公室由欧洲检察官负责，指导行动和组织工作，并在四名副职的帮助下进行工作。委派检察官在欧洲检察官的指导和监督下负责侦查和起诉。每个成员国都应当至少派一名检察官作为委派检察官，但在侦查和起诉过程中应当代表欧盟利益。在工作过程中，如果任务有冲突，委派检察官应当通知欧洲检察官，欧洲检察官在知会成员国检察机关后，应当指示委派检察官优先为欧盟利益执法。

欧洲检察官、委派检察官以及其他任何公职人员所实施的侦查、起诉行为都由欧洲检察官办公室负责，而欧洲检察官则代表检察官办公室对外负责，包括对欧盟机构、成员国和第三方负责。当需要侦查或起诉时，欧洲检察官会分配资源和人员给委派检察官，以便工作得以顺利开展。

（二）人员

1. 欧洲检察官的任命与解雇

欧洲检察官在欧洲议会同意后由理事会任命，每一届任期为八年，不得连任，理事会简单多数通过即可。欧洲检察官必须在具有独立性且具有高级司法官资格和相关检察经验的人员中选出。

选举应当公开进行。选举（候选人）的信息应当公布在欧盟官方公报上，欧盟委员会起草一份清单并提交给欧洲议会和理事会。委员会应当建立一个 7 人小组，由前欧洲法院法官、成员国高等法院法官、成员国公诉人员以及/或者具有相当能力的律师组成，其中一名由欧洲议会提名，且欧洲司法组织主席作为观察员参加。委员会征询意见后将意见反馈到欧洲议会和理事会。

当欧洲检察官不满足职位要求或者犯有严重失职罪时，根据欧洲议会、理事会或欧盟委员会的申请，由欧洲法院解雇。

综上观之，对欧洲检察官作出任命与解聘的主体不尽相同。这点与国际刑事法院检察官的任命与解雇并不完全一致。

2. 欧洲检察官副职的任命与解雇

欧洲检察官副职的任命程序同欧洲检察官的任命程序，即欧洲检察官副职在欧洲议会同意后由理事会任命，每一届任期为八年，不得连任，理事会简单多数通过即可。欧洲检察官副职必须在具有独立性且具有高级司法官资格和相关检察经验的人员中选出。

选举应当公开进行。选举（候选人）的信息应当公布在欧盟官方公报上，欧盟委员会起草一份清单并在欧洲检察官的同意下提交给欧洲议会和理事会。该名单应当平衡成员国人口和地域范围。

当欧洲检察官副职不满足职位要求或者犯有严重失职罪时，根据欧洲议会、理事会或欧盟委员会的申请，或者欧洲检察官的动议，由欧洲法院解雇。

3. 委派检察官副职的任命与解雇

委派检察官由欧洲检察官任命，人选至少为三名，名单由成员国提供。候选人要求具备以下要求：在成员国拥有高级司法官资格、有相关的检察业务经验、其独立性毋庸置疑。委派检察官每一届任期为五年，可以连任。

当委派检察官不满足职位要求、不符合履行职责的标准或者犯有严重失职罪时，欧洲检察官可以将其解雇。值得注意的是，在委派检察官代表欧洲检察官办公室履行职责时，未经欧洲检察官同意，不得被成员国将其作为国家检察官解雇。

综合上面的论断可以看出，欧洲检察官、欧洲检察官副职、委派检察官的职责、任命、解雇等有一定的区别（详见表3-4）：

表3-4　欧洲检察官办公室人员职责、任命与解雇

职务	职责/角色	任命			解雇	
		任期	资格	程序	理由	程序
欧洲检察官	代表检察官办公室对外负责	每一届为八年，不得连任	独立性、高级司法官资格、相关检察经验	欧洲议会同意后由理事会任命，理事会简单多数通过	不满足职位要求或犯有严重失职罪	根据欧洲议会、理事会或欧盟委员会的申请，由欧洲法院解雇
欧洲检察官副职	协助欧洲检察官	每一届为八年，不得连任	独立性、高级司法官资格、相关检察经验	欧洲议会同意后由理事会任命，理事会简单多数通过	不满足职位要求或犯有严重失职罪	根据欧洲议会、理事会或欧盟委员会的申请，或者欧洲检察官的动议，由欧洲法院解雇
委派检察官	双重角色	每一届为五年，可以连任	独立性、在成员国拥有高级司法官资格、相关检察经验	由欧洲检察官任命	不满足职位要求、不符合履行职责标准或犯有严重失职罪	由欧洲检察官解雇。在委派检察官代表欧洲检察官办公室履行职责时，未经欧洲检察官同意，成员国不得解雇

欧洲检察官及其副职的任期、资格、聘用程序、解雇理由类似，唯

一不同的是欧洲检察官副职的解雇可由欧洲检察官动议。而委派检察官承担双重角色，具有成员国检察官身份，可以连任，并由欧洲检察官任命与解雇。由此观之，欧洲检察官不论在行政上还是业务上都有领导权与指导权。

四、欧洲检察官办公室的管辖

下面我们将系统地梳理《欧盟运行条约》的规定。《欧盟运行条约》对欧洲检察官办公室的规定在第 86 条中，共有 4 款。

第 1 款：为了打击那些对联盟金融（财政）利益造成危害的刑事犯罪活动，理事会应按照一项特别立法程序（special legislative procedure）并在得到欧洲议会的认可后以全体一致同意通过一项规则，以便在欧洲司法组织的内部设立一个欧洲检察官办公室（European Public Prosecutor's Office）。如果在理事会内部不能达成全体一致同意，一个至少由九个成员国组成的成员国集团可将上述规则的草案提交欧洲理事会。在这种情况下，理事会所适用的程序应予以中止。在经过讨论以及在协商一致的情况下，欧洲理事会应在上述中止开始后的四个月内将有关草案退回理事会并由理事会予以通过。当出现在上述四个月内没有达成一致的情况时，如果有至少九个成员国愿意在有关规则草案的基础上实施更紧密的合作，上述至少九个成员国应将其意愿通知欧洲议会、理事会和委员会。在这样的情况下，实施《欧盟条约》第 20 条第 2 款和《欧盟运行条约》第 329 条第 1 款所指更紧密的合作所需要的授权应被视为已经给予，有关更紧密的合作的条款应予以适用。

第 2 款：欧洲检察官的责任是独立地或在需要时与欧洲警察署联手，对那些由第 1 款所指规则所界定的危害到联盟金融（财政）利益的犯罪活动的主犯和共犯进行侦查、起诉并将其送上法庭接受审判。欧洲检察官在各成员国的国内法庭上针对上述犯罪活动履行公诉人（prosecutor）的职能。

第 3 款：第 1 款所指规则应对以下内容作出规定：欧洲检察官办公室的地位，欧洲检察官办公室履行职能的条件，适用于欧洲检察官办公室活动的程序规则，关于证据可采纳性的规则，以及关于对欧洲检察官办公室在履行其职能时所采取的程序方面的措施进行司法审查的规则。显然，上述《理事会规则》将这些内容详细地进行了规制。

第 4 款：欧洲理事会可在欧盟理事会制定第 1 款所指规则的同时或者在这以后，通过修改本条第 1 款的规定，以便把欧洲检察官办公室的权力范围扩大至打击那些具有跨国性质的严重犯罪活动。此项决定也因此修改本条第 2 款中关于危害到一个以上成员国的严重犯罪活动的主犯和共犯的规定。欧洲理事会的此项决定应该得到欧洲议会的认可并在同委员会磋商后以全体一致同意予以通过。

这里首先需要指出欧洲理事会与欧盟理事会的区别。而为了更好地了解欧盟领域内相关机构的组成与权力，将欧洲理事会、欧盟理事会、欧洲议会、欧盟委员会、欧盟法院进行一个介绍，如表 3-5 所示。

表 3-5　欧盟多层级治理机构

组织机构	组成人员（机构）和权力	代表利益、性质
欧洲理事会	欧盟各成员国国家元首、政府首脑：推动联盟发展，确定政治方向和优先事项	代表成员国利益、具有政府间机构性质
欧洲议会（议会机构）	联盟公民的代表：立法、预算、政治监督、咨询职能	代表欧盟整体利益、具有超国家组织性质
欧盟理事会（立法机构）	成员国的部长级代表：立法、预算、政策制定、协调职能	代表成员国利益、具有政府间机构性质
欧盟委员会（执行机构）	委员和主席、副主席：立法动议、执行等职能	代表欧盟整体利益、具有超国家组织性质
欧盟法院（司法机构）	欧洲法院、综合法院、专门法院：初步裁决，统一解释	代表欧盟整体利益、具有超国家组织性质

两大理事会虽然代表的是成员国利益且都具有政府间机构性质，但从名称上（包括中文名称、英语名称和法语名称）来看极易混淆。“欧洲理事会”（英/法语名为 European Council/Conseil européen）是由各成员国国家元首、政府首脑等组成的具有“政府间性质”的组织，是欧盟的最高决策机构；“欧盟理事会”（英/法语名为 Council of the European Union/Conseil de l’ Union européenne），又称“部长理事会”（Council of Ministers，体现了“欧盟理事会”的组成——由每个成员国各一名部长级代表组成），是欧盟重要的立法机构，拥有欧盟的绝大部

分立法权。[1]

其次，关于案件管辖权问题。最初设立欧洲检察官办公室是为了打击对联盟金融（财政）利益造成危害的刑事犯罪活动，即管辖的案件仅限于与财政利益有关的犯罪。根据学者的解释，[2] 与财政利益有关的犯罪包括任何人均可实施的欺诈财政利益罪及类似犯罪、[3] 操纵市场罪、[4] 洗钱和接受违法所得及收益罪，[5] 以及官员可实施的腐败犯罪、[6]

---

① 关于“欧洲理事会”和“欧盟理事会”及其他的欧盟机构（如欧洲中央银行、审计院等）的详细介绍，可参见张彤. 欧盟法概论［M］. 北京：中国人民大学出版社，2011：47-76（第二章“欧盟的组织机构及其职能”）.

② 以下详见［法］M. 戴尔玛斯·玛蒂，［荷］约翰·A. E. 佛非勒. 欧盟刑事法：欧盟财政利益的刑事法保护［M］. 贾宇，喻贵英，付玉明，译. 北京：法律出版社，2009：211-213.

③ 影响欧盟预算的欺诈构成犯罪，无论是在支出抑或收入领域，只要这种行为是在故意（欺诈）或轻率或重大过失（同化犯罪，assimilated offence）的支配下进行的：第一，在申报补助金、补贴、债务清偿的过程中，向有权机关提供的文档在重要内容上不完全、不精确或者基于虚假文档，从而使欧盟财政利益处于危险状态；第二，在相同情况下，违反要求，没有履行给有权机关提供这类信息的义务；第三，转移合法获取的欧盟资金（补贴或补助金）。改正欺诈申报中的不精确或遗漏之处，或者收回基于欺诈文档作出的申请，或者在有权机关发现问题前向其坦白漏掉的事实，可以免受刑法处罚。

④ 任何人在欧盟法调整过程中，基于限制竞争和旨在使相关机关接受特别报价之协议的行为，都构成犯罪。欺诈欧盟财政利益罪及类似犯罪的不罚理由也适用于操纵市场罪。

⑤ 对欺诈欧盟财政利益罪及类似犯罪、操纵市场罪、披露与职权相关的秘密罪的犯罪所得及收益进行洗钱，构成犯罪。洗钱是指转换或移转上述犯罪所得，或者参与此类活动，旨在隐瞒或掩饰犯罪所得的违法性质，或者帮助参与此类活动的人逃避其行为的法律后果；隐瞒和掩饰上述犯罪所得的性质、来源、处所、整合情况、处置情况、流转情况，或者隐瞒和掩饰财物的真正所有权，或者隐瞒和掩饰因犯罪行为引起的权利，或者隐瞒和掩饰此类行为的参与。

⑥ 受贿：官员直接或者通过第三人索取或接受提议给予、允诺给予或实际给予任何其他性质的好处，包括违反职责，进行与职权相关的公务；违反公务职责要求，不履行公务或不履行与其职权相关的公务。行贿：直接或通过第三人，为了本人或者第三人的利益，做出或者提议给予、允诺给予或实际给予官员任何其他性质的好处，包括促使其从事违反职责要求的公务行为；促使其违反公务职责要求，不履行公务或不履行与其职权相关的公务。上述的官员包括“欧盟”或“成员国”官员。“欧盟官员”是指官员或者员工守则认可的合同人员；受命于欧盟成员国或者任何公共或私人组织，行使与官员或欧盟认可的其他合同人员相同职责的人员。“成员国官员”可参照成员国在刑法语境下国内法对“官员”或“公务员”的含义进行理解。

盗用资金罪、[①] 滥用职权罪、[②] 披露与职权相关的秘密罪。[③]《欧盟运行条约》第 86 条第 4 款进一步规定，在特定情况下，可将欧洲检察官办公室的权力范围扩大至打击所有具有跨国性质的严重犯罪，不局限于侵犯欧盟财政利益犯罪。这一规定意味着欧洲检察官办公室管辖案件范围有扩大的趋势。

最后，关于时限管辖问题。《理事会规则》中的过渡性条款（transitional provisions）指出，在成立欧洲检察官办公室之前，成员国拥有对上述案件的管辖权；在成立欧洲检察官办公室之后，其对上述案件有管辖权，但仅就成立后发生的案件有管辖权。这个规定有一个例外：如果在欧洲检察官办公室成立前没有成员国主管机关对相关案件进行侦查或起诉，那么欧洲检察官办公室可以对该案件进行侦查和起诉。[④]

---

① 有权处理共同体资金的官员，如果通过给予补贴、补助金或者免除明显无权享受免税资格人的税款，或者直接或间接干涉与其自身个人利益有关的企业运作或补贴的发放或税款的免除，其滥用资金或不当使用资金的行为构成犯罪。

② 负责管理共同体资金的官员，如果滥用权力而危及欧盟财政利益的，其行为构成犯罪。该罪仅适用于法律没有特别规定的情况下。

③ 官员在实施监管补贴、补助金的接受或发放时，不当披露与其职务相关的秘密，而该秘密关涉的是其职务行为的信息或通过职务行为获得的信息，如果披露可能危及欧盟财政利益，其行为构成犯罪。

④ Article 71, Transitional provisions, Proposal for a Council Regulation on the establishment of the European Public Prosecutor's Office: Member States shall remain competent until the date on which the European Public Prosecutor's Office has been set up and assumed its tasks in accordance with Article 75(2). The European Public Prosecutor's Office shall exercise its competence with regard to any offence within its competence committed after that date. The European Public Prosecutor's Office may also exercise its competence with regard to any offence within its competence committed before that date if no competent national authority is already investigating or prosecuting it.

第四章　国际刑事法院检察官的侦查

第一节　国际刑事法院检察官侦查特征

在国际刑事法院检察官办公室成立之前的1919年到1994年，国际社会先后诞生了5个国际性的调查委员会、4个国际特设法庭和3个国际授权的国家起诉机构。这些机构在调查过程中的成功经验和失败教训为国际刑事法院检察官制度的形成提供了可行性参考，而这其中也凸显了刑事侦查的特征。

一、侦查事项不能溯及既往

禁止溯及既往是各国国内刑法普遍承认或适用的罪刑法定原则中的一个重要内容，其完整表述为：一个人不应对有关法律生效以前的行为承担该法律规定的刑事责任；如果在法院作出最终判决前，适用于某一案件的法律发生改变，应当适用对被告人或已定罪人较为有利的法律。[①] 在纽伦堡国际军事法庭和远东国际军事法庭（东京国际军事法庭）成立之前，国际刑事法律规范中没有涉及侵略战争和密谋活动的禁止性规定。但为了顺利地开展工作，两大法庭采取溯及既往的方式来实现管辖权。[②] 例如，反和平罪和危害人类罪都是在1945年8月8日苏、美、英、法四国签署《伦敦协议》中规定的两种新犯罪，纽伦堡国际军事法庭适用事后的法律处理了涉及这两种犯罪的行为。纽伦堡国际军事法庭所持的理由是："法无明文规定不为罪"，不能对主权进行

---

① 高燕平. 国际刑事法院［M］. 北京：世界知识出版社，1999：191.

② 这里仅仅从法律的角度来阐述此类事件，并不代表笔者的政治立场。特此说明，下同。

限制，而是一般意义上的公正原则，这是一个有缺陷的法律依据（原则），在国际法意义上不适用。南斯拉夫问题国际刑事法庭与卢旺达问题国际刑事法庭亦采取了溯及既往的方式实现管辖权：南斯拉夫问题国际刑事法庭管辖权涵盖自 1991 年 1 月 1 日起的时期，但其本身是根据这个时间之后（1993 年 5 月 25 日）的联合国安理会通过的相关决议设立的；而根据 1994 年 11 月 8 日联合国安理会通过的相关决议设立的卢旺达问题国际刑事法庭，其设立契机则为 1994 年 4 月 6 日谋杀总统的飞机坠毁事件，管辖时间为 1994 年 1 月 1 日到 1994 年 12 月 31 日。显然，卢旺达问题国际刑事法庭设置的根源在于查清卢旺达境内及其周边有预谋的灭绝种族行为，实现诉讼目的。

关于这些国际军事（刑事）法庭的相关情况，可参见表 4-1。

表 4-1　四大国际军事（刑事）法庭情况概览

序号	法庭名称	处理事项	依据
1	纽伦堡国际军事法庭	对第二次世界大战中的德国战犯进行审判	1945 年 8 月 8 日苏、美、英、法四国签署的《关于控诉和惩处欧洲轴心国主要战犯的伦敦协定》（《伦敦协定》）及其附件《欧洲国际军事法庭宪章》（《纽伦堡国际军事法庭宪章》）
2	远东国际军事法庭（东京国际军事法庭）	对第二次世界大战中的日本战犯进行审判	1946 年 1 月 19 日公布的远东最高盟国统帅部根据同盟国授权《远东国际军事法庭宪章》
3	南斯拉夫问题国际刑事法庭	对 1991 年以来在南斯拉夫境内违反国际人道主义的人进行审判	1993 年 5 月 25 日联合国安理会通过的附有《南斯拉夫问题国际刑事法庭规约》的第 827 号决议
4	卢旺达问题国际刑事法庭	对 1994 年在卢旺达（及邻国）从事种族灭绝和其他违反国际人道主义的卢旺达公民进行审判	1994 年 11 月 8 日联合国安全理事会第 955 号决议《卢旺达问题国际刑事法庭规约》

事实上，根据1976年3月23日生效的《公民权利与政治权利国际公约》(International Covenant on Civil and Political Rights)[①] 第15条第1款之规定（任何人的任何行为或不行为，在其发生时依照国家法或国际法均不构成刑事罪者，不得据以认为犯有刑事罪），初步确定了“禁止溯及既往”的原则。[②] 但其第2款进一步言明，任何人的行为或不行为，在其发生时依照各国公认的一般法律原则为犯罪者，本条规定与否并不妨碍因该行为或不行为而对任何人进行的审判和对他施加的刑罚。[③] 也就是说，即便没有法律具体规定，但只要一般法律原则认为是犯罪的，仍受到追究。而上述有关国际刑事法庭之做法可能就是受到了后者的影响。

与此相反，在《国际刑事法院罗马规约》中规定了“对人不溯及既往”(Non-retroactivity ratione personae) 和“属时管辖权”(Jurisdiction ratione temporis)。其第24条规定，个人不对本规约生效以前发生的行为负本规约规定的刑事责任。[④] 第11条规定，本法院仅对本规约生效后实施的犯罪具有管辖权。[⑤] 由此观之，《国际刑事法院罗马规约》对侦查不应溯及既往作出了原则性的规定。

详言之，通过对《国际刑事法院罗马规约》法条的分析，我们可以得出以下结论：第一，对初始缔约国里的任何人而言，不用对2002年7月1日前实施的犯罪行为负该规约规定的刑事责任，且国际刑事法院检察官也不会对相关行为进行侦查；第二，对后续缔约国里的任何人而言，不用对该缔约国向联合国秘书长交存其批准书、接受书、核准书

① Adopted and opened for signature, ratification and accession by General Assembly resolution 2200A(XXI) of 16 December 1966, entry into force 23 March 1976, in accordance with Article 49.

② No one shall be held guilty of any criminal offence on account of any act or omission which did not constitute a criminal offence, under national or international law, at the time when it was committed.

③ Nothing in this article shall prejudice the trial and punishment of any person for any act or omission which, at the time when it was committed, was criminal according to the general principles of law recognized by the community of nations.

④ No person shall be criminally responsible under this Statute for conduct prior to the entry into force of the Statute.

⑤ The Court has jurisdiction only with respect to crimes committed after the entry into force of this Statute.

或加入书之日起六十天后第一个月的第一天之前实施的犯罪行为负该规约规定的刑事责任，且国际刑事法院检察官也不会对相关行为进行侦查。[①]

禁止溯及既往原则增强了法律的可预测性，有助于发挥国际刑事法院检察官侦查的威慑作用。

二、侦查启动不适用时效

世界上许多国家和地区的国（区）内立法都有关于时效的规定，主要在于言明一些犯罪甚至是严重犯罪在经过一段特定的时间后，就不会再进入刑事诉讼程序。这里的时效既包括追诉时效也包括行刑时效。立法背后的基本原理是，证据收集的困难程度与犯罪完成后的时间持续长短成正比。例如，时间越长，证人越难以寻找、物证越可能毁灭或消失等。另一个支持时效的依据经常还可以在这样的事实中找到：由于检察官不能收集到证据或者无法找到所谓的犯罪人，因此，定罪的威慑效果就会逐渐减少并且最终化为乌有。所以，永远保持起诉的可能性被证明不再是合适的。[②] 在一国的国内刑事法律中，对普通犯罪基本都规定有超过一定时间，国家便放弃刑事追诉的时效内容。[③] 这种时效的规定，在许多国家甚至适用于一些国际犯罪：在意大利，犯战争罪、危害人类罪及灭绝种族罪等国际犯罪，只要不是可能被判处终身监禁，适用20年的时效；在西班牙，对于酷刑和恐怖主义犯罪的时效亦为20年。法国、德国、日本等大陆法系国家基本上都有时效的规定；而在一些普通法系国家，对于国际犯罪这样的罪行并没有作出时效规定。

一开始，大多数国际刑法规范并未涉及追诉时效，只是随着国际犯罪危害性的日益严重和犯罪类型的增加，才开始有对某些严重国际犯罪不再适用时效的规定。在国际条约中，对严重国际犯罪不适用时效规定的历史并不长，也就是说，不适用时效的规定从无到有、从模糊到清晰，经历了较长的一段时间。国际刑事司法机构的宪章、章程，包括上

---

① 张磊. 中国与国际刑事法院：现状与展望［M］. 北京：中国人民公安大学出版社，2009：216.

② 王世洲. 现代国际刑法学原理［M］. 北京：中国人民公安大学出版社，2009：129-130.

③ 黄俊平. 普遍管辖原则研究［M］. 北京：中国人民公安大学出版社，2007：149.

述的《远东国际军事法庭宪章》等都没有出现过适用时效的规定。直到1967年和1968年联合国大会通过决议规定不能对战争罪犯适用法定时效原则，不能以此对其进行庇护。① 1968年11月26日签订并于1970年11月11日生效的《战争罪及危害人类罪不适用法定时效公约》规定了战争罪、危害人类罪、灭绝种族罪不适用法定时效。② 这是国际社会上少有的关于不适用时效规定的国际公约，相比其他关于国际犯罪的国际公约，只有相对较少的国家批准了上述条约。后来，大多数国家认为，鉴于国际刑事法院所管辖的国际罪行是国际社会关注的最严重的国际罪行，不应该适用任何时效，这些犯罪的行为人不能因为时间的流逝而被免去惩罚。

例如，柬埔寨特别法庭、东帝汶特别法庭规定，灭绝种族罪、危害人类罪不应当适用任何时效。有些国家则主张对不同的国际罪行予以区别对待，对国际刑事法院有固有管辖权的特定国际罪行种类不适用时效，而对其他类型的国际罪行则可以适用时效。最后，经过讨论达成了统一的意见：鉴于管辖权范围内的国际罪行的严重性和对国际社会整体利益的严重危害程度，《国际刑事法院罗马规约》第29条“不适用诉讼时效”（Non-applicability of statute of limitations）明确规定，对该法院管辖权范围内的国际罪行不适用任何时效。③ 从条文的字面理解，“不适用诉讼时效”不仅适用于国际刑事法院，还适用于缔约国法院——禁止缔约国在其国内法中对灭绝种族罪、危害人类罪、战争罪和

---

① 徐安军. 国际惩治战争犯罪历史的研究——从首次尝试到纽伦堡和东京两次大审判[J]. 西安政治学院学报，1999，(1)：54-58.

② 《战争罪及危害人类罪不适用法定时效公约》第1条规定，下列各罪，不论其犯罪日期，不适用法定时效：(甲）一九四五年八月八日纽伦堡国际法庭组织法明定，并经联合国大会一九四六年二月十三日第3（I）号决议及一九四六年十二月十一日第95（I）号决议确认的战争罪，尤其是一九四九年八月十二日保护战争受害人日内瓦公约列举的“重大违约情事”；(乙）一九四五年八月八日纽伦堡国际军事法庭组织法明定并经联合国大会一九四六年二月十三日第3（I）号决议及一九四六年十二月十一日第95（I）号决议确认的危害人类罪，无论犯罪系在战时抑或在平时，因武装攻击或占领迫使迁离及因种族隔离政策而引起的不人道行为，以及一九四八年防止及惩治灭绝种族罪公约明定的灭绝种族罪，即使此等行为并不触犯行为所在地的国内法。

③ The crimes within the jurisdiction of the Court shall not be subject to any statute of limitations.

侵略罪适用时效。[1]《国际刑事法院罗马规约》的此项规定有利于更好地打击和惩罚犯有灭绝种族罪、危害人类罪、战争罪和侵略罪的犯罪分子，使其不得因时效而抱有逃脱法律制裁的侥幸心理。

虽然时间的流逝可能会导致证据收集困难是国际刑事法院检察官在实施侦查行为时的一个重大障碍，但这绝对不能成为放弃对国际刑事法院管辖范围内国际犯罪行为侦查的理由。因为国际刑事法院成立的重要原因之一就是使向人类实施暴行的人受到全世界的批判，遭到全世界人民的唾弃并防止将来再发生类似的行为。

三、侦查范围十分有限

（一）侦查的罪行种类有限

《国际刑事法院罗马规约》第5条“法院管辖权内的犯罪”（crimes within the jurisdiction of the court）明确规定国际刑事法院具有管辖权的仅限于灭绝种族罪（the crime of genocide）、危害人类罪（crimes against humanity）、战争罪（war crimes）和侵略罪（the crime of aggression）这四种严重的国际犯罪。这些罪行在国际法上又称为“国际人道法下的罪行”，国际刑事法院检察官只能针对这四种国际人道法下的罪行行使侦查权。

在《国际刑事法院罗马规约》谈判阶段，有代表曾建议国际刑事法院管辖的罪行越多越好，但基于当时的国际形势和条件，国际刑事法院的管辖权太宽会分散法院的精力，调查办案质量难以得到保证，故将管辖权范围限制在整个国际社会关注的最严重的犯罪上，如此一来既可以得到广泛的国际认可，又有助于《国际刑事法院罗马规约》被普遍接受。而规约的早日批准生效，也有利于法院早日发挥实际作用。这四种国际性的犯罪严重危害了国际社会的整体利益，震动了全人类的良知感受，已经受到国际社会大多数国家的谴责，国际性法律文件也早已对这些具有极其严重的危害性的国际犯罪达成共识——明确其为国际犯罪并应受到国际社会的制裁。至于其他的一些国际犯罪，在对其实施制裁的方式上尚存争议（如国际贩毒罪），大多数国家认为这些犯罪由国内

---

① 李世光，刘大群，凌岩. 国际刑事法院罗马规约评释（上册）[M]. 北京：北京大学出版社，2006：277.

司法系统通过国际合作渠道加以解决更为合适。在未来的一段时间内，仍主要依靠各国的国内法院对大部分的国际犯罪行为人进行侦查、起诉、审判。而上述四种国际犯罪的发生极易导致一国司法系统的瘫痪或使一国法律系统行使管辖权存在某种障碍，不利于打击犯罪行为人，因而交给国际刑事法院检察官调查更为合适。《国际刑事法院罗马规约》在 2002 年生效时，明确了除侵略罪以外的其他国际罪行的定义及具体的犯罪构成。

1. 灭绝种族罪

在南斯拉夫问题国际刑事法庭审理的案件中，有 1/3 是对灭绝种族罪的指控或与灭绝种族罪有关的指控；而在卢旺达问题国际刑事法庭审理的案件中，几乎全部都是对灭绝种族罪的指控。①

实际上，禁止并惩治灭绝种族罪行是联合国大会最先处理的问题之一。1946 年 12 月 11 日，联合国大会即在其第一次会议上通过了第 96（I）号决议，确认灭绝种族是文明世界所谴责的违反国际法的一种罪行，并指出，无论何人以何种理由犯有灭绝种族罪，一律在惩治之列。为此，联合国大会呼吁国际合作，并请求经济及社会理事会拟定《防止及惩治灭绝种族罪公约》草案。1948 年 12 月 9 日，在巴黎举行的联合国大会第三届会议第 260A（III）号决议通过了这个公约，目的在于防止和惩治战时或平时所犯的灭种罪行。1951 年 1 月 12 日该公约生效，有效期为 10 年。随后公约对未声明退约的缔约国继续有效，以 5 年为一期。中国于 1983 年加入该公约，但对公约第 9 条（规定缔约国间关于公约的解释、适用或实施的争端，经争端一方请求，应提交国际法院）予以保留。②

《防止及惩治灭绝种族罪公约》（Convention on the Prevention and Punishment of the Crime of Genocide）第 2 条和第 3 条详细规定了灭绝种族罪的具体行为表现。灭绝种族系指蓄意全部或局部消灭某一民族、人种、种族或宗教团体，即有下列行为之一者：（a）杀害该团体的成员；

---

① John R.W.D.Jones.The practice of the International Criminal Tribunals for the Former Yugoslavia and Rwanda[M].New York:Translation Publisher,1998:341.

② 参见百度百科“防止及惩治灭绝种族罪公约”词条，http://baike.baidu.com/link?url=HdevoSEib9SndjMersugR7J1cPZ69glfMxU7hIAk0wgWwgwSvwP2RGmwkNRC6DCXPE9BYc6Z3L6UxX9wUu9Q5K。

（b）致使该团体的成员在身体上或精神上遭受严重伤害；（c）故意使该团体处于某种生活状况下，以毁灭其全部或局部的生命；（d）强制施行办法，意图防止该团体内的生育；（e）强迫转移该团体的儿童至另一团体。[①] 下列行为应予惩治：(a)灭绝种族；(b)预谋灭绝种族；(c)直接公然煽动灭绝种族；(d)意图灭绝种族；(e)共谋灭绝种族。[②]

而《国际刑事法院罗马规约》中关于灭绝种族罪的定义基本是照搬了《防止及惩治灭绝种族罪公约》的上述定义。[③] 尽管在讨论《国际刑事法院罗马规约》的过程中，有的国家要求将该罪行扩大为包括社会和政治团体在内的被害人，对灭绝种族罪作出符合刑法精确性要求的定义，但在罗马外交会议上，新提出的有关建议或草案并未得到各国的普遍接受，主席团最终采用《防止及惩治灭绝种族罪公约》中的定义，并得以通过。灭绝种族罪的定义规定在《国际刑事法院罗马规约》第6条，与《欧洲国际军事法庭宪章》和《远东国际军事法庭宪章》规定的灭绝种族罪不同的是，按照此规约的规定，灭绝种族罪不只限于发生在战争期间，还会发生在和平时期。[④]

《国际刑事法院罗马规约》第9条“犯罪要件”（Elements of Crimes）规定，本法院在解释和适用灭绝种族罪时，辅以《犯罪要件》（以下罪名同）。这里有三个问题需要弄清：第一，何谓《犯罪要件》？

---

① In the present Convention, genocide means any of the following acts committed with intent to destroy, in whole or in part, a national, ethnical, racial or religious group, as such: (a) Killing members of the group; (b) Causing serious bodily or mental harm to members of the group; (c) Deliberately inflicting on the group conditions of life calculated to bring about its physical destruction in whole or in part; (d) Imposing measures intended to prevent births within the group; (e) Forcibly transferring children of the group to another group.

② The following acts shall be punishable: (a) Genocide; (b) Conspiracy to commit genocide; (c) Direct and public incitement to commit genocide; (d) Attempt to commit genocide; (e) Complicity in genocide.

③ For the purpose of this Statute, "genocide" means any of the following acts committed with intent to destroy, in whole or in part, a national, ethnical, racial or religious group, as such: (a) Killing members of the group; (b) Causing serious bodily or mental harm to members of the group; (c) Deliberately inflicting on the group conditions of life calculated to bring about its physical destruction in whole or in part; (d) Imposing measures intended to prevent births within the group; (e) Forcibly transferring children of the group to another group.

④ 高燕平. 国际刑事法院［M］. 北京：世界知识出版社，1999：277.

《犯罪要件》，是指2002年9月3~10日在纽约召开的第一次《国际刑事法院罗马规约》缔约国大会上通过，并经2010年5月31日~6月11日在乌干达坎帕拉举行的《国际刑事法院罗马规约》第一次审查会上评估的一份文件，它对《国际刑事法院罗马规约》中所列罪名的犯罪构成要件作出了详细解释。① 第二，为什么需要辅以《犯罪要件》？这是因为《国际刑事法院罗马规约》存在一个条文列出多项犯罪的现象。② 在这种情况下，每项犯罪的犯罪要件以单独一款列出，以方便确定各罪的要件。③ 此外，由于《国际刑事法院罗马规约》完全照搬《防止及惩治灭绝种族罪公约》中的灭绝种族罪的定义，缺少真正刑法意义上的包含犯罪构成的定义，难以满足国际刑事法院在确定法院管辖权和进行审判时的需要，因此，《国际刑事法院罗马规约》规定国际刑事法院在解释和适用灭绝种族罪时，应参照《犯罪要件》。犯罪要件实际上就是许多国家国内刑法中的犯罪构成，是对特定犯罪行为的具体化——是决定某一具体行为的社会危害性及其程度而为该行为构成犯罪所必需的一切客观和主观要件的总和。根据《犯罪要件》的规定，灭绝种族罪的犯罪主体是实施灭绝种族行为的具有行为能力和责任能力的个人，还包括直接地和公开地鼓动他人从事灭绝种族行为的人；犯罪主观方面是明知——故意犯罪，即犯罪者主观上以蓄意全部或局部消灭某一民族、人种、种族或宗教的群体为行为的目的；犯罪客观方面是犯罪

---

① The Elements of Crimes are reproduced from the Official Records of the Assembly of States Parties to the Rome Statute of the International Criminal Court, First session, New York, 3-10 September 2002 (United Nations publication, Sales No. E. 03. V. 2 and corrigendum), part II. B. The Elements of Crimes adopted at the 2010 Review Conference are replicated from the Official Records of the Review Conference of the Rome Statute of the International Criminal Court, Kampala, 31 May-11 June 2010 (International Criminal Court publication, RC/11).

② 《国际刑事法院罗马规约》第6条“灭绝种族罪”中列出了五项具体犯罪：1. 杀害该团体的成员；2. 致使该团体的成员在身体上或精神上遭受严重伤害；3. 故意使该团体处于某种生活状况下，毁灭其全部或局部的生命；4. 强制施行办法，意图防止该团体内的生育；5. 强迫转移该团体的儿童至另一团体。

③ The structure of the elements of the crimes of genocide, crimes against humanity and war crimes follows the structure of the corresponding provisions of articles 6, 7 and 8 of the Rome Statute. Some paragraphs of those articles of the Rome Statute list multiple crimes. In those instances, the elements of crimes appear in separate paragraphs which correspond to each of those crimes to facilitate the identification of the respective elements.

者所实施的国际法禁止的、灭绝种族的各种具体的犯罪行为；犯罪客体是受到国际法和国际法律秩序保护的某一民族、人种、种族或宗教的群体的生命和其生存的权利。第三，《犯罪要件》的效力如何？与《国际刑事法院罗马规约》这一"国际公约"不同，《犯罪要件》并没有真正意义上的法律约束力，只是国际刑事法院的法官们在具体适用时予以参考的文件——体现"辅助"（assist）一词的含义。①

2. 危害人类罪

危害人类罪的概念早已提出，但在实际起诉的时候，危害人类罪通常被包含在战争罪之中，并未成为一个独立的国际罪行。直到1945年的《欧洲国际军事法庭宪章》，才对危害人类罪作出了具体的定义。在随后的许多国际法律文件中，如《远东国际军事法庭宪章》、《南斯拉夫问题国际刑事法庭规约》、《卢旺达问题国际刑事法庭规约》，都有对危害人类罪的表述。不过随着危害人类行为的不断变化，人们对危害人类罪的理解也处于持续发展和变化的状态。从《国际刑事法院罗马规约》讨论的过程来看，对于危害人类罪的定义及构成要件，意见并不统一，争议集中在该行为是否必须发生在武装冲突期间。最终《国际刑事法院罗马规约》综合了此前有关国际性法律文件的规定，明确了"危害人类罪"（Crimes against humanity）的概念：在广泛或系统地针对任何平民人口进行的攻击中，在明知这一攻击的情况下，作为攻击的一部分而实施的谋杀、奴役、酷刑等行为。② 此项规定与《欧洲国际军事法庭宪章》第6条第3项违反人道罪规定的精神是一致的，但是该条文

---

① 张贵玲. 国际刑事法院研究［M］. 北京：人民出版社，2013：106-107.

② For the purpose of this Statute, "crime against humanity" means any of the following acts when committed as part of a widespread or systematic attack directed against any civilian population, with knowledge of the attack: (a) Murder; (b) Extermination; (c) Enslavement; (d) Deportation or forcible transfer of population; (e) Imprisonment or other severe deprivation of physical liberty in violation of fundamental rules of international law; (f) Torture; (g) Rape, sexual slavery, enforced prostitution, forced pregnancy, enforced sterilization, or any other form of sexual violence of comparable gravity; (h) Persecution against any identifiable group or collectivity on political, racial, national, ethnic, cultural, religious, gender as defined in paragraph 3, or other grounds that are universally recognized as impermissible under international law, in connection with any act referred to in this paragraph or any crime within the jurisdiction of the Court; (i) Enforced disappearance of persons; (j) The crime of apartheid; (k) Other inhumane acts of a similar character intentionally causing great suffering, or serious injury to body or to mental or physical health.

在《欧洲国际军事法庭宪章》规定的基础上又有明显的扩充。[①] 例如，《国际刑事法院罗马规约》不要求危害人类罪的判定与战争和武装冲突相联系，因此，危害人类罪不仅可以发生在战争或武装冲突期间，而且可以发生在和平时期。在内容上，《国际刑事法院罗马规约》中的危害人类罪增加了很多与人权有关的因素，如在攻击过程中，实施强行迁移人口、酷刑、驱逐出境、强迫失踪等行为都会被视为犯罪。

根据《犯罪要件》的规定，危害人类罪的犯罪主体是实施危害人类行为的具有行为能力和责任能力的个人，并且这种犯罪可以适用于无国籍的行为人；犯罪主观方面是犯罪者主观上有进行不人道犯罪行为的故意；犯罪客体是受到国际法保护的平民的生命和其他受法律保护的权利；犯罪客观方面是实施的行为属于广泛或系统地针对平民人口进行的攻击，犯罪者有计划、有组织或大规模地实施的国际法禁止的各种对人体、精神或身体健康造成严重伤害的犯罪行为。

对比危害人类罪和前述灭绝种族罪的犯罪构成要件，我们发现两者有一定的相关性：从法律上看，危害人类罪和灭绝种族罪的行为方式确有重叠之处，如在危害人类罪中也涉及"灭绝"行为——"灭绝"作为危害人类罪行为方式的一种；从实践来看，如在南斯拉夫问题国际刑事法庭和卢旺达问题国际刑事法庭实际运作时，常将二者混合进行起诉和审判，或将灭绝种族的行为归为危害人类罪来起诉、审判。

3. 战争罪

战争罪亦称为严重违反战争法规和惯例罪，主要违反的是海牙公约体系（1899 年和 1907 年两次海牙和平会议通过的一系列公约、宣言等文件的总称）和日内瓦公约体系（1864 年至 1949 年在瑞士日内瓦缔结的关于保护平民和战争受难者的一系列国际公约的总称）确立的若干法律。

关于战争罪，有两个问题存在分歧：一是战争罪是否适用于国内武装冲突；二是战争罪所涉及的禁止使用的武器种类。

在第一个问题上，就传统的国际法领域而言，战争罪确实仅适用于国际性的武装冲突。各国出于自己利益的考虑和权衡，排斥将国内武装

---

① M. 谢里夫·巴西奥尼. 国际刑法导论［M］. 赵秉志，等译. 北京：法律出版社，2006：430.

冲突划分到战争罪中。但是，随着近年来国际刑法和国际人道法的发展以及非国际性武装冲突频发，许多国家已经通过立法将非国际性武装冲突中实施的战争罪定为犯罪。① 如果将国内武装冲突完全排除在战争罪之外，不符合国际刑事法院设立的初衷，战争罪适用于一国国内性质的武装冲突也渐渐被国际社会所承认和接受。在罗马外交大会上，各国最后达成的妥协方案是：国际刑事法院只对那些性质非常严重的在非国际性武装冲突中发生的违反战争法规和惯例的犯罪行为享有管辖权。这样一来，国际刑事法院对国内战争罪便具有了管辖权，但又不是无条件限制的管辖，以防对一国国家内部事务的过度干涉。《国际刑事法院罗马规约》对战争罪的定义综合了先前的国际经验和筹备委员会会议期间各代表团的建议，将非国际性武装冲突中的战争犯罪规定为战争罪的组成部分。②

在第二个问题上，就是否应将核武器和地雷列入战争罪所涉及的武器种类这一议题，由于少数国家特别是少数大国的强烈反对而未能将此类武器列入严重违反战争法规和惯例的武器种类范围。《国际刑事法院罗马规约》第 8 条对战争罪（War crimes）采取了穷尽列举的方式，将其分成了四大类：一是其行为严重违反 1949 年《日内瓦公约》；二是其行为严重违反国际法既定范围内适用于国际武装冲突的法规和惯例；三是其行为虽然是在非国际性武装冲突中，但严重违反 1949 年《日内瓦公约》③ 四公约之共同第三条；四是其行为严重违反国际法既定范围

① ［比］让-马里·亨克茨，［英］路易丝·多斯瓦尔德-贝克. 习惯国际人道法规则［M］. 红十字国际委员会组织编译. 北京：法律出版社，2007：520.

② 周振杰，刘仁文. 论国际刑事法院的管辖权［A］. 赵秉志主编. 国际刑事法院专论［C］. 北京：人民法院出版社，2003：186-206.

③ 第一公约《改善战地武装部队伤者病者境遇的公约》、第二公约《改善海上武装部队伤者病者及遇船难者境遇的公约》、第三公约《关于战俘待遇的公约》、第四公约《关于战时保护平民的公约》，这四项公约共同组成了《日内瓦公约》，也称作《日内瓦（四）公约》。

内适用于非国际性武装冲突的法规和惯例。[①]

根据《犯罪要件》的规定，战争罪的犯罪主体是实施战争行为的具有行为能力和责任能力的个人；犯罪主观方面是行为实施者主观上有违反武装冲突法、战争法规和惯例以及国际人道主义法的故意；犯罪客体是受到武装冲突法、战争法和惯例保护的平民、战俘和受国际保护人员的生命、健康、尊严和其他合法权利，以及公私财物、城镇、乡村和特定用途的建筑物、设施、物资等；犯罪客观方面是行为实施者有计划和大规模实施《国际刑事法院罗马规约》第 8 条规定的各种违反武装冲突法规、战争法规和惯例的犯罪行为。

4. 侵略罪

在《国际刑事法院罗马规约》订立初期，由于国际法委员会认为在侵略罪上不存在任何较为实际、可为国家所接受的定义，[②] 因此规定要等到界定侵略罪的定义后，且符合《联合国宪章》的有关规定的情况下，国际刑事法院才拥有管辖权。然而，虽然 2010 年的修正案对侵略罪作出了具体的规定，但国际刑事法院能否实际对侵略罪行使管辖权还取决于 2017 年 1 月 1 日以后作出的一项决定，而且该决定必须由与

---

① For the purpose of this Statute, "war crimes" means: (a) Grave breaches of the Geneva Conventions of 12 August 1949, namely, any of the following acts against persons or property protected under the provisions of the relevant Geneva Convention; (b) Other serious violations of the laws and customs applicable in international armed conflict, within the established framework of international law, namely, any of the following acts; (c) In the case of an armed conflict not of an international character, serious violations of article 3 common to the four Geneva Conventions of 12 August 1949, namely, any of the following acts committed against persons taking no active part in the hostilities, including members of armed forces who have laid down their arms and those placed hors de combat by sickness, wounds, detention or any other cause; (d) Paragraph 2 (c) applies to armed conflicts not of an international character and thus does not apply to situations of internal disturbances and tensions, such as riots, isolated and sporadic acts of violence or other acts of a similar nature; (e) Other serious violations of the laws and customs applicable in armed conflicts not of an international character, within the established framework of international law, namely, any of the following acts; (f) Paragraph 2 (e) applies to armed conflicts not of an international character and thus does not apply to situations of internal disturbances and tensions, such as riots, isolated and sporadic acts of violence or other acts of a similar nature. It applies to armed conflicts that take place in the territory of a State when there is protracted armed conflict between governmental authorities and organized armed groups or between such groups.

② International Law Commission. Yearbook of the International Law Commission, 1995[EB/OL]. http://legal.un.org/ilc/publications/yearbooks/1995.htm, 2015-06-25.

通过《国际刑事法院罗马规约》修正案所需的相同缔约国多数作出。[①]因此，现在国际刑事法院检察官仍只可对三种罪行依照条文的具体规定进行调查。对侵略罪展开调查要比其他的罪行复杂一点，因为2010年的修正案是在未取得广泛共识的情况下通过的，美国曾态度明确地表示，在缺乏真正共识的前提下谈论侵略罪的时机尚未成熟，联合国安理会的5个常任理事国均认为安理会应对侵略罪具有专属认定权（其中英国和法国是《国际刑事法院罗马规约》缔约国，美国、俄罗斯和中国则是以观察员身份参加了此次会议）。在“侵略罪”的认定权问题上，《国际刑事法院罗马规约》关于侵略罪的修正案赋予联合国安理会首要职责，即案件在提交给安理会后的6个月之内未作出裁定，国际刑事法院检察官可在该院预审庭批准后独自就侵略罪展开调查。但是，在此种情况下，对于由非缔约国公民实施的或者在非缔约国领土上实施的侵略罪，以及涉及已宣布不接受国际刑事法院对侵略罪管辖权的缔约国的侵略罪，检察官不能调查。

就现阶段而言，国际刑事法院还不能对侵略罪进行管辖，但是根据修正案对侵略罪的规定可知，侵略罪的犯罪主体是实施侵略行为的具有行为能力和责任能力的个人；犯罪主观方面是行为实施者主观上有计划、准备、发动或实施侵略战争或侵略行为的故意；犯罪客体是世界的和平与安全以及受国际保护的国际社会整体的和根本的利益以及正常的国际秩序；犯罪的客观方面是行为实施者有计划、有组织地准备、发动或实施国际法所禁止的侵略战争或侵略行为。

5. 其他可能管辖的罪行

根据《国际刑事法院罗马规约》第121条规定，其他犯罪，如恐怖主义犯罪，随后也可能因关于管辖罪行的修正案的通过生效而被包括在国际刑事法院的管辖中。但从目前来看，国际刑事法院的管辖还只限于这四种犯罪，尤其是前三种犯罪（详见表4-2）。不过，国际刑事法院管辖的案件与欧洲检察官办公室管辖的案件并不局限于目前的几种

---

① Article 15 ter, Exercise of jurisdiction over the crime of aggression (Security Council referral), Rome Statute of the International Criminal Court: The Court shall exercise jurisdiction over the crime of aggression in accordance with this article, subject to a decision to be taken after 1 January 2017 by the same majority of States Parties as is required for the adoption of an amendment to the Statute.

（类），随着时间的推移可能扩充其他犯罪。

表 4-2　国际刑事法院管辖犯罪及其依据

序号	罪名	《国际刑事法院罗马规约》	其他依据
1	灭绝种族罪	第 6 条：蓄意全部或局部消灭某一民族、人种、种族或宗教团体而实施的行为	1948 年 12 月 9 日通过、1951 年 1 月 12 日生效的《防止及惩治灭绝种族罪公约》
2	危害人类罪	第 7 条：在广泛或系统地针对任何平民人口进行的攻击中，在明知这一攻击的情况下，作为攻击的一部分而实施的行为	1945 年 8 月 8 日签署的《伦敦协定》之附件《欧洲国际军事法庭宪章》
3	战争罪	第 8 条：作为一项计划或政策的一部分所实施的，或大规模实施的各种违反武装冲突法规、战争法规和惯例的行为	1949 年 8 月 12 日签署、1950 年 10 月 21 日生效的《日内瓦公约》
4	侵略罪	第 8 条之二：有效控制或指挥一个国家的政治或军事行动的人策划、准备、发动或实施的侵略行为	—

（二）被调查的对象有限

1. 仅限于自然人

《国际刑事法院罗马规约》第 25 条第 1 款与第 2 款规定，国际刑事法院检察官只对自然人实施的国际刑事法院具有管辖权的犯罪行为展开侦查。

在罗马大会谈判期间，就“个人负刑事责任”中的“个人”包括自然人基本没有争议，但是否应包括法人，则引发了激烈的争论。虽然多数国家同意规定法人的刑事责任，但由于反对者的强烈坚持，最终并未规定其刑事责任。反对者的理由在于：一些国家的国内法没有法人刑事责任的有关规定，难以认同；把法人的刑事责任纳入国际刑事法院检察官的侦查中，会使检察官遇到取证量大增的困难。还有一个更为现实的理由是，如果在规则中增加对法人刑事责任的规定，需要更多的时间进行谈判。为了避免整个谈判陷入僵局，主张规定法人刑事责任的国家最终放弃了在规约中规定这一内容的要求。①

根据传统观点，国际法只适用于国家，原则上不针对个人的行为，而刑法只适用于个人，原则上不针对国家的行为。因此，个人不是国际法的主体，不能承担国际刑事责任。15 世纪的贩卖奴隶行为与 17 世纪猖獗的海盗活动，成为国际公约规定个人对国际犯罪承担刑事责任的动因。1907 年《关于陆战法规和习惯的公约》序言中言明，居民和交战者应受国际法原则的保护和管辖。这一规定可以视为国际社会试图依靠国际法追究个人国际刑事责任的肇始。② 追究个人特别是代表国家的个人的刑事责任，是从近代才开始的。一般认为，1919 年的《凡尔赛和约》第一次以条约的形式规定了非以私人身份形式的个人包括国家元首的国际犯罪主体的地位，这标志着个人国际刑事责任的正式确立。③对德国威廉二世的起诉，是国家元首成为国际犯罪主体的正式确立。第二次世界大战后，相关宪章也明确规定了个人的国际刑事责任问题。1945 年的《纽伦堡国际军事法庭宪章》第 6 条和 1946 年的《远东国际军事法庭宪章》第 5 条明确了个人应对破坏和平罪、战争罪和违反人道罪负刑事责任。纽伦堡军事法庭还认定，战犯应对其行为负有个人国际刑事责任，并因此而受到刑罚。其行为“不违反所在国的国内法、被告的地位以及政府或者上级的命令”都不能作为免除国际法责任的理由。④ 随后，1973 年《禁止并惩治种族隔离罪行国际公约》、1979 年《反对劫持人质国际公约》等国际文件都对个人国际刑事责任的主体地位作出明确规定，南斯拉夫问题国际刑事法庭和卢旺达问题国际刑事法庭的法庭规约也再次强调了个人应承担国际刑事责任。此种论断为国际刑事法院所继承，在国际刑事法院检察官的侦查中，对于个人的侦查不受被侦查人地位的影响，不违反国内法以及政府或上级的命令不能成为

① 李世光，刘大群，凌岩．国际刑事法院罗马规约评释（上册）［M］．北京：北京大学出版社，2006：260.

② 阴建峰．个人国际刑事责任论纲［J］．山东公安专科学校学报，2002，（5）：41-46.

③ 周露露．当代国际刑法基本原则研究［M］．北京：中国人民公安大学出版社，2009：130.

④ 赵永琛．国际刑法与司法协助［M］．北京：法律出版社，1994：97.

停止侦查的理由。也就是说，如果实施了违反国际法的行为，即使被侦查人称自己的行为是遵从其国内法、政府或上级的命令，也同样会被侦查，不可免责。

2. 仅限于已满十八周岁的人

《国际刑事法院罗马规约》第 26 条排除了国际刑事法院对未满十八周岁的人行使管辖权，即国际刑事法院检察官不得对未满十八周岁的自然人行使侦查权。首先，就全球范围而言，各个国家对于应当承担刑事责任的年龄规定并不一致，要在短时间内达到“某一生理年龄为承担刑事责任年龄”之共识并不容易。规定排除管辖权，可以避免与各国国内关于责任年龄的规定发生冲突。但是，对未满十八周岁做的划分并不是界定此未满十八周岁的自然人是否应承担刑事责任的标准，只是排除了国际刑事法院对其行使管辖。未满十八周岁的自然人实施犯罪后，是否要承担刑事责任应根据各国的国内司法体系来判断，并由各国自主侦查、起诉和审判。其次，很多国家的国内司法体系对于未满十八周岁的人的犯罪行为一般会有特殊的侦查措施与规则，如果在国际刑事法院检察官的侦查中，又另外建立一套相关的侦查体系，会分散本来就有限的司法资源。在各国的国内司法实践中，对未成年人犯罪的处罚相对较轻，并仅限于一些非常严重的犯罪。在国际刑事法院具有管辖权的犯罪种类中，未满十八周岁的人最有可能构成的犯罪是战争罪。那些已满十五岁而被征召入伍的儿童军，虽然在武装冲突中会实施符合战争罪条件的罪行，但考虑到未成年人的心智发展状况，把他们送上国际刑事法院进行审判并不可取，交由各国的国内法院进行管辖显然更为适当。

综上所述，国际刑事法院检察官针对个人进行调查时，对于犯罪主体，围绕其实施被控告犯罪时的年龄、行为能力、责任能力展开；对于犯罪主观要件，围绕实施犯罪行为是否为故意或者过失展开；对于犯罪客观要件，围绕实施的行为是否为危害行为、胁迫行为、预谋行为或参与行为及实施行为的危害结果展开。

第二节　国际刑事法院检察官侦查的启动类型

《国际刑事法院罗马规约》第 13 条规定了国际刑事法院检察官启动侦查的三种机制：第一，缔约国向检察官提交显示一项或多项犯罪已经发生的情势，且缔约国需按照《国际刑事法院罗马规约》第 14 条的规定提出；第二，安理会向检察官提交显示一项或多项犯罪已经发生的情势，且安理会必须根据《联合国宪章》第七章行事；第三，检察官依照《国际刑事法院罗马规约》第 15 条自行展开情势侦查。对于这三种启动机制的确立，不管是在《国际刑事法院罗马规约》草案拟定时，还是在罗马会议上，甚至在对具体案件进行管辖时，一直都是焦点问题而被各国政府和研究国际法的学者所关注，因为启动方式的不同对国际社会所产生的影响是不同的。

一、缔约国提交情势引起的侦查

根据《国际刑事法院罗马规约》第 14 条的规定，缔约国可以提请国际刑事法院检察官侦查某一情势，该情势必须是显示一项或多项国际刑事法院管辖内的犯罪已经发生的情势。[①] 检察官通过侦查来确定是否真的存在这些犯罪以及是否应对某个或某些人进行指控。这是规约缔约国所享有的权利，它们可以将符合条文规定的情势提交给检察官，但在提交情势时，应尽可能具体说明相关情节，并附上提交情势的国家所掌握的任何辅助文件。这样便于检察官确认是否应该展开进一步侦查。如果检察官经过审查，判定并不存在合理的依据，则对此不会展开侦查行为。因此，缔约国提交的情势并不必然引起侦查程序。

（一）背景

允许缔约国向国际刑事法院检察官提交情势启动侦查，在预备委员会讨论国际法委员会的草案时就产生过争议。首先，国际法委员会草案只允许缔约国向对某项具体的犯罪有管辖权的国家提出申诉。有些代表据此认为如果仅对某一具体犯罪或个人提出申诉，很可能会掺杂过多的政治因素而不利于案件的审理。国家在诉讼过程中不愿意成为原告去控告另一个国家，而希望由检察官出面来确定犯罪和罪犯。因此，它们主张，缔约国所能提交的应为抽象的情势。其次，对于提出情势的缔约国，是否应以具备利害关系为前提？有些国家认为唯有有利害关系的国家可以提交情势，但另一些国家则认为，国际刑事法院管辖的犯罪是整

---

① 一个情势可以包括一项或多项犯罪。在缔约国向检察官提交一个情势后，检察官可以根据调查提起对某个人或某些人的案件。

个国际社会关切的犯罪，这些犯罪对整个人类社会有实质性危害，各国作为整个社会的成员，从保障整体和平安全的环境出发，均与此类犯罪有利害关系。在某国发生管辖不能之时，赋予其他缔约国尤其是与之相邻的缔约国享有提出情势的权利，是行之有效的威慑犯罪的方法。最终，这些争议在罗马外交大会上都得以解决，代表们达成了一致意见，即允许任何缔约国向国际刑事法院提交情势。不对缔约国提交情势的行为作限制性规定，在一定程度上给检察官行使职权留了余地。[①]

在预备委员会向罗马大会提交的规约草案中，关于缔约国提交情势的条款相比最终规约的第 14 条多了一款：检察官应向安理会通报依照本条提交的所有情况。但在最后的提案中这一款被删除。为什么会删除？这里牵涉到一个本质问题，即国际刑事法院的地位。事实上，安理会与国际刑事法院之间的关系，在法院的筹建过程中，就曾引起激烈的争论，一方认为联合国安理会应享有绝对的权力，强调安理会的主导作用，借助安理会的广泛影响提高国际刑事法院在国际上的认可度；另一方则认为国际刑事法院应具有其自身的独立性，安理会的政治性过于明显，不利于正义的实现。草案中规定的检察官需向安理会通报，显然是要表现出对安理会的尊重，但作为一个独立的司法机构，如需将其行为向一个政治性团体通报，将使国际刑事法院受到政治影响的制约，进而损害其独立性与公正性。从法理上讲，联合国安理会与国际刑事法院应当是互相独立的两个个体，不存在任何监督关系。基于以上理由，在最后通过的《国际刑事法院罗马规约》中，没有此款条文。而安理会与国际刑事法院的关系，虽然在 2004 年签署了《国际刑事法院与联合国间关系协定》，但该协定对两者关系的规定只停留在原则规范及程序安排等事项上，二者的关系至今仍没有明确。

缔约国向检察官提交情势，谈判者设想的情况是，国家会出于对本国的国民在刑事范围利益的保护而较少向国际刑事法院提出情势，尤其是国际刑事法院所管辖的四类犯罪的发生，绝大多数都含有政治色彩。例如，美国退出国际刑事法院的原因之一是考虑其在世界多国均有驻军，驻军的背后无疑是美国庞大的政治利益。如果加入国际刑事法院，那么美国驻兵在他国触犯刑事犯罪后，将不会享有目前其享有的豁免

---

① 张艳. 论国际刑事法院检察官调查权的行使［D］. 长春：吉林大学，2011.

权，还可能受到国际刑事法院的管辖，这是美国所不愿意见到的。一个主权国家，往往希望对其国民的犯罪以及在其领土上的犯罪享有刑事管辖优先权，这是一国司法主权独立的体现。国际刑事法院规定根据缔约国提出的情势来启动侦查程序，是为了确保在缔约国出现难以实现调查或不能切实进行调查的情况发生时，检察官能够适用补充性管辖原则展开侦查。

（二）实践

到目前为止，《国际刑事法院罗马规约》的四个缔约国——乌干达、刚果民主共和国、中非共和国和马里向国际刑事法院检察官办公室提交的在其领土上发生的情势，都进入了侦查程序。

缔约国向国际刑事法院检察官办公室提交的第一个情势是 2003 年 12 月乌干达总统提交的有关上帝抵抗军（Lord's Resistance Army）的情势。检察官经过审查乌干达北部的局势，认为上帝抵抗军在乌干达北部地区确实存在国际刑事法院管辖的危害人类罪和战争罪的行为，于是对上帝抵抗军的 5 名成员涉及危害人类罪和战争罪的案件提起了正式调查。除 1 人死亡诉讼已被终止外，国际刑事法院检察官办公室对其余 4 名嫌疑犯均发出了逮捕证，但他们仍然在逃。[①]

国际刑事法院检察官办公室展开的第一次真正意义上的侦查，针对的是 2002 年 7 月 1 日以后在刚果民主共和国领土上犯下的严重罪行。检察官最初的审查重点是 2003 年刚果民主共和国境内伊图里地区，同年 7 月检察官向缔约国表示其将向预审分庭申请授权，同时表示如果刚果民主共和国向检察官提交情势将有助于其工作。很快，检察官收到了回信，信中称刚果民主共和国政府非常欢迎国际刑事法院的介入，并于 2004 年 3 月向检察官办公室提交了情势。多个国家、国际组织以及非政府组织的报告显示，自 1990 年以来，数以百万计的平民死于刚果境内的冲突，这些报告显示了在刚果境内有强奸、酷刑、被迫流离失所和

---

① International Criminal Court. Situation in Uganda [EB/OL]. http://www.icc-cpi.int/en_menus/icc/press%20and%20media/press%20releases/2004/Pages/president%20of%20uganda%20refers%20situation%20concerning%20the%20lord_s%20resistance%20army%20_lra_%20to%20the%20icc.aspx, 2015-07-27.

非法使用儿童兵的行为。[①] 根据国际刑事法院的管辖权规定，检察官对刚果民主共和国的调查可以追溯至 2002 年 7 月 1 日《国际刑事法院罗马规约》生效以后，并最终确定了五个具体的诉讼案件、六名犯罪嫌疑人。[②] 2012 年 3 月 14 日，国际刑事法院对刚果（金）部族武装领导人托马斯·鲁邦加涉嫌战争罪的指控作出了有罪判决，2012 年 7 月 10 日对其判处监禁 14 年的刑罚，这是该法院成立以来的第一项诉讼裁判。[③]

2004 年 12 月中非共和国向国际刑事法院检察官办公室提交情势，则是由于该国最高司法机构证实，该国的司法系统无法展开必要的复杂诉讼。暴力犯罪，如杀害平民、强奸、抢劫等在政府和反政府武装冲突的背景下于 2002 年和 2003 年达到最高峰。2007 年 5 月，检察官表示将会对最高峰时期的犯罪进行重点侦查，并确定一名犯罪嫌疑人，同时会密切留意对自 2005 年年底以来发生的罪行的指控。[④]

2012 年 7 月 13 日，马里政府将自 2012 年 1 月开始的马里情势提交国际刑事法院检察官办公室，请求其对自 2012 年 1 月在马里境内政府武装与其他武装组织之间的非国际武装冲突中涉嫌犯下的罪行展开侦查。[⑤] 随后检察官开始收集相关的信息，现任检察官法图·本苏达于 2013 年 1 月 16 日表示，根据其已经确定的可能构成《国际刑事法院罗

---

① International Criminal Court.Prosecutor receives referral of the situation in the Democratic Republic of Congo[EB/OL].http://www.icc-cpi.int/en_menus/icc/press%20and%20media/press%20releases/2004/Pages/prosecutor%20receives%20referral%20of%20the%20situation%20in%20the%20democratic%20republic%20of%20congo.aspx,2015-07-27.

② International Criminal Court.The Office of the Prosecutor of the International Criminal Court opens its first investigation[EB/OL].http://www.icc-cpi.int/en_menus/icc/press%20and%20media/press%20releases/2004/Pages/the%20office%20of%20the%20prosecutor%20of%20the%20international%20criminal%20court%20opens%20its%20first%20investigation.aspx,2015-07-27.

③ International Criminal Court.The Prosecutor v.Thomas Lubanga Dyilo[EB/OL].http://www.icc-cpi.int/en_menus/icc/situations%20and%20cases/situations/situation%20icc%200104/Pages/situation%20index.aspx,2015-07-27.

④ International Criminal Court.Prosecutor opens investigation in the Central African Republic[EB/OL].http://www.icc-cpi.int/en_menus/icc/press%20and%20media/press%20releases/2007/Pages/prosecutor%20opens%20investigation%20in%20the%20central%20african%20republic.aspx,2015-07-27.

⑤ 可参见马里政府提交的文件：http://www.icc-cpi.int/NR/rdonlyres/A245A47F-BFD1-45B6-891C-3BCB5B173F57/0/ReferralLetterMali130712.pdf。

马规约》规定的战争罪的暴力和破坏行为，决定今后展开的侦查将集中于在马里北部地区犯下的罪行。[①]

（三）评析

国际刑事法院检察官办公室接到的四个缔约国提交的情势，都只涉及本国境内本国公民的犯罪。乌干达和马里并不是在其本国国内已经对相关的犯罪行为进行了管辖，发现难以切实实施调查行为或起诉而将其转交，而是在没有使用国家优先管辖权的情况下，把情势提交给了检察官。刚果民主共和国则是在检察官表达希望刚果提出情势后积极提交的。中非共和国的情势是在国内最高法院对其国内司法机构作出难以胜任的结论后提交的。这与最开始规定缔约国能提交情势时的设想有很大的出入。似乎当国际刑事法院管辖的犯罪在某一国发生时，该国的司法独立利益已不再被当事国所看重，当事国更希望通过外界的司法机构来获得正义。《国际刑事法院罗马规约》在尊重国家主权的基础上，对国际刑事法院作出补充性的管辖来保证国家对犯罪的侦查、起诉的优先权，并防止国家利用一国的司法主权来阻碍对犯罪的侦查、起诉。然而，实践显示，提交情势的缔约国都十分愿意国际刑事法院检察官帮助甚至是介入本国的犯罪侦查。究其原因，或许在于在提交情势的缔约国国内政治时局动荡不安，一些暴力行径常常带有较重的政治色彩，在此情况下一国的司法系统是很难追究犯罪嫌疑人的责任的，所谓的当权政府也无心或无力去制裁，诉诸国际刑事法院实现惩治犯罪的目的是其最佳选择。例如，乌干达与刚果民主共和国没有也并未打算对提交的犯罪情势进行侦查，即将情势予以提交。

检察官请刚果政府正式提交情势的做法，为加快检察官展开调查工作开辟了一条捷径。如果刚果政府没有提交情势，而是由检察官自行启动侦查，那么会增加请求预审分庭授权侦查的程序，降低检察官的工作效率。得到缔约国提交情势的支持，检察官的工作也会变得更加迅速。《国际刑事法院罗马规约》第 14 条第 2 款规定缔约国提交情势时，应同时尽可能具体说明相关情节，并附上所掌握的任何辅助文件。这里的

---

① International Criminal Court.ICC Prosecutor opens investigation into war crimes in Mali："The legal requirements have been met.We will investigate"[EB/OL].http://www.icc-cpi.int/en_menus/icc/press%20and%20media/press%20releases/news%20and%20highlights/Pages/pr869.aspx,2015-07-27.

说明与辅助文件不要求达到能够确认犯罪的程度，但应满足“足以表明有人实施了法院管辖范围内的犯罪行为”之条件。缔约国提交情势也意味着对今后检察官的侦查工作给予支持，减少检察官的工作阻碍。检察官主动寻求缔约国的支持，在今后的实践中仍然是行之有效的加快检察官工作效率的办法。

二、安理会提交情势引起的侦查

联合国安理会按照《国际刑事法院罗马规约》第 13 条的规定，即可依照《联合国宪章》第七章行事，向检察官办公室提交显示一项或多项犯罪已经发生的情势。安理会有权向检察官办公室提交包括针对非《国际刑事法院罗马规约》缔约国的情势。

（一）背景

安理会提交情势的权利，在规约制定过程中曾引起过不同的意见：赞成派认为，安理会是《联合国宪章》授权的维护国际和平与安全的主要机构，在国际上享有较高的声誉与权威，与旨在审理严重违反人类道德罪的国际刑事法院的目的完全一致。两者紧密合作，可以提高国际社会对国际刑事法院的认同；安理会的配合，能让检察官更好地履行职责。安理会有权提交情势，亦可避免将来再创设特别法庭，还可以将所有的情势都移交给检察官办公室来处理，从而节省国际司法资源。反对派则认为，安理会的政治性太强，如果允许安理会提交情势，会不适当地施加政治影响，使国际刑事法院不可避免地陷入政治旋涡，造成其司法公正性受到质疑之恶果。此外，安理会的五个拥有一票否决权的常任理事国中的三个国家（美国、俄罗斯、中国）尚未加入国际刑事法院。这难免让人担心，在提交情势的过程中，这三个常任理事国可能会为了维护与自己相关的政治利益做出某种不利于刑事诉讼的行为。支持安理会有启动调查权利的国家还对使用“事件”或者“情势”进行了讨论，最终认为“事件”比“情势”更为具体，针对性更强，容易影响到国际刑事法院的独立性，采用“情势”一词更为适宜。

在国际法委员会起草的规约草案中，为了限制安理会的权限，对安理会启动机制作出了三点限制性的规定：第一，安理会提交的情势应是安理会按照《联合国宪章》第七章（对于和平之威胁、和平之破坏及侵略行为之应付办法）采取的行动，国际刑事法院仍应依照其管辖权来独立判断是否应对该事件进行管辖；第二，安理会在对某一侵略行为或同某一侵略行为提出直接相关的申诉时，应已经断定有关国家犯有作为申诉事由的侵略行为；第三，在安理会没有作出决定之前，不得对安理会正在按照《联合国宪章》第七章规定处理的任何威胁和平、安全或侵略行为依规约提出起诉。[①] 这样一来，安理会提交情势的权限就被限制在了与威胁、破坏和平和侵略有关的事项或情势上，但同时安理会也享有在处理威胁、破坏和平及侵略行为有关问题时的优先地位。但安理会在处理有关和平、侵略问题上并不享有绝对优先权，《国际刑事法院罗马规约》第 16 条规定安理会在满足一定的条件下，可以向国际刑事法院提出推迟调查或起诉：如果安理会根据《联合国宪章》第七章通过决议，向国际刑事法院提出要求，法院不得根据规约开始或进行调查或起诉，此期间可以长达十二个月；安理会还可以根据同样的条件申请延长该期限。这一条是谈判折中的产物，其优点是：一方面，承认安理会在维护国际和平方面起着重要作用；另一方面，可以避免国际刑事法院的司法活动因为安理会的原因而造成实际上的延迟。缺点是：没能消除安理会干预国际刑事法院司法活动所产生的负面影响。

罗马外交大会上，大多数国家还是支持安理会有权向国际刑事法院提交情势的，最后通过的规约对安理会提交情势的机制在《国际刑事法院罗马规约》第 13 条第 2 款中有所提及，对安理会行使情势提交权进行了一定的限制：安理会需按照《联合国宪章》第七章行事，断定确实存在对和平构成威胁、破坏及侵略的行为后，才能向国际刑事法院提交情势。安理会提交情势的前提是判断存在对和平构成威胁、破坏及侵略的行为，但这并不是出于法律上的判断，当情势转交给检察官时，检察官才会从法律的角度出发，通过分析有关的证据材料，判断有关被告人的行为是否构成国际刑事法院所管辖的罪行，从而决定是否追究有关个人的刑事责任。

安理会向国际刑事法院提交的情势与缔约国提交的情势一样，并不必然引起检察官启动侦查程序。根据《国际刑事法院罗马规约》第 53 条第 2 款，检察官作出不起诉的决定之前，应对安理会提交的情势进行

---

① 李世光，刘大群，凌岩. 国际刑事法院罗马规约评释（上册）[M]. 北京：北京大学出版社，2006：187.

充分调查，确有理由断定没有进行起诉的充分根据。检察官作出不起诉的决定后，应及时将该决定及理由通知预审分庭及安理会。启动侦查程序的最终决定权不在安理会而在检察官，也就是说，检察官在判断安理会提交的情势后，只有在符合展开侦查的情况下，才会展开侦查；如不具备展开侦查条件，将不展开侦查，只需通知预审分庭和安理会即可。

（二）实践

截至目前，安理会提交的苏丹达尔富尔地区和利比亚的情势，已进入国际刑事法院检察官正式侦查程序。

国际调查委员会[①] 2005 年 1 月向联合国提交的报告认为，有理由相信在达尔富尔地区已经存在危害人类罪和战争罪。安理会根据此关于苏丹达尔富尔境内违反国际人道主义法和人权法问题的报告，认定苏丹处于战乱的局势已经对国际和平与安全构成威胁，随后根据《联合国宪章》第七章采取行动，于 2005 年 3 月 31 日以 11 票赞成、4 票弃权通过了第 1593 号决议，将自国际刑事法院享有管辖权之日即 2002 年 7 月 1 日以来的苏丹达尔富尔地区的情势提交给国际刑事法院。这反映了国际社会对防止和中止有罪不罚现象的决心和行动。[②]

在安理会提交情势后，检察官收到了国际调查委员会关于达尔富尔地区的调查文件和档案，此外还从各种信息来源处收集到了数以千计的文件，采访了 50 多个独立专家。经过深入的分析，检察官才得出此次提交的情势符合展开侦查的条件的结论。[③] 自 2007 年起，国际刑事法院对四名苏丹高官发出了逮捕令，目前这四名犯罪嫌疑人全部在逃，无一人归案。[④]

2011 年 2 月 26 日，联合国安理会 15 个理事国通过第 1970 号决议，

---

① 关于达尔富尔问题的国际调查委员会于 2004 年 10 月成立。

② 杨力军. 安理会向国际刑事法院移交达尔富尔情势的法律问题［J］. 环球法律评论，2006，（4）：457-468.

③ International Criminal Court. The Prosecutor of the ICC opens investigation in Darfur[EB/OL].http://www.icc-cpi.int/en_menus/icc/press%20and%20media/press%20releases/2005/Pages/the%20prosecutor%20of%20the%20icc%20opens%20investigation%20in%20darfur.aspx,2015-07-28.

④ International Criminal Court.Situation in Darfur,Sudan[EB/OL].http://www.icc-cpi.int/en_menus/icc/situations%20and%20cases/situations/situation%20icc%200205/Pages/situation%20icc-0205.aspx,2015-07-28.

表达了对利比亚境内严重和有组织的侵犯人权行为的痛惜，对在和平示威中丧生的平民的关切，以及由利比亚高级领导层煽动的敌对和暴力行为的反对，一致决定将自 2011 年 2 月 15 日以来的利比亚动乱情势提交国际刑事法院。人权理事会在 2011 年 2 月 25 日决定紧急成立一个独立国际调查委员会，调查所有涉嫌违反国际人权法的行为，这也为今后检察官的侦查提供了有力的证据资料支持。[①] 2011 年 6 月 27 日，国际刑事法院对利比亚前领导人卡扎菲和其子赛义夫及情报部门负责人阿普杜拉三人签发逮捕令，认为他们涉嫌反人类罪。2011 年 11 月 22 日卡扎菲一案因其死亡而宣告终结，但另外两名犯罪嫌疑人在逃。[②]

此外，安理会对国际刑事法院司法活动予以干预的案例已经出现：2002 年 5 月正值国际刑事法院成立之际，美国担心其参加维和任务的士兵可能会受到国际刑事法院的管辖，而以撤换东帝汶临时政府为筹码，不顾国际社会的反对与批评，要求安理会向国际刑事法院提出给予非国际刑事法院缔约国公民在执行维和任务时不受国际刑事法院管辖的豁免权。2002 年 7 月，巴尔干地区急需安理会继续在此处派遣维和部队，美国借此向安理会施压，要求安理会同意其之前提出的豁免权要求，否则美国将动用“否决权”反对继续该维和任务。[③] 在美国施加压力的情况下，2002 年 7 月 12 日安理会通过了第 1422 号决议。决议规定，在涉及参与联合国维和行动时的行为不当或失职案件中，针对任何一个非国际刑事法院缔约国的人员，除非安全理事会另有决定，国际刑事法院在 2002 年 7 月 1 日起的 12 个月内都不可对此类案件开始或着手进行侦查或起诉，并表示如有必要，每年 7 月 1 日将按照相同的条件顺延。2003 年 6 月 12 日安理会通过的第 1487 号决议便是对第 1422 号决议内容的顺延。2004 年，因美国虐囚丑闻曝出，未能再次将此类决议顺延。

（三）评析

由安理会提交的苏丹达尔富尔情势和利比亚情势，有一个很明显的

① United Nations Security Council.Resolution 1970(2011)[EB/OL].http://www.icc-cpi.int/NR/rdonlyres/081A9013-B03D-4859-9D61-5D0B0F2F5EFA/0/1970Eng.pdf,2015-07-28.

② International Criminal Court.Situation in Libya[EB/OL].http://www.icc-cpi.int/en_menus/icc/situations%20and%20cases/situations/icc0111/Pages/situation%20index.aspx,2015-07-28.

③ 陈艳芳. 论国际刑事法院与联合国安理会的关系［D］. 长沙：湖南大学，2010.

共同点：苏丹与利比亚都不是《国际刑事法院罗马规约》的缔约国。安理会目前提出的两个情势都是针对非缔约国的，但一些国家反对安理会可以针对非缔约国提交情势，认为安理会依照《联合国宪章》第七章行事，应是在《国际刑事法院罗马规约》前提下进行，只能针对已经批准规约生效的缔约国。如果安理会享有将非缔约国的情势提交的权力，无形之中就扩大了国际刑事法院的管辖范围，有违国家主权原则。苏丹和利比亚就明确表示，它们不是国际刑事法院的缔约国，不接受国际刑事法院的管辖。那么，安理会究竟有没有权力将《国际刑事法院罗马规约》的非缔约国的情势提交给国际刑事法院？

首先，从《国际刑事法院罗马规约》的条文来看，安理会提交情势时，并未规定其提交的情势需发生在缔约国内，只要安理会根据《联合国宪章》第七章来判断此项情势存在对国际和平与安全的威胁即可。苏丹和利比亚均不是《国际刑事法院罗马规约》的缔约国，规约的规定对其不能适用，但是苏丹与利比亚均为联合国成员国，它们有履行《联合国宪章》的义务。安理会负责国际和平与安全，在断定任何和平之威胁、和平之破坏或侵略行为存在的基础上，对《联合国宪章》第 41 条规定的可以采取武力以外之办法享有广泛的自由裁量权，向国际刑事法院提交情势亦是其选择之一。在国际刑事法院的检察官决定对苏丹和利比亚的情势展开调查后，苏丹与利比亚应当接受并配合，因为这是由《联合国宪章》衍生出来的联合国成员国的义务。

其次，从实践的可行性来看，两个情势已经正式触发了国际刑事法院检察官侦查程序的启动，得到了大多数国家的认同。尤其是苏丹达尔富尔问题，安理会已经采取了多项措施诸如政治谈判、提供人道主义援助等，都未能取得良好的效果，只能另谋他径。安理会和国际刑事法院设立的目的均为维护国际和平与安全，二者的一致性使安理会在有权设立特设法庭解决某一情势的情况下，可以将此情势提交给国际刑事法院。这不仅有利于惩治犯罪，从根本上解决问题，也有利于节省司法资源。加上国际刑事法院已经成立，各种基础设施基本健全，在作出展开侦查的决定后，可以立即展开侦查行动，提高国际刑事犯罪的追诉效率。

实际上，由安理会提交非缔约国情势，困难重重。例如，针对苏丹达尔富尔的情势，检察官决定展开侦查后，苏丹政府虽然提供了有关苏丹的司法制度，达尔富尔各地方的刑事司法程序及解决争端的传统制度等资料，但对于检察官可能侦查的案件却没有进行任何刑事调查和诉讼。国际刑事法院针对苏丹和利比亚国内高级官员发出的逮捕令也难以得到执行，主要原因是：国际刑事法院检察官的侦查行为得不到当局政府的支持。苏丹总统巴希尔在国际刑事法院两次发出逮捕令后，仍可以从事外交访问活动，频频在公开场合露面，行动没有受到任何限制，在其国内的政治影响力也没有受到丝毫影响。利比亚的前领导人卡扎菲则在与国内执政当局交战中身亡，国际刑事法院发出的逮捕令未能执行便告终结，卡扎菲也未能成为国际社会所期待的第一个走上国际刑事法院的最高国家领导人。国际刑事法院对两个非缔约国发出的逮捕令所针对的犯罪嫌疑人除死亡外，全部在逃，严重影响了国际刑事法院的司法权威。

从理论上分析，安理会有权向国际刑事法院提交针对非缔约国的情势，但在实践中，非缔约国不愿意配合国际刑事法院检察官的侦查将是其今后工作中的一个难题。离开了国家的合作，国际刑事法院将会同南斯拉夫问题国际刑事法庭一样，如同离开了人工安装手足的巨人，无法工作与行走。而这些人工安装的手足就是国家。①

至于安理会作出的第 1422 号决议与第 1487 号决议，对国际刑事法院司法运作的负面影响不言而喻。《国际刑事法院罗马规约》赋予安理会有推迟国际刑事法院检察官调查或起诉的权力，但该权力并非不受约束。第 16 条作出的安理会行使此项权力的前提规定是安理会根据《联合国宪章》第七章的决议，即存在有关威胁、破坏和平或侵略行为的情势。然而，第 1422 号决议推迟的是对一类人的全部调查与起诉，与第 16 条规定的旨在根据个案情况推迟侦查和起诉的情况不同，完全违反了设立第 16 条推迟侦查与起诉的初衷。在通过决议时，15 个成员国只表示作出此项决议是出于妥协和务实的考虑，均未能给出有利的法律论据证明第 1422 号决议符合《国际刑事法院罗马规约》第 16 条之规定。第 1422 号决议与第 1487 号决议是对维和人员的绝对豁免保护，也是对国际刑事法院的严重干涉。联合国安理会是一个政治组织，国际刑

① Antonio Cassese.On the Current Trends towards Criminal Prosecution and Punishment of Breaches of International Humanitarian Law[J].European Journal of International Law,1998,(1):13.

事法院是一个独立性的司法机构，理应不受政治上的任何影响，但是由于受现有的国际政治制度的限制，以及安理会在国际社会上的权威性，国际刑事法院的司法独立性和权威性已经受到了损害。事实证明，在国家利益为一国外交根本出发点的情况下，希望国际刑事法院能够完全摆脱政治因素的干扰是不现实的。① 如何既能确保安理会在维持和恢复国际和平与安全方面的重要作用，又能尽量保证国际刑事法院的独立性不受挑战，是摆在双方面前最重要的问题。②

《国际刑事法院罗马规约》第 16 条没有规定国际刑事法院对安理会提出的决议是否可以拒绝，是否可以对安理会决议的合理性进行审查，在赋予安理会可以提出延长请求的同时甚至没有规定延长请求的次数。就实践中的案例而言，几乎都是安理会只要提出要求，国际刑事法院就完全性地接受。这将给国际刑事法院充分发挥其司法功能制造不小的障碍。

三、检察官自行侦查

检察官的自行侦查权规定在《国际刑事法院罗马规约》第 15 条中。如果存在提起侦查的合理依据，国际刑事法院的检察官可以自行启动侦查程序，尤其是在缔约国和安理会未向国际刑事法院提交情势时，检察官的自行侦查权保障了国际刑事法院依然能够介入最严重犯罪行为的侦查、起诉。检察官展开侦查的程序则规定在《国际刑事法院罗马规约》第 53 条中。

（一）背景

在谈判时，对检察官是否可以自行进行案件侦查有很大的争议。国际法委员会的规约草案规定，只有缔约国和安理会可以提交案件，对于检察官的侦查权并未涉及。虽然检察官的自行侦查权最终因所谓的“共同意向集团”的坚持而被规定在《国际刑事法院罗马规约》中，但在协商的过程中，对检察官的自行侦查权形成了两派意见：

反对派抱着对检察官拥有过大权力的疑虑，表示检察官只能在接到

---

① 谭世贵. 中国与国际刑事法院关系初探［A］. 赵秉志主编. 国际刑事法院专论［C］. 北京：人民法院出版社，2003：60.

② 张贵玲. 国际刑事法院与联合国安理会的关系［J］. 西北师大学报（社会科学版），2007，(5)：126-129.

国家或安理会的指控或提交的情势后才可以开始侦查。原因如下：首先，检察官办公室只是国际刑事法院的组成部分，它本身在国际社会中不具有任何独立的身份和地位，也就无权在国际事务中有自己独立的权力。赋予检察官自行调查取证权有侵犯他国司法主权之嫌，有违国家主权原则，甚至可能出现干涉一国内部事务的情况。其次，检察官在自行侦查过程中，需要得到有关方面的配合，然而检察官自行发动的侦查想得到有关方面的支持，比缔约国提交情势与安理会提交情势的情况要困难许多，倘若得不到支持，单单靠国际刑事法院的力量想要完成侦查工作，是不现实的，不可能达到将犯有严重国际罪行的犯罪分子绳之以法以及预防最严重的国际犯罪之目的。例如，具体收集证据和寻找证人时，在有关国家不予合作，而检察官又没有强制执行力的情况下，检察官要完成侦查工作难度系数之大可想而知。最后，检察官的自行侦查权力可能由于主观认知的偏差，被一些政治集团基于政治利益所利用，不能公正、客观地履行并存在滥用的可能。

赞成派则认为，国际刑事法院的检察官不需要任何国家的指控或安理会提交情势，根据自己从各种渠道得到或掌握的情报或资料，就能够自行开始侦查。原因如下：首先，国际司法实践表明，检察官自行行使侦查权已有先例。例如，《纽伦堡国际军事法庭宪章》第 14 条规定了检察官对法庭管辖范围内的战争罪行和首要战犯进行调查。《远东国际军事法庭宪章》第 8 条规定，检察官对属于该法院管辖权内的战争犯罪的控告负有调查和起诉的责任。根据宪章的规定，两个法庭的检察官展开了对战争罪行和战争犯的调查，并分别于 1945 年和 1946 年起诉了 22 名欧洲轴心国的主要战犯和 28 名日本战犯。又如，《南斯拉夫问题国际刑事法庭规约》第 18 条与《卢旺达问题国际刑事法庭规约》第 17 条，如出一辙地规定检察官可依据其职权展开调查或根据从任何来源取得的资料展开调查。检察官将对所收到或取得的资料进行评估，然后决定是否有足够根据进行调查。两个法庭的检察官在收集证据、完成调查后，已经先后对 161 名及 93 名严重违反人道主义法的犯罪嫌疑人进行了起诉。其次，缔约国提交情势，更多出于政治考量，因此，可能因为政治的原因而拒绝向国际刑事法院提交某一情势。安理会受限于《联合国宪章》的规定，可能会出现无法提交情势的情况。检察官的自行调查权能有效弥补前两项启动程序可能出现的缺陷。最后，国际刑事法院检察官有较为完整的遴选程序和条件，均为品格高尚之人，加上检察官的侦查行为亦受到预审分庭的制约，因此，有理由相信检察官在行使侦查权力时是非常慎重的。

罗马会议上，尽管仍有少数人强烈反对，但赞同者的意见最终因更符合国际刑事法院设立的目的而被采纳。国际刑事法院的检察官作为代表全人类行使检察权力的部门，被赋予根据相关资料和情报自行启动调查程序的权力更有利于维护世界和平、惩治国际犯罪、强化国际刑事法院的法律职能。

（二）实践

目前，经过国际刑事法院预审分庭授权检察官自行展开侦查的情势共有两个，分别为肯尼亚的情势和科特迪瓦的情势。

检察官可以介入所有接受其管辖国家的侦查，因此，对于在2005年6月1日成为《国际刑事法院罗马规约》缔约国的肯尼亚境内可能发生的灭绝种族罪、危害人类罪、战争罪及侵略罪都将受到国际刑事法院的管辖。国际刑事法院检察官接到情报资料，反映在2007—2008年度肯尼亚总统大选后，肯尼亚境内发生多次暴力事件。经过分析后，检察官认为有合理的理由展开侦查，于2009年11月5日写信通知法院院长，他将根据《国际刑事法院罗马规约》第15条第3款的规定提交肯尼亚的情势。2009年11月26日，检察官向预审分庭请求授权侦查在肯尼亚境内自2005年6月1日成为国际刑事法院成员后到2009年11月26日检察官请求授权侦查期间发生的法院管辖范围内的危害人类罪。2010年3月31日，第二预审分庭以多数票通过，决定授权检察官侦查。2010年12月15日，检察官经过侦查，根据《国际刑事法院罗马规约》第58条的规定，向第二预审分庭申请对两个案件中的6人因涉嫌犯有危害人类罪而签发传票并提交了数千页的文件资料。2011年3月8日，传票发出。2011年4月7日、8日，6名涉嫌犯罪的肯尼亚公民自愿出现在第二预审分庭接受侦查。①

科特迪瓦的情况比较特殊。科特迪瓦在2013年3月18日以前不是

---

① International Criminal Court.Situation in the Republic of Kenya[EB/OL].http://www.icc-cpi.int/en_menus/icc/situations%20and%20cases/situations/situation%20icc%200109/Pages/situation%20index.aspx,2015-07-28.

《国际刑事法院罗马规约》的缔约国，因而不能只依靠检察官自行提交情势，而应根据《国际刑事法院罗马规约》第 12 条第 3 款的规定，即一个非缔约国的国家要接受该法院的管辖，该国需要向书记官长提交一份接受法院对有关犯罪行使管辖权的声明。科特迪瓦基于上述规定，分别在 2003 年和 2010 年两次发表声明表示愿意接受国际刑事法院的管辖。2003 年的声明表示对 2002 年 9 月 19 日后发生在科特迪瓦境内的国际刑事法院管辖的犯罪行为接受法院的管辖。2010 年的声明由科特迪瓦新当选总统瓦塔拉签署，强调 2003 年的声明有效，并写信给检察官，提及 2010 年 10 月 31 日到 2010 年 11 月 28 日大选期间很有可能发生了国际刑事法院管辖范围内的犯罪行为。①

2011 年 10 月 3 日第三预审分庭授权检察官对科特迪瓦境内自 2010 年 11 月 28 日总统大选后发生的危害人类罪和战争罪展开侦查，承担主要责任的犯罪行为组织者和积极推动者——科特迪瓦前总统巴博成为主要的侦查对象。检察官除获取了正式的确凿可靠的信息外，也从公共渠道获取了来自国际组织、非政府组织及媒体的资料。通过这些资料显示，检察官认为对科特迪瓦的情势开展调查是出于公正的原因。随后在 2012 年 2 月 22 日，第三预审分庭扩大了其对检察官授权调查的范围，将对科特迪瓦境内侦查的案件发生时间放宽为 2002 年 9 月 19 日至 2010 年 9 月 28 日。2011 年 10 月 25 日，检察官申请了对巴博的逮捕令。2011 年 11 月 23 日，第三预审分庭发出逮捕令，检察官对巴博提出四项危害人类罪的指控。科特迪瓦当局于 2011 年 11 月 30 日将巴博移交国际刑事法院，使其成为国际刑事法院首位受审的前总统。而根据安排，国际刑事法院于 2015 年 11 月 10 日对其进行审判。②

（三）评析

第 15 条是《国际刑事法院罗马规约》中最为复杂的规定之一，像《国际刑事法院罗马规约》中许多争议性条款一样，是各方妥协的产物。关于该条的主要争议是，在缔约国或联合国没有提交情势的情况

① International Criminal Court. Situation in the Republic of Côte d'Ivoire [EB/OL]. http://www.icc-cpi.int/en_menus/icc/situations%20and%20cases/situations/icc0211/Pages/situation%20index.aspx, 2015-07-28.

② International Criminal Court. The Prosecutor v. Laurent Gbagbo [EB/OL]. http://www.icc-cpi.int/iccdocs/PIDS/publications/Gbagbo-and-BleGoudeEng.pdf, 2015-07-28.

下，检察官是否有权自行启动法院的管辖权。[①] 出于对检察官可能会滥用情势调查权的顾虑，条文最终确定由预审分庭对检察官的自行侦查权作出制约。

在此，要区分检察官启动侦查的两个不同阶段。首先，检察官自行启动的是情势调查权，即检察官调查的对象是情势。对于肯尼亚的情势调查，检察官可以自行展开。科特迪瓦的情势展开相对复杂一点，科特迪瓦并非《国际刑事法院罗马规约》缔约国，因此检察官需在科特迪瓦发表声明接受国际刑事法院的管辖后，才能对其展开情势调查。检察官自行展开的情势调查（类似于我们通常所说的初查），主要是为确定是否有必要进行下一步调查，此时预审分庭并不介入。当情势调查完毕，确认有必要进一步侦查，才会转向具体的案件侦查。此时，检察官就需要向预审分庭申请授权针对具体案件的侦查。在得到预审分庭的授权后，检察官才能展开全面、具体的案件侦查（正式侦查）。换句话说，情势是较大范围的事态描述，不特别针对某人某事；而案件是具体的，针对某个人的某些涉嫌犯罪的行为展开。因此，一个情势可能衍生出多个案件。[②]

《国际刑事法院罗马规约》第 15 条规范的就是检察官依职权自行对情势进行调查的程序。第 15 条第 1 款至第 3 款规定，检察官享有自行根据有关国际刑事法院管辖权内犯罪的资料开始调查的权力，此时的调查即为情势调查。检察官要仔细分析所收到的资料，并可以为获得更进一步的资料而向国家、联合国机构、政府间组织或非政府组织，或检察官认为适当的其他可靠来源提出适当的要求。为核实相关的资料，检察官可以接受书面或口头的证言，但仅限于在该法院所在地接受。在审查上述资料后，如果检察官认为确实有合理根据进行侦查，需向预审分庭附上收集到的任何辅助材料来请求授权。第 15 条第 6 款规定，如果检察官在自行展开情势审查后，认为所提供的资料不构成进行侦查的合理根据，则无权请求预审分庭授权侦查，并应通知提供资料的人。由于此处只规定检察官在没有达到拥有合理根据时，无权请求预审分庭授

---

① 毋冰. 从肯尼亚情势看国际刑事法院管辖权启动机制 [A]. 陈兴良主编. 刑事法评论 (第 28 卷) [C]. 北京：北京大学出版社，2011：524-536.

② 肖玲. 国际刑事诉讼证据规则研究 [M]. 北京：人民出版社，2010：177.

权，因此，对于检察官在完成情势调查后，决定不予进一步侦查的决定是否会受到预审分庭的审查尚不清楚。检察官在今后根据新的事实或证据，可以再次提交同一情势。在提交肯尼亚与科特迪瓦的情势中，检察官收到了来自诸多方面的资料，证明在两国境内确实存在国际刑事法院管辖范围内的犯罪行为，但这并不能使检察官直接拥有展开具体的案件调查的权力。上述两个情势中，检察官需要确认有合理根据而向预审分庭提交相关的资料，预审分庭也需认为有合理根据展开调查，且案件显然属于该法院管辖范围，预审分庭拒绝授权侦查，并不排除检察官以后根据新的事实或证据就同一情势再次提出请求。从这一点上可见，预审分庭对检察官的制衡作用是有限的。①

检察官和预审分庭对资料审查的具体程序和标准，在国际刑事法院的有关法律文件并未提及，只在条文中广义概括为合理根据。由于检察官在没有进入正式侦查阶段时所获取的资料不全面，根据这些资料得出的合理根据应为认定有犯罪发生的最低标准。预审分庭除审查检察官提交的资料外，还审查被害人依照《程序和证据规则》向预审分庭所作的陈述。在对肯尼亚情势的调查中，被害人参与和准备科（国际刑事法院一个机构）扮演了重要角色，它与书记官负责提供“被害人陈述报告”并对检察官保密。被害人的陈述可以让预审分庭对检察官欲提起调查的情势做出更为全面、准确的判断。预审分庭由 3 名法官组成，如果检察官要求预审分庭授权进行一项侦查，其必须向这 3 名法官组成的预审分庭证明：确实存在进行侦查的合理依据，并且案件属于国际刑事法院的管辖范围。在检察官提出请求后，由 3 名法官作出决定，并按照多数通过的形式予以授权。

检察官的情势调查启动权在实践中没有像人们预料的那样被滥用，调查都是由被管辖国家主动提出请求而开始的。当检察官对这些情势展开调查时，能获得充足的资料证明有需要进一步调查的合理依据，只是当检察官在申请预审分庭授权侦查时，条文尚未对预审分庭如何审查作出具体规定。值得注意的是，预审分庭对检察官作出的授权侦查决定不

---

① 曾令良. 国际法发展的历史性突破——《国际刑事法院规约》述评［J］. 中国社会科学，1999，(2)：141-152.

能看作法院对具体案件的管辖权和案件可受理性的最终决定。①

综合来看，国际刑事法院检察官启动侦查的方式各有不同，故在处理情势时会显得略有差异，如表 4-3 所示。

表 4-3　国际刑事法院检察官调查情势概览

启动方法	情势	时间	具体情况
缔约国提交	乌干达	2003 年	直接提交
	马里	2012 年	直接提交
	刚果民主共和国	2004 年	检察官希望其提交，故提交
	中非共和国	2004 年	国内机构无法作为，故提交
安理会提交	苏丹达尔富尔地区	2005 年	国际调查委员会提交给安理会报告，安理会提交
	利比亚	2011 年	安理会决议并提交
自行展开	肯尼亚	2010 年	第二预审分庭授权侦查
	科特迪瓦	2011 年	第三预审分庭授权侦查

第三节　国际刑事法院检察官侦查前程序

一、受理前的初步裁定

根据《国际刑事法院罗马规约》第 17 条和第 18 条的规定，在检察官对案件进行正式侦查前，需要先解决案件的可受理性问题。只有当案件属于法院管辖范围，并且具有可受理性，检察官才会对案件做出进一步的行动。因此，在案件属于法院管辖范围的前提下，还要审查案件是否具备可受理的条件，从而最终决定是否对案件展开侦查。

（一）可受理的条件

案件是否具有可受理性是决定法院管辖与否的重要因素。预审分庭

① 《国际刑事法院罗马规约》第 15 条第 4 款规定，预审分庭的授权调查，不妨碍本法院其后就案件的管辖权和可受理性问题作出断定。

对案件受理性的评价，主要是审查相关国家是否正在或已经对相关行为人和罪行展开了侦查、起诉和审判，相关行为人和罪行的严重程度是否足以让检察官采取进一步的行动。具体的案件是否具有可受理性，实质上涉及的是国际刑事法院的补充性管辖原则。补充性管辖原则，是国际刑事法院的基本管辖原则，它使犯有严重国际罪行者得到了相应的惩罚，所谓“法网恢恢，疏而不漏”。[①] 在以国家的刑事司法主权为主的基础上，以国际刑事法院的管辖为补充，在尊重国家主权的同时，不放纵受到国际关注的最严重的犯罪。国际刑事法院不是国家行使审判权的替代品，是对国家刑事审判系统的补充，不能取代国家刑事审判系统。[②]

《国际刑事法院罗马规约》序言及第 1 条对国际刑事法院的补充性管辖有所提及，但并未深入。《国际刑事法院罗马规约》第 17 条第 1 款从四个方面作出了具体详细的规定，在下列情况下，法院应断定案件不可受理：

一是对案件具有管辖权的国家正在对该案件进行侦查或起诉。

二是对案件具有管辖权的国家已经对该案件进行侦查，而且该国已决定不对有关的人进行起诉。

但是，在上述两种情况下，如果具有管辖权的国家“不愿意”或“不能够切实”进行侦查、起诉，或者第二种情况中的“决定”是由于该国“不愿意”或“不能够切实”进行起诉，国际刑事法院应断定案件可以受理。从这两项规定来看，国际刑事法院受理某一具体案件的关键在于一国是否“不愿意”或者“不能够切实”进行侦查和起诉。在考虑案件是否具有可受理性时，首先考虑的问题是：（1）对案件具有管辖权的国家是否正在对该案件进行侦查或起诉；（2）对案件具有管辖权的国家对相关的人作出的不起诉的决定是否在其已经对案件进行侦查之后。在其中一项得出肯定的结论后，再去考虑该国是否为“不愿意”或“不能够切实”进行调查或起诉。然而，“不愿意”与“不能够”这两个词都具有较强的主观性，为了减弱国际刑事法院与检察官

① 宋杰. 国际法中普遍性法律利益的保护问题研究——基于国际法庭和国家相关实践的研究［M］. 北京：中国人民大学出版社，2012：341.

② M. 谢里夫·巴西奥尼. 国际刑法导论［M］. 赵秉志，等译. 北京：法律出版社，2006：422.

评估案件时的主观色彩，《国际刑事法院罗马规约》第 17 条第 2 款和第 3 款分别对“不愿意”和“不能够”的标准作了规定。

从起草《国际刑事法院罗马规约》开始，缔约国一直致力于消除对国家的“不愿意”情形判断过程中的主观要素。[①] 国家“不愿意”进行调查或起诉与断定国家是否善意履行自身承担的义务或责任有关。[②]《国际刑事法院罗马规约》第 17 条第 2 款规定，一国如果出现了下列三种情况，则应视为“不愿意”进行侦查或起诉：第一种情况，已经或正在进行的诉讼程序，或一国所作出的决定是为了包庇有关的人，使其免于承担国际刑事法院有管辖权的行为的刑事责任。利用国内刑事管辖权包庇有关人员，使其免受国际刑事法院的管辖，如故意轻判被告人或对其作无罪的判决。这种包庇性的侦查活动，通常会体现出与正常程序明显不符的特征，表现为将案件交予与案件有密切关系的侦查员去侦查。第二种情况，诉讼程序中发生了不当延误，而这种延误根据实际的情况，不符合将有关的人绳之以法的目的。在这种情况下，尤为重要的是判断何为不当延误，是按照该国的国内刑事诉讼法，还是以客观上有可能不符合将有关的人绳之以法的目的为不当延误的标准。如果是依照一国的国内刑事诉讼法为标准，则该国可能会找到一些理由甚至借口来证明其延误的正当性，而国际刑事法院及检察官得依照该国的国内法去检验这些理由、借口是否正当，这就会降低评估一个案件是否具有可受理性的准确性。根据条文的用语来看，对于不当延误应当是出现了不符合将有关的人绳之以法目的的延误。例如，国家在行使管辖权时，可能会根据国内政治斗争形势的需要来选择适当的时机。而这种做法就应当评定为不当延误。第三种情况，一国已经或正在进行的诉讼程序，没有以独立或公正的方式进行，采用的方式根据实际情况，不符合将有关的人绳之以法的目的。这时的审查重点不是该国诉讼程序是否独立或公正，而是诉讼程序是否以不符合将有关的人绳之以法的方式进行。第二种与第三种情况中均提到“将有关的人绳之以法”，但是，具体对有关的人采取何种措施才是将其绳之以法却没有具体的标准。实际

---

① Roy S.Lee.The International Criminal Court:The Making of the Rome Statute—Issues,Negotiations and Results[M].Leiden:Kluwer Law International,1999:41-50.

② 宋杰. 国际法中普遍性法律利益的保护问题研究——基于国际法庭和国家相关实践的研究 [M]. 北京：中国人民大学出版社，2012：246.

上，条文规定的三种情况，都意在审查一国的诉讼程序是否独立与公正，只不过前两种情况做的是列举，最后一种情况则是概括性地重复强调。在判断一国是否存在“不愿意”的情况时，并不意味着要对一国的整个刑事诉讼法律进行全面的评估，只需要对具体案件的法律运用进行评判。

《国际刑事法院罗马规约》第 17 条第 3 款对一国是否“不能够”调查与起诉作出了规定，其中，判断一个案件是否有“不能够”的问题时，需要考虑三个方面：第一，一国司法系统是否并不存在；第二，一国司法系统是否完全瓦解；第三，一国的司法系统是否实际上瓦解。只要由于以上三个方面之一导致无法拘捕被告人或取得必要的证据和证言，或在其他方面不能进行本国的诉讼程序，就视为一国“不能够”进行侦查与起诉。在考虑上述三个方面时，第一与第三所述内容较为明确，判断一国的司法系统是否完全崩溃、是否存在都较为容易。例如，一国已经处于无政府状态，司法系统已无力维持下去。对于第二个方面的内容，一国司法系统的瓦解，则包括司法系统的完全瓦解与部分瓦解。在此种“不能够”的情况下，国家可能是愿意行使管辖权去侦查起诉，但却缺乏相关的司法系统支撑其侦查起诉的行为。司法系统完全瓦解，则该国肯定无力进行侦查、起诉。而司法系统的部分瓦解是否也会造成同样的结果？这就要区分具体的情况：如果司法系统已部分瓦解，但仍能进行本国的诉讼程序，则不能判定此国已不能够进行侦查、起诉。只有当司法系统已部分瓦解，而这种瓦解造成了不能进行本国的诉讼，如无法拘捕被告人或取得必要的证据和证言，才可以判定此国已不能够进行侦查、起诉。在其他方面不能进行本国的诉讼程序，意指有可能出现并非由于一国的司法系统的问题而出现的不能够进行本国诉讼程序情况，如无法拘捕被告人是由于两国间尚未签署引渡条约。此时，国际刑事法院可以判定该国不能够进行诉讼程序，从而受理该案件。

三是有关的人已经受到审判，并且是因为作为控告理由的行为，根据《国际刑事法院罗马规约》第 20 条第 3 款，本法院不得进行审判。第 20 条第 3 款的规定是，对于国际刑事法院管辖的，触犯灭绝种族罪、危害人类罪和战争罪的行为，已经由另一法院作出了公正、合理的审判，则国际刑事法院不能对此人再次进行审判，即一事不二审。该规定中不得进行审判的对象是行为而不是犯罪，即一个行为若在国际刑事法院中被评定为灭绝种族罪，但一国国内的法院将其作为普通的谋杀罪进行审判，此时国际刑事法院仍然无权再对其进行灭绝种族罪的追究。另一法院，既可指一国的国内法院也可指其他国际法庭。然《国际刑事法院罗马规约》第 17 条第 1 款第 1 项与第 2 项[①]有关国际刑事法院补充性管辖权的规定似乎在告诉我们，对于国内法院已经审判的案件，国际刑事法院也可以行使刑事管辖权。这是否有违一事不二审的规定呢？事实并非如此，我们应当结合体系解释来看待。《国际刑事法院罗马规约》第 20 条第 3 款对一事不二审作出了例外规定：一是为了包庇有关的人，使其免负本法院管辖权内的犯罪的刑事责任，如对犯有灭绝种族罪的人给予赦免，此种赦免不能认定为已经受到另一法院的审判，而显然是出于包庇的意图，因而不能排除国际刑事法院的管辖。二是没有依照国际法承认的正当程序原则，以独立或公正的方式进行，而且根据实际情况，采用的方式不符合将有关的人绳之以法的目的。这两个例外规定其实就是对第 17 条第 2 款中关于一国“不愿意”的认定情况的简单重复，其目的在于指出国际刑事法院根据补充性管辖的原则审理国内法院已经审理过的案件并不违反“一事不二审”。[②] 此处应注意，《国际刑事法院罗马规约》第 20 条第 3 款并未提及侵略行为。也就是说，对于侵略行为的判决，无论是否存在条文规定的例外情况，都不可以排除国际刑事法院的管辖。

四是案件没有达到足够严重程度，本法院没有采取进一步行动的充分理由。国际刑事法院受理的案件应当是国际社会关注的最严重的犯罪，这一点在《国际刑事法院罗马规约》序言及第 1 条、第 5 条中均有体现。如果不对国际刑事法院能管辖的案件予以限制，那么大量琐碎案件进入诉讼程序中，会让法院深陷于日常繁杂的细微案件中，不能进行迅速有效的司法审判，不利于充分发挥国际刑事法院维护世界和平与安全的功效。一项属于国际刑事法院管辖的犯罪，并不一定会启动侦查

---

① 第 17 条第 1 款第 1 项规定：对案件具有管辖权的国家已经正在对该案件进行调查或起诉，除非该国不愿意或不能切实进行调查或起诉。第 2 项规定：对案件具有管辖权的国家已经对该案件进行调查，而且该国已决定不对有关的人进行起诉，除非作出这项决定是由于该国“不愿意”或“不能够切实”进行调查或起诉。

② 杜辉. 对国际刑事法院管辖权补充性原则的质疑［A］. 赵秉志，卢建平主编. 国际刑法评论（第 2 卷）［C］. 北京：中国人民公安大学出版社，2007：144-149.

程序，因为严重性是决定可受理性的重要标准。然而，“严重”一词虽在条文中多次提及，但均未对何种程度视为“严重”作出明确规定。严重程度，是指犯罪行为的严重程度，还是指实施犯罪行为的人的特殊地位而产生的严重程度也不甚清楚。但从目前国际实践来看，首先，犯罪行为的严重程度无疑会成为国际刑事法院的考虑对象，如果案件本身没有达到一定的严重程度，一国的国内司法体系就可对其进行审判。其次，实施犯罪行为人的地位高低也是具体案件严重程度的体现。现代国际刑法提倡在官方身份无关性原则下遵守人人平等，可实际上为了在有限的司法资源前提下做到司法效用最大化，不得不选择性地对犯罪行为人进行起诉。例如，纽伦堡国际军事法庭和远东国际军事法庭只审判首要的甲级战犯；南斯拉夫问题国际刑事法庭曾撤销了对 14 名集中营警卫的起诉，只因他们是不太重要的被告。2009 年肯尼亚的情势显示，在考虑案件缺乏足够严重程度的情况下，如果有管辖权的国家保持缄默，则不需要考虑该国是否存在“不愿意”或“不能够”的问题，直接视为该案件具有可受理性。

（二）初步裁定

情势是否能为国际刑事法院所受理，在检察官展开正式具体案件的侦查之前，应由预审分庭作出一个有关可受理性的初步裁定，以尽早对缔约国和检察官提交的情势的可受理性作出评断，并确保有关的国家知悉检察官正在进行的调查。预审分庭在作出初步裁定时，需按以下步骤进行：

第一，对于缔约国提交的情势且检察官认为有合理根据开始侦查与检察官自行启动侦查时，检察官需要通报所有的缔约国及通常对有关犯罪行使管辖权的国家。通报的目的在于，一是告知所有缔约国，检察官正在对某一情势进行审查；二是告知有管辖权的国家，检察官正在对与之相关的问题进行审查，如果该国认为发生管辖冲突，国际刑事法院的管辖权不当，可以在此期间提出质疑。通报的对象包括缔约国与通常有管辖权的非缔约国。而对于非缔约国，有观点认为检察官也有义务将相应信息同时通报，① 此举可以敦促相关有管辖权的非缔约国积极行使管

① Otto Triffterer.Commentary on the Rome Statute of the International Criminal Court[M].Germany:C.H.Beck,2008:399.

辖权。为了保护个人、防止毁灭证据或防止潜逃，可以对通报的资料内容加以限制，还可以采用保密的通报方式。对于检察官提供的资料，如果该国认为不足以判定其国内是否正在审查这个情势，可以请求检察官提供补充资料，检察官应当从速做出回复，不能超过一个月的期限。

第二，检察官发出通报后一个月内，如果有关国家通知国际刑事法院，该国已在对相关案件行使管辖权，则检察官根据该国的要求，需要等候该国对有关人的侦查，或者直接将该问题提交预审分庭申请授权侦查。如果一国要求检察官等候侦查，应以书面形式提出要求，并需提供充分的资料用以证明其确实在对检察官发出的通报资料中提到的有关犯罪行为进行侦查。如果该国提供的资料不足以让检察官确定该国所进行的诉讼程序，检察官可以要求该国提供补充资料。如果检察官决定向预审分庭提出授权侦查的申请，亦应采用书面形式，并列出申请的根据，同时将掌握的资料送交预审分庭。预审分庭收到检察官提出的申请，应按照《程序和证据规则》规则 55 来决定应遵循的程序，并采取相应的措施以适当的方式进行诉讼，还可以决定举行听讯。预审分庭在审查检察官申请的同时，也应审查要求等候侦查的国家提出的任何意见，并考虑可否受理的条件，对是否授权进行侦查作出决定。预审分庭作出授权侦查的决定及其根据应尽快通知检察官和要求等候侦查的国家。

第三，检察官可以对其作出的等候侦查的决定进行复议，即检察官虽然已经作出了等候侦查的决定，但若满足一定条件，是可以向预审分庭复议的，但应当是在其发现某一国是出于“不愿意”或“不能够切实”进行侦查行为，或者是在其等候侦查决定作出六个月之后，以及在情况发生重大变化时。这是为了防止诉讼被过分拖延和允许检察官对国家实施的侦查行为进行监督和重新评估。检察官在等候侦查期间，可以要求有关国家定期通报其侦查进展和其后的任何起诉，从而督促要求等候侦查的国家真诚地进行侦查。其中，缔约国应无不当拖延地对检察官在这方面的要求作出答复，即缔约国有义务对检察官的要求作出答复，而非缔约国没有这方面的义务。当检察官没有收到一国的答复或者仅收到不充分的答复时，可以向预审分庭提出授权侦查的申请。至于具体的答复期限与答复资料的充分与否，均由检察官自行决定。

第四，在预审分庭作出裁定前，或在检察官等候侦查期间，面对证据日后极可能无法获得的情况，或出现取得重要证据的独特机会时，检察官可申请预审分庭作为例外，授权其采取必要的侦查步骤，保全这种证据。检察官按照《程序和证据规则》规则57向预审分庭提出申请，预审分庭应在检察官单方面参与的非公开庭上审理，从速作出是否采取这种临时措施的裁定。

第五，对预审分庭作出的是否授予检察官侦查的裁定，有关国家或检察官可以向上诉分庭上诉。具体的规则规定在《程序和证据规则》规则154“关于无须请求法院批准的上诉”中，要求有关国家或检察官在接到有关裁判的通知后五日内提出。而对于这种上诉，上诉分庭需从速审理。

第六，可以对预审分庭作出的初步裁定提出质疑。因为初步裁定存在迫使一国履行其义务的可能，并要求该国开始进行切实的侦查和起诉，因此赋予一国提出质疑的权利，并不妨碍其后行使对法院的管辖权或案件的可受理性提出质疑的权利。

（三）质疑的提出

经过预审分庭的初步裁定以后，如果国际刑事法院断定案件可以受理，此时相关各方可以提出质疑，既可以针对案件的可受理性也可以针对法院的管辖权提出质疑。案件的可受理性与法院的管辖权是两个相互区别而又有联系的概念。只有在确定法院已经具有管辖权的前提下，才能进一步确定案件是否具有可受理性。当一个案件属于法院的管辖范围时，如发生在一国的灭绝种族罪犯罪，在具备了特定的条件时，国际刑事法院当然地具有管辖权。然而，有管辖权并不意味着国际刑事法院一定要去受理这个案件，如上述的灭绝种族罪的发生，法院具有管辖权，但因为该国国内正在对此案件进行公正的诉讼程序，则可能因此而不具备可受理性（案件是否具有可受理性的情况前文已述）。根据《国际刑事法院罗马规约》，国际刑事法院只能管辖成年自然人犯下的四种严重国际犯罪，所涉犯罪是发生在缔约国境内或者是由一缔约国国民实施，并且不得溯及既往地行使管辖权。通过对案件可受理性的分析，可知一国适用法律程序背后的主观动机“不愿意”进行调查和起诉，与一国国内的司法体系存在的客观实际上的“不能够”进行侦查和起诉，是国际刑事法院受理案件的重要条件之一。

1. 提出质疑的主体

《国际刑事法院罗马规约》第 19 条第 2 款规定，以下三类主体享有提出质疑的权利：第一类主体，被告人或对其已发出逮捕证或出庭传票的人。条文没有对被告人作出具体的规定，但从以往的国际惯例来看，应是被确认指控后的犯罪嫌疑人。南斯拉夫国际刑事法庭确认起诉书与发出逮捕证是同时进行的；而在国际刑事法院，在具体的侦查行为开始以后的任何时候，检察官都可以向预审分庭申请对犯罪嫌疑人发出逮捕证，至于确认指控，需要在犯罪嫌疑人到庭以后才进行。因此，只有法庭对其发出逮捕证或出庭传票的犯罪嫌疑人才有质疑法院的管辖权和可受理性的权利。[①] 第二类主体，对案件具有管辖权的国家。这类主体只能以正在或已经侦查或起诉该案件为由提出质疑。对案件具有管辖权的国家并不局限于《国际刑事法院罗马规约》的缔约国，即使是非缔约国，只要该国对案件有管辖权就可以该国正在或已经侦查或起诉为由提出质疑，从而避免检察官与一国国内的司法系统对同一案件进行侦查和起诉。无论对案件具有管辖权的国家是否为缔约国，国家对案件的管辖权都优先于国际刑事法院的管辖权。如果该国有管辖权，但未启动侦查或起诉程序，则该国无权提出质疑。第三类主体，国际刑事法院可以对其行使管辖权的国家（《国际刑事法院罗马规约》第 12 条）。[②] 这类主体是指在缔约国提交情势和检察官自动开始侦查时，有关犯罪的发生地国或嫌疑犯的国籍国（但不是缔约国），法院需得到该非缔约国的声明之后才可对该情势行使管辖权。第三类主体与第二类主体的区别在于，第三类主体不需要对案件正在或已经侦查或起诉，只要其对案件具有管辖权就可以提出质疑。对于第二类与第三类国家主体，《国际刑事法院罗马规约》第 19 条第 5 款规定，若有质疑应尽早提出。然而，对于“尽早”的具体含义并不明确，对未尽早提出质疑的国家也未规定惩罚和制裁措施。这样看来，尽早提出的规定只不过是对提出质疑国家的一种呼吁，而无任何强制力，质疑的提出仍可能在实际中被拖延。

---

① 杨力军. 论国际刑事法院管辖权与案件可受理性质疑程序［J］. 环球法律评论，2009，(6)：146-149.

② 《国际刑事法院罗马规约》第 12 条规定的是行使管辖权的先决条件。

2. 提出质疑的时间、次数

在提交情势的情况下，如果是缔约国提交情势或者检察官自行决定调查的情势，该情势所涉及的有关国家可以在收到检察官通报的一个月内提出质疑。[①] 在提交案件的情况下，如果提出质疑的主体是被告人或对其已发出逮捕证或出庭传票的人，则对于被告人，应是在预审分庭确认了对其的指控后提出质疑，对于犯罪嫌疑人，应是在法院对其发出逮捕证以后提出质疑。如果提出的主体是国家，虽然条文没有对国家提出质疑的时间进行规定，但根据条文设置的主体条件，可知应为一国得知检察官在向预审分庭申请可受理性的初步裁定涉及该国的犯罪时，一国可提出关于管辖权和案件可受理性的质疑。

一般情况下，无论是国家还是个人都应在审判开始前或开始时对某一案件的可受理性或法院的管辖权提出质疑。这样可以节省法院的开支和增进法院的工作效能。如果存在多个国家对一个案件拥有管辖权，法院就可能会遇到这几个国家在不同时间都对此案件提出质疑的情况。在特殊情况下，允许多次提出质疑。如果是在审判开始后提出质疑，需要经过法院的同意，并只能依据《国际刑事法院罗马规约》第 17 条第 1 款第 3 项提出。[②]

3. 质疑的程序与内容

检察官虽然不可以提出质疑，但是可以请法院就管辖权或可受理性问题作出裁定。质疑法院的管辖权或可受理性的请求或申请应以书面形式提出，并附具体根据。提出质疑的时间不同，提交质疑的对象也不同：在确认指控以前，对法院管辖权或某一案件的可受理性的质疑应向预审分庭提交；在确认指控之后，但法院还未组成或指定审判庭时，向院长会议提交质疑；在确认指控后并组成或指定审判分庭时，向审判分

---

① 此处的质疑为对预审分庭初步裁定的质疑，是对情势受理性的质疑而非对具体案件的质疑。例如，如果缔约国甲将涉及缔约国乙的情势提交国际刑事法院，那么缔约国甲不能提出质疑，而情势所涉及的缔约国乙可以提出质疑。如果一个缔约国将本国情势提交法院，那么它也不能提出质疑。在安理会提交情势后，如果检察官作出开始调查的决定，那么除安理会不能对此决定进行质疑外，对安理会提交情势所涉及的国家依然有权提出质疑。

② 有关的人已经由于做无谓控告理由的行为受到审判，根据第 20 条第 3 款（一罪不二审），本法院不得进行审判。

庭提交质疑;[①] 在审判开始后，直接向该审判分庭提交质疑。对由预审分庭或审判分庭作出的关于管辖权和可受理性质疑的决定可以上诉。如果同时对管辖权和可受理性提出质疑，法院应先裁定有关管辖权的质疑，因为管辖权的行使是可受理性的前提，如果法院在行使管辖权上已经存在问题，就没有必要再进一步考虑可受理性问题。

预审分庭或审判分庭在收到就其管辖权或案件可受理性提出质疑或问题的请求或申请时，或自行确定对收到的任何案件具有管辖权以及依照《国际刑事法院罗马规约》第 17 条规定的可受理性条件来自行断定案件的可受理性时，应决定应遵循的程序，并酌情采取措施以适当地进行诉讼：

首先，法院应将收到的质疑请求书或申请书转发给检察官；对已被移交法院的人，或者自愿或被传唤到庭的人，也应转发此请求书或申请书，以便他们能够在预审分庭或审判分庭规定的期限内对请求或申请提出书面意见。为了体现对国家的尊重，在对上述被移交人的案件作出的关于可受理性质疑的任何决定以前，预审分庭或审判分庭应听取该被移交人国家的意见。在关于管辖权或可受理性的问题的程序中，书记官长应就法院管辖权或可受理性提出的任何问题或质疑通知按照《国际刑事法院罗马规约》第 13 条提交情势的各方[②]和已就案件同法院进行联系的被害人或其法律代理人，可以向法院提出意见。此时，被害人正式参与到诉讼程序中。被害人提出的意见可能是反对国际刑事法院行使管辖权，但这并不是质疑，意见只能作为参考，法院可以自行决定是否予以考虑。

其次，分庭可以举行听讯，听取各方对质疑请求的意见。国际刑事法院的《程序和证据规则》规则 58 授权预审分庭或审判分庭在进行质疑程序时，可以自行制定程序，决定是否举行听讯，无强制性规定。为了保证诉讼的效率，在不会造成不当延迟的情形下，预审分庭或审判分庭可以在确认或审判程序中一并审理提出的质疑或问题。但如此决定后，预审分庭或审判分庭应先行审理并裁判提出的质疑或问题。如果质

---

① 如果审判分庭尚未组成，则先向院长会议提交质疑。一旦审判分庭成立，院长会议应立即向审判分庭移送质疑。

② 第 13 条规定的提交情势的主体为缔约国、安理会和检察官。

疑在确认指控之前提交，预审分庭有权推迟确认指控的听证；如果质疑在确认指控听证期间提出，应在确认指控的程序中一并审理；如果质疑在审判开始时提交或在其后经审判分庭许可后提出，则在审判程序中一并审理。

最后，质疑提出后的证明责任。在法院的法律文件中没有提及的问题，应根据《国际刑事法院罗马规约》第 21 条第 1 款第 2 项，“适用可予适用的条约及国际法原则和规则”①。在这种情况下，应根据“谁主张，谁举证”的原则分配举证责任。例如，提出质疑的个人或国家质疑法院的管辖权，可以举证证明该案件或情势不属于法院的管辖范围。

4. 质疑程序的法律后果

提出质疑，不影响检察官在此之前采取的任何行动，或国际刑事法院在此之前发出的任何命令或逮捕证的有效性。除在特定的情况下需要停止侦查外，检察官依然可以进行侦查活动。不过，由国家主体提交的对可受理性的质疑，检察官应暂停侦查，而这一暂停的侦查也仅限于提出可受理性质疑的某一个具体案件，对于其他的案件，检察官的侦查行为不受影响。如果提出的是对法院管辖权的质疑，则检察官可以继续进行侦查。在法院作出裁定前，检察官可以依据《国际刑事法院罗马规约》第 19 条第 8 款请求法院授权：第一，采取第 18 条第 6 款所规定的必要侦查步骤。② 对于检察官提出的这种申请，应在检察官单方参与的非公开庭上从速审理作出裁定。第二，录取证人的陈述或证言，或完成在质疑提出前已经开始的证据收集和审查工作。这一项在于及时地对已有的或已发现的证据加以固定。第三，与有关各国合作，防止已被检察官发出逮捕证的人潜逃。

对预审分庭或审判分庭作出的关于管辖权或可受理性的决定，有关当事方可以提出上诉。除非上诉分庭应要求根据国际刑事法院的《程序和证据规则》作出中止诉讼的决定，上诉本身并无中止诉讼的效力。

---

① 杨力军. 论国际刑事法院管辖权与案件可受理性质疑程序［J］. 环球法律评论，2009，(6)：146-149.

② 第 18 条第 6 款是关于在出现取得重要证据的独特机会，或者面对证据日后极可能无法获得的情况，检察官可以请预审分庭作出例外，授权采取必要调查步骤，保全这种证据的规定。后文有详细论述。

预审分庭或审判分庭作出关于管辖权或可受理性的决定之日，是检察官恢复调查之日。但如果上诉方在上诉时要求上诉分庭作出暂停侦查的决定，那么预审分庭或审判分庭可以维持暂停检察官侦查的状态。检察官依据《国际刑事法院罗马规约》第 17 条可受理性条件决定等候侦查时，可以请有关国家向其提供有关侦查程序的资料。此处的检察官要求有关国家提供的资料与预审分庭作出初步裁定时检察官要求有关国家提供的资料并不一样。这里要求的是向检察官提供有关该国对具体案件的侦查资料，而初步裁定要求的资料是提供该国针对情势的调查进展及起诉情况。检察官除可以对可受理性的裁决提出上诉外，还可以在法院决定对某一案件不可受理时，因其确信发现可否定原来认定案件不可受理的依据的新事实而请求复议上述决定。在上诉期间发生了新事实，并不禁止检察官向作出不可受理性裁定的预审分庭提出复议请求，因为复议和上诉是两个不同的程序。上诉请求必须在检察官收到裁决之日 5 日内作出，而复议的提出没有时间限制。上诉不要求检察官必须发现否定裁决所依据的新事实，但这一要求是请求复议所必需的。上诉应向上诉分庭提出，而复议应向最后作出不可受理裁定的分庭提出。① 如果检察官提出复议，则应通知之前提出不可受理性质疑的国家，使其有机会在所定时限内作出陈述。②

二、是否开始侦查的决定

国际刑事法院检察官的调查划分为情势调查和案件侦查两种。情势调查阶段为初步阶段，在国际刑法学界称为查询，仅仅适用于检察官依职权决定启动侦查程序之前。无论是启动情势调查还是展开具体案件侦查，检察官都必须首先对资料进行分析，二者的启动条件也有所区别。例如，对于检察官进行情势调查的决定，预审分庭无须审查，即情势调查的展开不需要预审分庭的参与。只有在检察官确定没有进行侦查的合理根据时，需要通知预审分庭，由预审分庭对检察官的此项决定进行复核。预审分庭在审查检察官的请求以及辅助材料之后，决定是否授权检

---

① 李世光，刘大群，凌岩. 国际刑事法院罗马规约评释（上册）[M]. 北京：北京大学出版社，2006：237.

② 参见《程序和证据规则》规则 62 第 2 款的规定。

察官进行进一步的全面侦查。也就是说，具体案件需要得到预审分庭的授权，检察官才可以展开侦查。

南斯拉夫问题国际刑事法庭和卢旺达问题国际刑事法庭的检察官，享有决定启动调查和决定调查对象的绝对自由。司法监督也不过是在调查结束时，针对检察官提交的起诉书，由审查法官来决定是否应接受起诉。国际刑事法院的检察官在启动调查时，就需要遵守一系列的程序规定，并且要根据条文的具体规定来确定是否应该展开进一步的调查。就此点而言，国际刑事法院检察官的侦查受到的限制较多，当然这也是国际法治所必需的。

（一）开始侦查的条件

《国际刑事法院罗马规约》第 53 条第 1 款规定了检察官开始侦查的标准，即对于一个具体的案件是否可以展开侦查，检察官需要仔细考虑以下几个方面：

1. 国际刑事法院是否有管辖权以及案件是否可以被受理

（1）管辖权。要确定国际刑事法院对案件是否具有管辖权，首先要解决由谁来确定国际刑事法院的管辖权这一问题，是由国际刑事法院自己确定还是由有关国家自主确定抑或由国际法院确定？在罗马外交大会上，各国取得的一致意见是由国际刑事法院自行决定或确定对有关案件的管辖权。这样有利于实现建立国际刑事法院的目的和宗旨，也有利于有效地打击和惩罚国际刑事犯罪，使法院不需要完全依赖于国家的同意，而且在国际事件中已有国际法院和其他国际司法机构自行判断对案件管辖权的先例。① 国际刑事法院自行判断情势所涉及的犯罪具有管辖权，必须同时满足三个要件：

第一，属物管辖。国际刑事法院管辖的对象是《国际刑事法院罗马规约》第 5 条规定的四种国际犯罪：灭绝种族罪、危害人类罪、战争罪和侵略罪。

第二，属时管辖。国际刑事法院仅对《国际刑事法院罗马规约》生效后实施的犯罪具有管辖权，不具有溯及力，即国际刑事法院只管辖自 2002 年 7 月 1 日以后发生的案件，实施国际刑事法院管辖罪行的个人不对规约生效前发生的行为负规约规定的刑事责任。在《国际刑事

① 高燕平. 国际刑事法院［M］. 北京：世界知识出版社，1999：128.

法院罗马规约》生效后成为缔约国的国家，国际刑事法院自动对该国家成为缔约国后发生的犯罪行使管辖权，缔约国不需要另外发表接受法官管辖权的声明。其他依照《国际刑事法院罗马规约》第 12 条第 3 款的规定向国际刑事法院提交接受管辖声明的国家，国际刑事法院在接受其声明之日起行使管辖权。

第三，属地管辖或属人管辖。国际刑事法院以合意为基础对其缔约国领地内发生的案件进行管辖。从实质上看，国际刑事法院的属地管辖权是缔约国向国际刑事法院移交其属地管辖权的结果。当前，属地管辖权已经成为国际社会广泛接受和认可的一种刑事管辖权，是国家行使刑事管辖权的最基本原则。但这种属地管辖是领地国对其领地直接实施的管辖，领地国是否可以将其属地管辖权进行移交不得而知。因此，某一国对在其境内，包括发生在此国注册的船舶或飞行器上的犯罪行为，[①]尤其是在对非本国公民进行属地管辖而未经该公民所属国同意的情况下，将属地管辖权移交给国际刑事法院是否合法或合理？同时，国际刑事法院在未经联合国安理会移交或者非缔约国公民所属国临时协议同意的情况下，对此非缔约国公民行使管辖权，又如何理解？部分学者认为，这是一种新型的管辖权类型。[②] 这种管辖类型鲜能在国际实践中找到国际习惯法的依据：纽伦堡军事法庭与远东军事法庭的管辖更接近于属人管辖；南斯拉夫问题国际刑事法庭所管辖的犯罪发生地——塞班不是安理会的成员国，无权移交属地管辖权；卢旺达问题国际刑事法庭在行使管辖权时已遭到领地国卢旺达的强烈反对。

根据属人管辖原则，只要涉嫌犯罪人国籍国之一属于缔约国，国际刑事法院便可对其行使刑事管辖权，这相对于属地管辖更易得到普遍的认可和接受。缔约国同意加入就意味着此缔约国同意其全体国民都受《国际刑事法院罗马规约》的制约，因此在此缔约国国民实施规约禁止的行为时，应当受到国际刑事法院的管辖。一国的国家政府首脑及各部门官员虽在国家间享有外交豁免的特权，但由于国际刑法确立了与官方身份无关性原则，因此国际刑事法院行使属人管辖时不会受到任何

---

① 按照国际惯例，在一国注册的船舶和飞行器也属于一国领域的一部分。

② 余剑. 论国际刑事法院对非缔约国公民管辖权的合法性［A］. 赵秉志，卢建平主编. 国际刑法评论（第 4 卷）［C］. 北京：中国人民公安大学出版社，2009：171-181.

阻碍。

检察官对上述三个方面的条件进行判断，如果得出肯定的答案，那么国际刑事法院就享有管辖权，之后再进一步考虑案件的可受理性问题。

（2）可受理性。检察官在判断案件是否具有可受理性时，应综合考虑四个方面的因素，即《国际刑事法院罗马规约》第 17 条第 1 款列举的四种情形（前已述）。其中前三种情形体现的是补充性管辖，最后一种情形是对案件严重性的评估。从《国际刑事法院罗马规约》第 18 条的规定来看，检察官根据联合国安理会提交的情势而启动的具体案件调查，不需要审查案件的可受理性。而实际上，检察官对 2005 年安理会向国际刑事法院提交的苏丹达尔富尔情势则考虑了其可受理性问题。检察官在研究获取的相关资料，诸如苏丹政府提供有关苏丹司法制度、法律和程序后，认为达尔富尔并未对可能侦查的案件进行任何形式的侦查和诉讼，据此断定与达尔富尔情势有关的案件具有可受理性。①

2. 是否存在认定犯罪发生的“合理根据”

在国际法委员会起草的规约草案中，对于提起侦查的标准使用的是“可能的根据”（possible basis），但是这个标准被认为过于严格。如果是按照“可能的根据”对案件进行侦查，会使检察官将其有限的司法资源投入到无限的每一个可能的案件侦查中，而难以保证案件的质量。因此，在正式的规约中，将“可能的根据”变更为“合理的根据”（reasonable basis）标准，相对来说不是那么严格。检察官可以从其获得的资料中判断是否存在有人已经实施或正在实施犯罪行为的合理的根据，而国际刑事法院对该犯罪行为具有管辖权。

合理根据与排除合理怀疑一样，同为英美法系刑事证明标准体系中的重要概念。何为“合理根据”？国际刑法学界并无明确界定，也没有明确的标准。合理根据标准中的“合理”本身是一个很抽象的概念，且带有较强的主观性，因为合理的判断不可能超越人的主观认识。在刑事诉讼中，“合理”根据可以使一个正常的理智人相信被指控者实施了犯罪。美国权威的《布莱克法律大辞典》解释的“合理”，即适当的理

① 陆静. 国际检察官裁量权研究［D］. 上海：华东政法大学，2012.

由或合理的根据。[①] 英美证据法学者从另外一个角度认为这个标准是客观的："合理根据"，是指作为一个正常的人，处在那样一种特定场合，以公正而不带偏见的态度把一切现有的信息情况考虑在内，认为某人很可能犯了罪。[②] 此观点认为作出判断的主体不是特定的人，而是泛指任何一个正常的人，因此其内在含义就比法官主观信念形成的自由心证所作的判断要客观很多。不论把合理根据归结为主观的还是客观的，不能否认的是，合理根据是足以使一个正常的、理智的人相信已经有刑事案件发生或正在发生的已知资料。也就是说，合理根据的实质是建立在对一定信息的主观判断之上的。不同的主体，使用同一信息得出的结论可能存在差异，但这种差异不违背一个理性的、正常的判断思维即可。"合理根据"的本质是一种"有证据基础的现实可能，而不是单纯的怀疑。这种可能虽然不要求达到可以据以定罪的程度，但总的要求是必须有一定的证据表明某个特定的人犯了特定的罪"。[③]

不过，合理根据与一些国内立法规定相比较，尤其是与大陆法系国家提起侦查的标准相比还是相当严格的。例如，根据德国《刑事诉讼法》第 158 条、第 160 条的规定，只要有简单的初步怀疑（verdacht），检察官就可以开始侦查。[④] 而国际刑事法院的检察官在启动侦查时证据需要达到的合理标准是德国检察官提起公诉时的证据标准。[⑤] 英美法系国家国内法对于合理根据的运用则更为广泛。例如，在美国的国内立法中，与侦查有关的搜查、扣押和逮捕等刑事诉讼行为都适用合理根据标准，只是构成其合理根据所需的信息种类不同。国际刑事法院的检察官在判断是否有合理根据时，需要对其掌握的资料进行评估。虽然没有具体的评判标准，做出合理根据的信息来源亦不明确，但是可以借鉴美国认定合理根据信息来源类型：其一，观察；其二，专门知识；其三，情

---

① 刘蕾. 美国合理根据证明标准及对我国证据法的启示［J］. 北京理工大学学报（社会科学版），2006，（3）：29-32.

② 李义冠. 美国刑事审判制度［M］. 北京：法律出版社，1999：31-32.

③ 王以真. 外国刑事诉讼法学（新编本）［M］. 北京大学出版社，2004：361-362.

④ § 160, Strafprozeßordnung (StPO), Sobald die Staatsanwaltschaft durch eine Anzeige oder auf anderem Wege von dem Verdacht einer Straftat Kenntnis erhält, hat sie zu ihrer Entschließung darüber, ob die öffentliche Klage zu erheben ist, den Sachverhalt zu erforschen: http://www.gesetze-im-internet.de/stpo/__160.html.

⑤ 王世洲. 现代国际刑法学原理［M］. 北京：中国人民公安大学出版社，2009：626.

况证据；其四，信息。第一类与第二类信息来源都与判断主体有关，直接运用判断主体自身的感官或相关知识进行判断。第三类信息来源，用以确定相关犯罪嫌疑人、排除无关人员。第四类信息来源较为广泛，包括被害人的陈述和证人的证言以及通过与侦查有关的公告、广播和案件登记表发布的内容等。[①] 检察官可以依照以上四类信息类型，作出是否存在合理根据的判断。

3. 侦查是否符合实现公正的利益

检察官通过掌握的资料，判断案件为可予受理或将可予受理时，还需充分考虑被害人的利益及案件的严重程度。如果从案件的严重程度和被害人的利益出发，发现进一步侦查无助于实现公正，则检察官可以"侦查无助于实现公正"为由，决定不启动侦查程序。这里严重性的要求与在考虑可受理性问题时提到的严重性含义一致，虽未明确严重性的具体含义，但要求案件达到一定的严重程度，才能对案件进行侦查。同时，在强调符合实现公正利益的方面也存在歧义。何为公正，为实现谁的公正？这都不得而知。国际社会所要求的公正，首当其冲为世界的和平与安全。被害人要求的正义，是将实施犯罪行为的人绳之以法，同时获得相应的赔偿。因此，国际社会的公正未必是被害人所需要的公正。当二者的公正需求不一致，需要放弃其中一项需求时，两害相权取其轻。此项公正利益的实现，究竟是以国际社会的公正利益还是具体被害人的公正利益为衡量标准，由检察官自行裁定。但不论是从实践上还是从理论上来看，国际社会的公正利益需求都要大于被害人的公正利益需求。

申言之，检察官在认定案件是否需要进行进一步侦查时，需要对是否有管辖权、案件是否可以受理、是否有"合理根据"以及是否符合实现公正的利益进行评估。但此过程没有严格的时间限制，这并非出于对检察官的完全信任，而是检察官对资料进行评估时需要不断跟踪事态发展，时时更新所获资料，督促国内相关诉讼环节的进行并为可能启动的侦查做好准备，这些都不可能在一个确定的期限内完成。检察官应分析收到资料的严肃性，并予以评估。资料的严肃性主要是指资料来源的

---

① John N.Ferdico, Henry F.Fradella, Christopher D.Totten. Criminal Procedure for the Criminal Justice Professional[M].California: Wadsworth Publishing, 2008: 225.

可靠性，包括资料提供者的性质、获取资料的方式，资料内容本身的可靠性包括内容的充分性及完整性。检察官在收到资料后应通知相关的缔约国。在检察官收到相对翔实可信的资料，证实有关犯罪属于法院管辖时，可以要求可靠资料来源提供者，包括相关国家、联合国机构、政府间组织、非政府组织以及其他检察官认为适当的来源提供者，提供进一步的资料。检察官还可以接受书面或口头证言，但仅限于在国际刑事法院所在地接受，除非有理由相信这样的查询会破坏以后的分析或侦查工作，或者影响到个人的安危。

在满足上述条件下，如果是缔约国或安理会提交的情势，检察官可以自行决定开始案件侦查，不需要预审分庭的授权。但如果是检察官自行展开的情势调查，则需要申请预审分庭授权展开正式的侦查，同时附送已收集到的任何相关资料或文件，相关被害人也可以向预审法庭做出陈述。通过对检察官提交资料、文件的审核，预审分庭法官如果认为案件符合开始侦查的条件，应签发进行侦查所需要的命令或授权令，包括逮捕证和传票。

（二）不予侦查决定及复核

1. 不予侦查决定的作出

国际刑事法院的《程序和证据规则》第五章第一节对决定检察官是否开始侦查的程序作出了规定：检察官在对资料进行评估后，发现达不到开始侦查的条件，应尽快将不进行侦查的决定书面通知根据《国际刑事法院罗马规约》第 14 条向其提交情势的国家，或根据《国际刑事法院罗马规约》第 13 条第 2 项提交情势的联合国安理会。为了保护被害人和证人的安全、身体健康、尊严和隐私，以及不损害或违反被告人的权利和公平、公正审判原则，此书面通知应附有检察官对案件评估后做出的结论和做出该结论的理由。

根据规定，检察官必须向提交情势的国家或安理会出具书面的通知，告知其已作出不进行侦查的决定，此通知也意在告知相关国家或者安理会提交的情势经过检察官的审查后，由于一些原因不符合启动侦查的条件，因此尚不能启动具体的案件侦查。检察官发出的书面通知中必须包括检察官做出不予侦查结论的理由，提交情势的国家或者安理会在接到检察官发出的不予侦查决定的书面通知后，可以根据书面通知上所出具的理由，有针对性地对相关资料进行补充。如果能对检察官提出的不予侦查决定理由进行资料补充，或者有足够的相关证据能证明检察官所述的理由不能成立，则可以再向检察官提交相同的情势。

2. 对不予侦查决定的复核、复议

（1）提交情势的国家或安理会提请的复核及复议。提交情势的国家或安理会向预审分庭提出请求复核检察官做出的不予侦查请求时，预审分庭可以向该国或安理会征询进一步的详细意见。如果提交情势的国家或安理会提出的复核理由是法院的管辖权或案件可受理性的问题时，按照受理前的初步裁定程序来进行受理（前已述）。通过审核相关的资料，预审分庭如果决定进行复核，则应在检察官发出书面通知后 90 日内书面提出，并附有一国或安理会提出请求的理由。预审分庭提出进行复核的起算时间是检察官发出书面通知之日而非收到书面通知之日，此举能有效督促预审分庭对检察官的监督，又不至于过度干预检察官的侦查权。

预审分庭在复核时，可以根据复核的需要，要求检察官移送其掌握的相关资料、文件，但对于检察官移送的资料、文件不得随意披露：涉及一国安全利益的资料、文件应采取适当的措施予以保护。在得出披露或者不披露相关资料、文件的结论前，预审分庭应请求进一步协商，听取相关国家的意见，包括在适当时进行不公开和诉讼单一方参加的听讯。如果被请求合作的缔约国以资料或文件涉及其国家安全而拒绝合作请求，预审分庭可以在认定这一情况后将此事项连同其做出披露或者不披露结论的理由提交缔约国大会，或在有关情势系由安理会提交的情况下提交安理会，由缔约国大会或者安理会进行裁判。预审分庭做出不披露的结论时，可以在对被告人的审判中酌情推定某一事实存在或不存在。可能使证人或其家属的安全受到严重威胁的资料、文件，检察官可以请求预审法庭不公开这种资料或文件。如果检察官掌握或控制的资料、文件获批不予公开，那么为保护犯罪嫌疑人和被告人的诉讼权利和执行公平、公正审判原则，这些资料、文件不得在确认审判和案件审判中作为证据使用。

预审分庭所作的裁判必须获得分庭法官过半数的赞同，并附理由。裁判应分送参与复核的各方，以此来保障各方的诉讼权利（知悉权）。

对于提交情势的国家或安理会提出复核的请求，预审分庭除能展开复核程序外，也可以要求检察官复议整个不予侦查的决定或部分决定。

检察官收到预审分庭的要求后，应尽快复议该决定。不论是由预审分庭复核还是由检察官复议其不予侦查的决定，检察官随后需作出一个最终决定，并应将此最终决定立即书面通知预审分庭，通知应附有检察官的结论和做出该结论的理由。预审分庭复核后作出的最终决定，应分送参与复核的各方。

（2）预审分庭的主动复核。如果不进行侦查的决定是检察官基于考虑犯罪的严重程度和被害人的利益，认为侦查无助于实现公正而作出的，则应在作出该决定后尽快书面通知预审分庭。预审分庭应在接到检察官完全基于实现公正的利益作出不予侦查的决定的书面通知后 180 日内主动复核检察官基于侦查无助于实现公正而作出的不予侦查决定。此处，预审分庭的主动复核时间是预审分庭接到书面通知后的 180 日内，与提交情势的国家或安理会提请复核自检察官的不予侦查书面通知发出之后的 90 日内相比，明显宽裕很多。这是因为此种基于公正利益原因而终止的诉讼程序的审查要比因其他因素终止诉讼程序更复杂。

当预审分庭打算复核检察官完全基于实现公正的利益作出不予侦查的决定时，应将此打算通知检察官。这种通知没有规定必须是书面的，只要让检察官知晓即可。检察官可以对预审分庭的这个决定提出意见或者提出一些相关材料来证实其作出不予侦查决定的正确性，预审分庭应对检察官提出意见和材料的期限进行规定。如果检察官基于实现公正利益作出不予侦查的决定被某一国或安理会提请复核，则预审分庭在打算复核此不予侦查的决定时，应通知提出请求的国家或安理会。接到通知的国家或安理会可以向预审分庭提出意见。

预审分庭所作的确认或者不确认裁判必须获得预审分庭法官过半数的赞同，并应附理由，分送参与复核的各方。预审分庭主动复核检察官完全基于实现公正利益作出不予侦查的决定，则检察官的决定必须得到预审分庭的确认方为有效。换句话说，在预审分庭未做出确认前，检察官所作的决定为效力待定，如果经过预审分庭复核同意检察官所作的不予侦查的决定，则检察官所作决定的效力可以追溯至作出之日。预审分庭提出复核的时间如果不能确定，那么检察官所作的不予侦查决定的效力就处于长时间不确定的状态。如果预审分庭复核后作出不同意检察官所作的不予侦查的裁判，则检察官所作决定为无效决定，这就意味着预审分庭不认同检察官不予侦查决定。在条文中没有明确预审分庭作出不予确认的裁判时的法律后果，但检察官在预审分庭作出不予确认裁判后，应当继续对案件进行侦查。条文没有强制要求预审分庭进行审查，预审分庭可以自主决定对检察官的决定进行复核或不进行复核。但根据条文的措辞，在此种情况下，预审分庭一般应主动进行复核。

第四节　国际刑事法院检察官侦查的具体措施

国际刑事法院同南斯拉夫问题国际刑事法庭、卢旺达问题国际刑事法庭一样，都没有自身的警察力量。国际刑事法院检察官在履行调查收集证据职责时，考虑到各主权国家在其领域内享有的刑事管辖优先权，大量调查收集证据的工作还需要依靠国家的合作和协助来完成。在进入具体的案件侦查阶段，检察官会针对案件制定一些侦查战略，以指导其侦查工作的有序、有效进行。2009 年 4 月 23 日生效的《检察官办公室规则》（Regulations of the Office of the Prosecutor）第三章第四节对侦查（investigations）作了大致的规定：

首先，需要成立一个联合调查（侦查）小组（a joint team）。如果决定对一个情势展开调查，为了进一步的调查目的需要成立一个联合小组。每一个联合小组都应当有侦查部门、起诉部门、司法协调协作部门三个部门的成员，以确保每一个联合小组在调查过程中协调工作。联合调查小组的组成和大小，根据调查的需求和所处的阶段而有所不同。每一个联合调查小组都应定期向执行委员会报告近期的进展和活动从而获得调查战略（策略）指导。在确认指控之后，将组建一个内部审判组提出检控。其次，要从一个情势中挑选具体案件来展开侦查。检察官应当在初步审查中认真分析获得的资料，评估和收集必要的信息和证据来确定一个情势中最严重的犯罪。在对情势中潜在的案件进行选择时，要充分考虑《国际刑事法院罗马规约》第 53 条第 1 款第 1 项到第 3 项[①]的规定，以评估案件的管辖权、可受理性以及公正利益。再次，案件假说的确认。联合调查小组应当仔细审核获取的信息和证据，决定暂时作

① 《国际刑事法院罗马规约》第 53 条第 1 款第 1 项到第 3 项规定开始调查的三个条件：是否存在认定犯罪发生的“合理根据”、国际刑事法院是否有管辖权以及案件是否可以受理案件、是否符合实现公正的利益。

为调查对象的案件和最有可能成为负主要责任的人。被暂时确定为调查对象的案件假说，应当包括受到指控的初步可能、个人刑事责任和可能证明无罪的情节。在每一个暂定的案件假说中，联合调查小组都会试图挑选最严重的犯罪，包含主要的受害类型的案件（主要指性犯罪、种族暴力和对儿童施暴的案件）。这些都是最具有代表性和影响力的案件。联合调查小组还应将暂定的案件假说提交执行委员会批准。最后，制订侦查活动计划。根据执行委员会的战略指导，联合小组应制订一个证据收集计划和合作计划。所有的计划都要获得执行委员会的批准。为得到对侦查的支持，在适当的时候与书记官处协商时，检察官应准备相关的诸如管理、安保和沟通的计划。联合调查小组在制订侦查计划时，应努力确保被害人、证人的健康，尤其是要加强性犯罪与儿童犯罪中受害人的保护，避免其受到二次伤害。案件假说及所有的侦查计划都要随着不断更新的证据做出适当的调整。案件假说及所有的侦查计划都应视作内部文件，不在证据开示之列。①

需要强调的是，检察官在进行侦查时，不仅应当收集证明有罪的证据，还有义务积极收集证明无罪的证据。具体的侦查措施可以分为以下几类：

一、检察官自行采取的侦查行为

（一）讯问或询问（questioning of persons）

1. 对象

检察官可以在有关国家的同意或协助下，要求与案件有关的犯罪嫌疑人、被害人或者证人到庭，接受讯问或询问。这里的讯问与询问均是针对自愿到法庭出庭的人，属于无须采取强制手段即可执行的措施。在侦查中选择被讯问或被询问的人时，检察官应评估此人的可靠性，充分考虑到他的人身安全和健康，包括其可能受到二次伤害的各个方面。在与被讯问或被询问人接触前，基于此人可能会涉及的风险以及其他可能因为此种讯问或询问也处于危险之中的人（例如，帮助检察官和被讯

① International Criminal Court. Regulations of the Office of the Prosecutor[EB/OL]. http://www.icc-cpi.int/NR/rdonlyres/FFF97111-ECD6-40B5-9CDA-792BCBE1E695/280253/ICCBD050109ENG.pdf, 2015-07-30.

问人取得联系的人）的考量，检察官应尽可能多的收集信息。基于可能风险程度的确定，检察官可能会与被害人和证人股做适当的商量，考虑采取一些替代询问的措施以及采取其他更为安全措施的可能性。被检察官询问的人可能是比较脆弱的（尤其是孩子、残疾人和性犯罪的受害者），因此在询问前应由心理学、社会心理学或其他方面的专家对他们进行面对面的访谈以评估他们的生理和心理健康情况。这项评估将决定对此人在此阶段的询问是否会给其带来二次伤害。讯问或询问任何人，应根据其正式陈述做成记录，记录制作完成后需要相关人员的签名——主持讯问或询问的人、被讯问或询问人及其律师和在适当情况下在场的检察官或法官。记录应注明讯问或询问的日期、时间、地点及所有在场的人。如有人拒绝签名，则应如实记录拒绝签名的情况及理由。①

检察官在讯问犯罪嫌疑人时，要注重对犯罪嫌疑人权利的保护，告知其根据《国际刑事法院罗马规约》第 55 条第 2 款享有的权利，并要对此进行记录。犯罪嫌疑人的口供历来在刑事案件的侦破和最终审理判决中都发挥着重要的作用。美国大法官弗兰克福特曾指出："尽管现代社会在犯罪侦查技术方面取得了巨大的进步，但由于犯罪常常是秘密实施的，如果无法找到该犯罪的普通证人，那么警察调查如不想原地踏步、停滞不前的话，只有寻找有罪的证人并询问他们问题，除此之外别无他法。这里的有罪证人是指那些因为被怀疑涉嫌实施了犯罪而对犯罪情况有所了解的人。"② 因此，检察官对犯罪嫌疑人的讯问，在整个刑事诉讼调查取证中有着举足轻重的作用。

在询问被害人和证人时，检察官应该与被害人和证人股进行沟通，对调查中的各个操作环节（特定区域）进行危险和风险评估。检察官应当同被害人和证人股建立关于保护措施、安全安排、咨询和其他对到法院出庭的证人、被害人以及其他根据《国际刑事法院罗马规约》、《程序和证据规则》、《检察官办公室规则》和有关法庭的决定因为作证

---

① International Criminal Court. Regulations of the Office of the Prosecutor [EB/OL]. http://www.icc - cpi. int/NR/rdonlyres/FFF97111 - ECD6 - 40B5 - 9CDA - 792BCBE1E695/280253/ICCBD050109ENG.pdf, 2015-07-30.

② 宋英辉，吴宏耀. 刑事审判前程序研究［M］. 北京：中国政法大学出版社，2002：149.

而可能处于危险之中的人的适当协助的安排机制。为保护证人的安全，检察官对每一个证人申请采取的保护措施都应完整和准确地记录，并尽可能地要让其他的保护措施得以落实。检察官要确保每一个案件情形中采取的措施都是适当和必要的（adequate and necessary）。[①] 为了保障证人的安全和人身健康，检察官应采取以下措施：（1）建立一个包含向检察官提供证据和信息的相关人员信息的数据库；（2）确保只有明确授权的人员才能接触到此记录相关人员信息的数据库；（3）确保与证人的谨慎安全接触的做法符合惯例和侦查行为守则；（4）收集安全信息；（5）定期更新总体的和具体的安全风险评估；（6）执行相关或加入其他一些在安全风险评估基础上采取的措施。这些措施需符合《国际刑事法院罗马规约》、《程序和证据规则》、《检察官办公室规则》、有关法院的决定和惯例。检察官在刑事诉讼程序中根据《国际刑事法院罗马规约》第68条第5款的规定要求法庭在审判前披露证据的摘要时，应当考虑证人或者他们家庭成员的安全是否可以得到适当的保护。因为这种证据的提交可能使证人或其家属的安全受到严重威胁，同时检察官应确保此证据摘要是简洁、客观地再现了与本案有关的证据或证词，这样才不会损害或违反被告人的权利和公平、公正审判原则。[②]

检察官要对被害人进行询问，并告知其参与诉讼的程序、《国际刑事法院罗马规约》规定的获得赔偿的途径以及书记官处的被害人参与和赔偿部门的存在和作用。除此之外，还应当告知被害人，出于保护他们人身安全、健康、隐私以及调查的完整性和诉讼程序的需要，检察官将把他们的个人信息资料交给被害人参与和赔偿部门。[③]

针对未满十八周岁的人，在询问前检察官应征得其父母、监护人或其他相关成年人的同意。检察官要根据《国际刑事法院罗马规约》第

---

① International Criminal Court. Regulations of the Office of the Prosecutor [EB/OL]. http://www.icc-cpi.int/NR/rdonlyres/FFF97111-ECD6-40B5-9CDA-792BCBE1E695/280253/ICCBD050109ENG.pdf, 2015-07-30.

② International Criminal Court. Regulations of the Office of the Prosecutor [EB/OL]. http://www.icc-cpi.int/NR/rdonlyres/FFF97111-ECD6-40B5-9CDA-792BCBE1E695/280253/ICCBD050109ENG.pdf, 2015-07-30.

③ International Criminal Court. Regulations of the Office of the Prosecutor [EB/OL]. http://www.icc-cpi.int/NR/rdonlyres/FFF97111-ECD6-40B5-9CDA-792BCBE1E695/280253/ICCBD050109ENG.pdf, 2015-07-30.

68条关于对被害人和证人的保护条款来考虑是否应将此未满十八周岁的自然人作为询问对象。虽然国际刑事法院已经明确将未满十八周岁的人犯的罪排除在管辖之外，但是未满十八周岁的自然人仍可以作为被害人或证人进入刑事诉讼程序中。①

2. 条件

检察官应努力提供一个安全和惬意的场所来进行讯问或询问，并尽量减少在场人员。检察官应该根据犯罪情节的轻重及被讯问或被询问人的要求来决定是否允许其家庭成员、心理咨询师、为受害者提供援助帮助者以及其他合适的陪同人员于讯问或询问之时在场。陪同人员的作用仅限于给予证人精神上的支持，这也就意味着，陪同人员仅在询问证人时才可在场，在对其他类型的人员实施讯问或询问时不能安排陪同人员在场。陪同人员不得参与或以其他方式干扰询问。在展开询问前，应当告知陪同人员其在询问过程中的作用，同时应对陪同人员进行记录。②

在讯问或询问前或者在讯问或询问过程中的适当时机，应当告知被讯问或被询问人：（1）讯问或询问时在场人员的身份；（2）国际刑事法院的性质与任务及检察官的作用；（3）《国际刑事法院罗马规约》第55条第1款关于调查期间的个人权利和《程序和证据规则》规则111中的权利；（4）讯问或者询问不得强迫，被讯问或被询问人可以选择随时结束讯问或询问；（5）适当地告知被讯问或被询问人涉及的调查事项的性质和范围以及对其进行讯问或询问的原因；（6）应当遵循的程序，包括有关人身保护、信息披露和可能被要求在法院出庭的程序；（7）在调查中或调查后可能采取的保护措施，或在评估某种特定情形时所要求的诉讼程序；（8）可能按照《国际刑事法院罗马规约》第68条保护被害人和证人的规定，将被询问人的情况通过法庭传送复印件的方式告知其所属国，要求此国按照《国际刑事法院罗马规约》第93条

① International Criminal Court. Regulations of the Office of the Prosecutor[EB/OL]. http://www.icc-cpi.int/NR/rdonlyres/FFF97111-ECD6-40B5-9CDA-792BCBE1E695/280253/ICCBD050109ENG.pdf, 2015-07-30.

② International Criminal Court. Regulations of the Office of the Prosecutor[EB/OL]. http://www.icc-cpi.int/NR/rdonlyres/FFF97111-ECD6-40B5-9CDA-792BCBE1E695/280253/ICCBD050109ENG.pdf, 2015-07-30.

第10款的规定进行合作，以及采取合适的保护措施。[①]

讯问《国际刑事法院罗马规约》第55条第2款规定的人员，即有理由相信其实施了国际刑事法院管辖范围内的犯罪的人适用：（1）在讯问前，应当被告知其享有《国际刑事法院罗马规约》第55条规定的权利，可以根据《证据和程序规则》规则20按照公平审判的原则保护辩护方权利的目的，寻求书记处办公室的援助和规则112规定的记录讯问的具体程序。这些告知都应当记录在案。（2）在讯问中，有理由相信其实施了国际刑事法院管辖的犯罪，则立即对其告知此事实并对其采取（1）所规定的步骤。

在讯问或询问时，如果语言不通，应通过翻译人员向被讯问或被询问人提供翻译，使被讯问或被询问人能充分理解和明白讯问或询问人员所说的内容。不能通过贿赂的方式来换取某人的口供或陈述。检察官应当建立一套机制来确保：在讯问或询问过程中或者提供口供或陈述的过程中，书记官长毫无偏见地按照《书记处规章》(Regulations of the Registry) 第84~86条来支付对此人因配合讯问或询问而产生的开支和误工费用。为了实现《国际刑事法院罗马规约》第57条第3款第5项、[②] 第77条第2款第2项[③]以及第93条第1款第11项[④]规定的保护被害人或者善意第三方的权利的目的，检察官应当在调查中注意查明、追查和冻结或扣押犯罪收益、财产和资产以及犯罪工具，尤其要注意对被害人根本利益的保护而采取保护性措施。[⑤]

---

① International Criminal Court. Regulations of the Office of the Prosecutor[EB/OL]. http://www.icc-cpi.int/NR/rdonlyres/FFF97111-ECD6-40B5-9CDA-792BCBE1E695/280253/ICCBD050109ENG.pdf,2015-07-30.

② 第57条第3款第5项规定，寻求国家合作，要求为没收财物，特别是为了被害人的最终利益，采取保护性措施。

③ 第77条第2款第2款规定，没收直接或间接通过该犯罪行为得到的收益、财产和资产，但不妨害善意第三方的权利。

④ 第93条第1款第11项规定，查明、追寻和冻结或扣押犯罪收益、财产和资产及犯罪工具，以便最终予以没收，但不损害善意第三方的权利。

⑤ International Criminal Court. Regulations of the Office of the Prosecutor[EB/OL]. http://www.icc-cpi.int/NR/rdonlyres/FFF97111-ECD6-40B5-9CDA-792BCBE1E695/280253/ICCBD050109ENG.pdf,2015-07-30.

（二）缔约国境内直接侦查取证

1. 依据

一般国家国内的法律都会明文规定：未经一国的允许，非本国司法人员不得在该国领域内从事侦查取证活动。这是因为，非一国的司法工作人员进入他国境内实施侦查取证行为，与国家司法主权原则和刑事案件管辖权的规定相违背。传统意义上的直接侦查仅限于国家的层面，除非国家之间通过协商，根据平等互利的原则达成专门的协议，一国方可允许别国在其境内实施有关的侦查取证活动。例如，为了打击加勒比海地区毒品走私跨国犯罪，1996 年 7 月，美国同 9 个拉美国家达成了紧急追捕协议。根据此协议，美国海岸警卫队可以在跟踪有嫌疑的船只时进入缔约国领海，在其领海登船并扣押任何可疑船只。[①]

国际法庭的实践一再说明，大部分的证人不会到法庭作证，大部分的实物证据也不会被主动移送到法院。大陆法系与英美法系国家对于在另一国境内进行直接侦查取证的态度不一：英美法系国家不反对在他国境内无强制性的侦查行为，大陆法系国家则对此管理比较严格。为了有效地协调侦查效率和国家主权问题，检察官在缔约国境内的侦查取证权力最终采用了英美法系的理论。对于加入《国际刑事法院罗马规约》的缔约国，由于其签署的《国际刑事法院罗马规约》第 88 条规定缔约国需确保其国内法中已有可供采用的程序，以执行规约第九编国际合作和司法协助规定的各种形式的合作，相当于其已经默认国际刑事法院检察官对其境内的直接侦查权。此前提到直接侦查仅限于国家层面，而此处则是将原本应是国家的权力赋予了国际刑事法院的检察官。因此，检察官的直接侦查权是司法领域的新型合作形式。但从目前来看，检察官在某一缔约国境内仅享有无强制性侦查行为的侦查取证权。这类调查行为有：在证人自愿基础上的取证，包括确有必要时，在有关国家机构工作人员不在场的情况下进行取证活动，以及在不改变公共现场或其他公共场所的条件下，对这些地方进行检查。强制措施依旧只能由国内机构根据国内法律执行，除非该国的国内立法已经授予检察官采取强制措施的权力。

① 成良文. 刑事司法协助［M］. 北京：法律出版社，2003：113.

2. 实施条件

《国际刑事法院罗马规约》第 99 条第 4 款规定了检察官在国际刑事法院缔约国境内行使直接侦查权的特定条件：其一，如果被控告的犯罪发生在被请求缔约国境内，而且已有根据规约第 18 条或第 19 条作出的可予受理判断，检察官可以在与被请求缔约国进行了一切可能的协商后直接执行这种请求。在被请求缔约国为犯罪发生地，且国际刑事法院对此犯罪行为享有管辖权并决定受理时，检察官可以直接决定在此国境内采取非强制性的侦查行为。“可以在与被请求缔约国进行一切可能的协商后执行”为条文规定的选择性条件，不是必备条件，即与被请求缔约国的协商不是检察官展开其境内侦查行为的先决条件。即使检察官未与被请求缔约国协商，被请求缔约国也不能阻止检察官进入其境内展开侦查。当然，为了得到有关方面的配合，使侦查顺利进行，检察官在进入某缔约国境内展开侦查前以事先获得有关国家的同意为宜。其二，如果涉及的犯罪行为地位于发生地国以外的缔约国时，检察官可以在与被请求缔约国协商后，按照该缔约国提出的任何合理条件或关注执行这种请求。如果被请求缔约国发现根据本项规定执行请求存在问题，该缔约国应立即与国际刑事法院磋商，寻求解决途径。在此种情况下，检察官应尽量与被请求缔约国进行协商，得出可行办法，并照此办理。在缔约国不是犯罪行为地时，检察官如需展开其境内的侦查行为，应与该缔约国进行协商，该缔约国如对检察官提出的请求有异议，可立即与国际刑事法院展开磋商以断定该请求是否存在问题。

检察官在对某一缔约国发出直接进入其境内展开侦查行为的请求时，拥有较大的自由裁量权。首先，直接侦查是为了执行请求而确有必要，而确有必要的判断标准则完全由检察官自行掌握。其次，作为犯罪发生地的被请求缔约国是否存在协商的可能性，由检察官自行判断。最后，是否接受非犯罪发生地所在的被请求缔约国提出的条件或者关注，亦由检察官自行决定。

检察官对缔约国境内的直接侦查权，如果得到被请求缔约国的同意和接受，那么检察官就可以在被请求缔约国当局不在场的情况下进行调查活动。如果没有得到被请求缔约国的同意，或者该缔约国提出的提交或关注不合理时，检察官虽仍然可以直接对该缔约国境内采取侦查行为，但此时不能采取任何强制性的措施。强制措施只能由一国的国内司法机构应国际刑事法院的请求而予以合作执行。南斯拉夫问题国际刑事法庭的实践经验表明，检察官在侦查过程中需要具有接触和采集证据等非强制措施的侦查权力。例如，在关于毒气的侦查中，他应有权从动物身体上提取样本。在侦查万人冢时，检察官应有权将尸体从装尸体的袋子中取出和收集子弹。如果检察官没有被赋予这类权力，侦查工作将很难展开。

值得注意的是，检察官除了可以自行决定对某一缔约国境内展开收集证据的行为，也可以应辩护方诸如被逮捕或被传唤到庭的人的请求收集相关证据。

（三）非缔约国境内的直接侦查

非缔约国因没有签署《国际刑事法院罗马规约》，故不承担此规约规定的义务。虽然《国际刑事法院罗马规约》第 54 条第 2 款的规定赋予了检察官可以在一国境内进行侦查的权力，但从国际惯例来看，依照不能为第三国设立义务的原则，此条不能成为检察官直接进入非缔约国境内展开侦查行为的依据。对于非缔约国境内的侦查行为，仍需通过签订司法协助协议或安排来进行。

二、预审分庭授权的侦查行为

以前的特设国际刑事法庭都没有设立预审分庭，如果在预审阶段出现问题则由某分庭的一名法官或全体法官来处理。《国际刑事法院罗马规约》将分庭制度化，对侦查程序实施监控，确保侦查程序有序、公正、独立进行。

（一）条件

南斯拉夫问题国际刑事法庭与卢旺达问题国际刑事法庭的规约没有赋予检察官在国家无力执行法庭请求时采强制措施的权力。国际刑事法院则在一国显然没有执行合作请求的情况下，赋予检察官一定范围内的直接侦查权，从而便利法院的侦查活动，保障侦查顺利、有效进行。因此，预审分庭授权检察官开展侦查行为只能是针对《国际刑事法院罗马规约》的缔约国显然无合作能力等情形。

检察官在缔约国境内采取侦查措施时，如果是非强制性的侦查措施，无须依赖此缔约国的国内司法体系，但如果需要与某缔约国的国内司法体系进行合作，则需要向缔约国提出合作请求，缔约国按照《国际刑事法院罗马规约》第九编的规定进行国际合作和司法协助。实践中，缔约国可能会对检察官采取的直接侦查行为或提出的合作请求提出意见，预审分庭在充分考虑有关缔约国的意见后，只有在特定情况下才可以授权检察官在未根据第九编取得该国合作的情况下，直接在该国境内采取特定侦查步骤。此特定情况为：该缔约国不存在任何当局或司法体制中的任何部门有权执行第九编规定的合作请求，显然无法执行合作请求。出于对缔约国司法主权的尊重和调查行为顺利展开的考虑，检察官在采取直接调查措施前会寻求缔约国的官方支持，而此类官方的支持可以是缔约国的任何当局或司法体制中的任何部门的表态，因此，预审分庭要判断“显然”无法执行合作请求并不容易，一般是一国的国内司法系统尚未成熟或已被完全摧毁，从而“显然”无法执行合作请求。在不能对缔约国是否显然缺乏合作能力做出明确判断时，视为该缔约国有合作的能力。在缔约国有合作能力而不予合作的情况下，预审分庭不可授权检察官进行直接侦查。

（二）具体的措施

预审分庭授权检察官的直接侦查行为，只能是特定的侦查步骤、极其例外的辅助手段，根据第九编规定主要为以下几项：

1. 逮捕

（1）逮捕申请书。检察官在开始侦查后的任何时候都可以向预审分庭提出申请，要求签发对有关犯罪嫌疑人的逮捕证。检察官需向预审分庭提交申请书和证据或其他资料。其中，检察官提交的申请书应包括以下内容：有关犯罪嫌疑人的姓名及其他任何可以证明其身份的材料；被指控构成这些犯罪的事实摘要；该人实施了被指控的国际刑事法院管辖权范围内的罪行的具体说明；其他证据和资料或情报，而这些证据、资料或情报足以构成合理理由使人相信该被申请人实施了被指控的罪行；此外，还要附上检察官申请该逮捕证的必要理由。[①]

（2）逮捕证发出的条件。检察官在将申请书连同证据或其他资料提交预审分庭后，预审分庭经审查，如果存在以下两种情况，需对被申请人发出逮捕证：[②] 其一，有合理理由相信被申请人实施了国际刑事法

① 参见《国际刑事法院罗马规约》第 58 条第 2 款。
② 参见《国际刑事法院罗马规约》第 58 条第 1 款。

院管辖权内的犯罪。合理理由与合理根据一样，为法律体系中常常采用的一般性概念，其含义是从任何正常、有理智的人的角度出发，根据已有的证据或任何其他资料相信某犯罪嫌疑人实施了某项罪行。这种合理的相信建立在足够的证据或资料上，而非凭空想象。这说明检察官并不能随意申请逮捕证，而需要提供充分翔实的证据，并且检察官提供这些证据或资料应能让预审分庭的法官即使从一般正常人的思维（而非法律人的思维）出发也能得出有合理理由相信被申请人实施了国际刑事法院管辖权范围内的某项罪行的结论。其二，显然有必要将该人逮捕。《国际刑事法院罗马规约》第58条第1款第2项中将何为显然有必要进行逮捕的理由做了具体的罗列：一是确保该人在审判时到庭。为保障被告人的权益，国际刑事法庭不允许缺席审判，在对某人进行审判前需确保此人能出席庭审。如果犯罪嫌疑人没有表示将主动到庭，则预审分庭可采取发出逮捕证的做法，确保其到庭参加审判。二是能够确保该人不做出任何妨害侦查工作或法庭诉讼程序的行为。犯罪嫌疑人在被确定有犯罪嫌疑后，很可能会实施如毁灭证据等妨碍或危害刑事诉讼的行为。为了防止这种情况的出现，就有必要针对犯罪嫌疑人发出逮捕证。三是在必要的时候，为了防止该人继续实施该犯罪或实施本法院管辖范围内产生于同一情况的有关犯罪。此项是为了防止罪行实施者继续实施犯罪，造成更大范围的伤害。由于国际刑事法院所管辖的罪行全部都是严重性犯罪，如果罪行实施者能继续实施犯罪，无疑是对国际刑事法院司法权威的挑战，也不利于实现公义。“在必要的时候”，应理解为该继续行为已经达到一定的严重程度，有必要对犯罪嫌疑人进行预防性羁押。刑事诉讼法学原理上存在的无罪推定原则，致使“国际特赦组织”[①] 认为不能对任何形式下的犯罪嫌疑人都采羁押措施，尤其是审前羁押只应服务于使刑事诉讼程序得以进行的目的。预防性的羁押只应限于犯罪嫌疑人在现场作案时被抓住这一特定的情形下，从而避免权力的滥用。

预审分庭应充分核实检察官在申请逮捕证时递交的证据和其他材料，以确定是否已经满足了发出逮捕证的条件。如果根据检察官的申请

---

① 国际特赦组织，亦称“大赦国际”（Amnesty International，AI），是一个人权监察的国际性非政府组织，于1961年创立，由世界各国民间人士组成，监察国际上违反人权的事件。

材料认定已经满足发出逮捕证的条件，就应及时向犯罪嫌疑人所在的国家发出逮捕证。

（3）逮捕证的内容。预审分庭发出的逮捕证应包含以下内容：第一，被逮捕人的姓名及有关身份的任何其他资料；第二，要求据以逮捕该人的国际刑事法院管辖范围内犯罪的具体说明；第三，被控告构成这些犯罪的事实摘要。这三项内容实质上均为检察官在向预审分庭提出逮捕申请时需要提供材料说明的内容，在逮捕证上列明是为了告知犯罪嫌疑人何以对其实施逮捕，以及其可对逮捕证中的相关内容提出质疑，保障犯罪嫌疑人对刑事诉讼进程的知情权。

（4）逮捕证的有效期间。逮捕证一经发出，在国际刑事法院另有决定以前，应为永久有效。逮捕证的失效，理论上存在的可能为：国际刑事法院作出了其他的决定，在实质上对逮捕证的内容进行了撤销或修改。否则，逮捕证没有时效的限制。由预审分庭发出的逮捕证，可能会因国际刑事法庭的预审分庭或其他分庭的决定而效力终止，这取决于刑事诉讼程序的进程。例如，检察官可以向预审分庭请求修改逮捕证，变更或增加原逮捕证中所列的犯罪。预审分庭经过审核，确信犯罪嫌疑人实施了变更后的犯罪，就应按照检察官的申请修改逮捕证，原逮捕证在修改的逮捕证产生效力之时失效。再者，如果预审分庭未予确认或检察官撤销任何指控，都可导致先前发出的逮捕证失效。一般而言，在确认指控之前，应由预审分庭判断逮捕证的效力；在确认指控之后，案件进入到庭审程序，则由审判分庭判断逮捕证的效力。在实践中，已经出现了因被逮捕人死亡而导致逮捕永远无法实现，从本质上致使逮捕证失去效力的情况。例如，国际刑事法院对利比亚前领导人卡扎菲发出的逮捕证就因其死亡而失去了效力。

2. 传唤

检察官还可以视情况请求预审分庭发出传唤犯罪嫌疑人出庭的传票。检察官需向预审分庭提出申请，申请的材料应与申请逮捕证的材料一致。预审分庭审核检察官的申请材料后，若认为有合理理由相信某人实施了被控告的犯罪，发出传票足以确保该人出庭，则应发出传票。

（1）传票的内容。传票应包含以下内容：犯罪嫌疑人的姓名及其他任何有关其身份的资料；指定其出庭的日期；其被指控犯有国际刑事法院管辖范围内的国际罪行的具体说明，以及被指控构成这些犯罪的事实概要。传票上写明的内容，一为确定被传唤的对象，二为使被传唤的对象清楚其被传唤的原因，并可对传票的发出提出质疑，以充分保障其参与刑事诉讼的权利。预审分庭签发的传票应尽快送达犯罪嫌疑人。此点与逮捕证不同，逮捕证发出后应先送达至有关人员所在的缔约国，而非犯罪嫌疑人本人。

（2）传票的种类。根据《国际刑事法院罗马规约》第 58 条第 7 款的规定，传票可分为不附带限制自由条件的传票和附带限制自由条件的传票。不附带限制自由条件的传票主要依靠被传唤人的自觉性来实现传票的功能，即对相关人发出传票后，被传唤人在传票中指定的出庭日期按时到庭。附带限制自由条件的传票则需依靠羁押此被传唤人员国的国内法来实现。预审分庭在发出出庭传票，并打算附带限制自由的条件时，应查明传票接受国国内法的有关接受传票的规定，以符合接受国国内法的方式。对有关人员发出附带限制自由条件的传票是通过对有关的人提出各种限制的条件来达到使其能按时出庭的目的。

国际刑事法院的《程序和证据规则》规则 119 规定，预审分庭可以规定以下一项或多项限制自由的条件：有关的人不得违反预审分庭规定，前往某些地方或与某些人来往；有关的人未经预审分庭明示同意，不得离开预审分庭所规定的地域；有关的人必须接受预审分庭指定的当局或适任人员的传唤；有关的人不得直接或间接接触被害人或证人；有关的人必须提交保证金，或提供不动产或动产作为担保，缴付金额及时间和方式由预审分庭决定；有关的人不得从事某些专业活动；有关的人必须依照预审分庭规定居住在某一地址；有关的人必须把所有身份证件，特别是其护照交书记官长。在预审分庭针对上述可采取的限制条件作出规定或修改以前，应征求检察官、有关的人、任何有关国家预审分庭认为会因规定的条件而面临危险的被害人的意见，以及已就有关案件与国际刑事法院联系。

当对相关的人发出附带限制自由条件的传票后，相关的人未能遵行规定的一项或多项限制的条件时，预审分庭可以应检察官的请求或自行决定是否对该人发出逮捕证。

3. 移交有关人员

此处的移交，不同于传统国家间司法合作中的“引渡”（意在两个平等的独立国家间关于逮捕和移交犯罪嫌疑人方面的合作），是预审分庭在决定对相关的人发出逮捕证后，向该人可能出现在其境内的任何国家，包括《国际刑事法院罗马规约》的缔约国或非缔约国发出逮捕并移交的请求。具体的移交措施参见根据《国际刑事法院罗马规约》第九编合作采取的调查行为的移交措施。

三、独特侦查行为（机会）

在国际刑事法院检察官的侦查程序中，对独特侦查机会没有作出明确规定，而只是规定如果遇到独特的侦查机会，即某项证据的收集对审判而言可能是日后无法再获得的独特机会，预审分庭可以通过授权采取一定的侦查措施，确保程序的效率及完整性，特别是保障辩护方的权利。独特侦查机会程序是为庭审保存证据的目的而设置的，在此过程中保全或收集的证据，可以在之后的程序中使用，但仍应与其他方式获得的证据一样，需要判断其可采性，并由审判分庭确定其证明力。独特侦查机会的规定，带有明显的大陆法系色彩，即审判方对整个刑事侦查程序进行司法监督，明显不符合英美法系法官只在审判阶段才会介入侦查的控辩双方对抗式的体系。对于《国际刑事法院罗马规约》中规定的独特侦查机会的解释越宽泛，预审分庭法官的自由裁量权就越大，检察官在侦查阶段的地位就越容易受到限制而变弱。

（一）独特侦查行为的启动

1. 检察官请求

检察官认为，为审判而进行某项侦查，以录取证人证言或陈述，审查、收集或检验证据，出现可能是日后无法获得的独特机会的情形时，应及时通知预审分庭，预审分庭可以应检察官的请求采取必要的措施来发现和保存证据。在预审分庭采取的措施包含逮捕与传唤时，检察官应向因被逮捕或被传唤而到庭的人提供相关的资料，使该人可以对此提出意见。预审分庭在接到检察官发出的通知后，应从速与检察官以及被逮捕或被传唤到庭的人及其律师磋商，以确定采取的措施和执行的方式，其中可以包括为确定保障被告人有充分时间和便利准备答辩，并在保密情况下自由地同被告人所选择的律师联系得到保护的措施。在磋商的过程中，检察官可以告知预审分庭，其打算采取的措施可能妨害侦查的适当进行，以供预审分庭斟酌。

检察官判断的独特侦查机会不仅会出现在侦查程序展开之后，还可能存在于侦查程序启动初期。在预审分庭对案件的可受理性作出初步裁定，或检察官在根据初步裁定阶段作出等候决定的任何时间内，如果出现证据日后可能无法获得的情况以及独特侦查机会时，检察官可以申请预审分庭为保全这种证据而授权其必要的侦查步骤。

虽然由检察官对独特侦查机会的存在与否进行判断，但遇到这种独特侦查机会是否最终能采取措施的决定权则由预审分庭掌握。预审分庭根据检察官的请求，可以决定对检察官判断的独特侦查机会采取或者不采取侦查措施。当预审分庭不同意检察官认定的独特侦查机会而不予授权任何侦查措施时，《国际刑事法院罗马规约》并未赋予检察官可以进一步申诉的机会，也并未规定预审分庭可以要求检察官提供进一步的资料以证明确实存在独特侦查机会。2005 年 4 月 26 日，国际刑事法院预审分庭依检察官的请求，作出关于授权检察官请求荷兰法医鉴定所提供服务的决定，这是国际刑事法院作出的第一份关于独特侦查机会的决定。

2. 预审分庭依职权

当出现独特侦查机会时，预审分庭也可以在得到分庭法官过半数的同意时依职权自行采取一些证据保全措施，但仅限于检察官对于出现的独特侦查机会没有依照预审分庭的要求采取必要措施的情况。此时，预审分庭应首先向检察官了解其未采取必要措施的理由，并加以判断是否其不采取措施的行为适当。如果检察官所持理由并不充分，则预审分庭可以依职权采取必要的措施用以保全其认为审判中对辩护方具有重大意义的证据。[①]

为保证国际刑事法院的公正性得到国际社会的认可，侦查程序按照英美法系的对抗模式进行，由检察官代表控方推动侦查程序。预审分庭在侦查程序中发挥着司法监督作用，其一般享有消极性的权力，基本上是依一方的申请而介入刑事诉讼，诸如是否同意检察官提起侦查，是否同意检察官采取强制调查措施以及是否根据检察官或辩护方的要求发出令状或命令等。只有在出现独特侦查机会时，预审分庭才享有积极性权力，即在没有外力的推动下，由于证据的独特性质，考虑到某一特殊证据的采集在审判阶段已无可能而检察官又没有主动申请对该证据采取措

---

① 参见《国际刑事法院罗马规约》第 56 条第 3 款。

施时，预审分庭为了保证此证据能在审判时使用，可主动对该证据采取必要措施。但这种预审分庭主动采取的积极性权力并不利于国际刑事诉讼公义的实现。同时，为了防止预审分庭对检察官行使权力的过度干涉，对预审分庭依职权采取措施的行为进行了严格的限制：其一，预审分庭认为采取必要措施保全的是在审判中对辩护方具有重大意义的证据。其二，预审分庭在依职权采取措施前，仍需同检察官进行磋商，了解是否存在检察官不采取措施的理由。只有在与检察官沟通后，预审分庭认为不存在不采取措施的理由的情况下，才能自行决定采取措施。其三，预审分庭只有得到分庭法官过半数的同意才可自行采取措施。除了对预审分庭依职权采取措施的行为进行严格限制之外，也赋予了检察官对其监督的权利：首先，检察官在与预审分庭进行磋商的过程中，可以告知预审分庭其打算采取的措施可能妨害侦查的适当进行；其次，在预审分庭自行决定采取行动后，检察官可以在接到有关决定的通知之日起两日以内提出上诉。

（二）独特侦查行为中可采取的措施

在构成独特侦查机会的情况下，预审分庭可以决定采取的措施范围相当广泛，具体包括以下但并不限于此处罗列的措施：第一，作出关于应遵循程序的建议或命令。预审分庭既可以直接对侦查人员作出命令，又可以建议形式提出意见。在侦查人员不予配合预审分庭的建议时，预审分庭就可以命令的方式，要求侦查人员按照其命令内容行事。第二，指示为该程序制作记录。记录是固定证据的一种基本方式，独特侦查程序的出现就是为了保全证据，而对程序的记录可以起到保全证据的作用。第三，指派鉴定人协助。可能需要有专业知识的人员对在侦查过程中收集的一些证据做出鉴定结论以帮助侦查人员获取更为完整、全面的证据信息。第四，授权被逮捕人或被传唤到庭人的律师参与，或在尚未逮捕、到庭、指定律师时，指派另一名律师到场代表辩护方的利益。这项措施提升了辩护方收集可能适用于庭审证据的可能性，因为只有辩方律师在场收集的证据才具有合法性。[①] 但对尚未逮捕、传唤到庭的人而言，律师到场并不是其绝对的权利，而是需要由预审法庭来决定的。并

① 李世光，刘大群，凌岩. 国际刑事法院罗马规约评释（下册）［M］. 北京大学出版社，2006：478.

且由于律师的当事人尚未被逮捕、到庭，对于律师来说，也无法对当事人进行询问、提供意见或接受当事人的指令。对辩方权利的保障措施，在实践中可能会因为各种原因而无法得到落实。第五，指派一名预审分庭法官，或必要时指派另一名可予调遣的预审分庭或审判分庭法官，监督证据的收集和保全及对人员的讯问，并就此作出建议或命令。这一项措施，再一次强调了预审分庭在刑事诉讼中的权威和对证据收集过程的监督作用。第六，采取其他可能必要的行动，以收集或保全证据。最后一项措施为兜底条款，没有明确规定具体的措施，而是强调预审分庭可采取的措施是非详尽的，根据具体的情况有权实施相适宜的措施。

决定采取具体措施的步骤，可以是由检察官在申请中提出建议，再由预审分庭按照检察官的建议来决定是否采取某项措施，也可以是由预审分庭直接根据情况需要，在与检察官及与被逮捕或被传唤到庭的人及其律师进行磋商的前提下采取必要的措施。因此，无论是哪一种方式，预审分庭都不能独立地、单方面地直接决定可采取的措施。最终决定的措施和执行方式，是预审分庭、检察官、被逮捕或被传唤到庭的人及其律师三方磋商得到的结果。

考虑到辩方在收集证据上面临的困难，在独特侦查机会中可能采取的措施也可能会因为被逮捕或被传唤到庭的人提出请求而由预审分庭做出。这里预审分庭所决定的措施只限于应被逮捕或被传唤到庭的人的请求而做出，目的在于保障辩方收集证据的权利。应辩护方的请求而做出的收集证据的措施，带有明显“偏袒”一方的倾向，不利于控辩双方的形式平等，所以国际刑事法院的《程序和证据规则》规则 116 对这种应辩护方请求收集证据的行为进行了严苛的限制：其一，预审分庭发出的命令有助于收集可能对适当裁断待决问题，或对适当为有关的人准备辩护具有重要意义的证据。其二，如果采取的措施需要寻求国际合作，辩方已经提供了足够的请求协助的文件资料。这两方面的条件必须同时具备，预审分庭才能应辩方的请求作出采取相关措施的决定。预审分庭在决定是否应辩方请求“发出必要的命令”或“寻求国际合作”采取相关措施收集证据之前，“可以征求检察官的意见”，但这不是强制性的要求。①

---

① 肖玲. 国际刑事诉讼证据规则研究［M］. 北京：人民出版社，2010：185-188.

四、合作侦查行为

国际刑事法院管辖的国际犯罪基本上都发生在某一具体国家的领土上，由于国际刑事法院自身并不拥有独立的警察力量，无论是检察官自行采取的侦查措施，还是预审分庭授权的侦查行为，甚至是送达司法文书等都必须依靠主权国的合作来执行。但这种合作调查的行为与主权国家之间的司法协助又有明显的区别：各主权国家之间的合作和司法协助，权利和义务是对等的，双方是平等的国际法主体。各主权国家可以通过缔结双边的合作或司法协助协定来确定双方的权利和义务，合作与司法协助的范围完全取决于双方的国家关系和双方的协议。而国际刑事法院与国家的合作和司法协助，则是在双方权利和义务并不对等的条件下进行的，基本上是国际刑事法院单方面需要寻求国家的合作或请求国家提供司法协助。

（一）合作主体

国际刑事法院对缔约国规定了强制性的合作义务：缔约国应依照《国际刑事法院罗马规约》的规定，同国际刑事法院在侦查和起诉法院管辖范围内的犯罪方面充分合作。但在规定具体的国家义务时，基本上还是借鉴了传统的司法协助方式。当缔约国不按照规约规定予以合作时，如果案件的侦查是由联合国安理会提交情势启动的，则国际刑事法院有权作出司法建议，并将此案件提交安理会决议。但如果案件的侦查并非由联合国安理会提交情势启动，则国际刑事法院可将此情况提交缔约国大会审议。缔约国应确保其国内法中有可供执行合作所需的程序。但对于其他情况下如果缔约国不予合作或者不善意履约，《国际刑事法院罗马规约》未给予明确规定，这种不足与“放纵”将会使法院的执行力大打折扣。[①]

国际刑事法院也可以向非缔约国发出合作请求，但非缔约国无必然的合作义务。非缔约国与国际刑事法院有限的合作义务来源于：其一，联合国安理会移交情势启动的案件，如果涉及的国家是联合国的成员国，那么该国应按照《联合国宪章》规定的义务来完成与国际刑事法

① 赵秉志，周露露. 国际刑事法院的公正性与有效性研析［A］. 高铭暄，赵秉志主编. 国际刑事法院：中国面临的抉择［C］. 北京：中国人民公安大学出版社，2005：31-49.

院的合作；[①] 其二，如果不是联合国安理会移交情势启动的案件，则可以根据特别安排，与该国达成协议或任何其他适当的基础，请求其按《国际刑事法院罗马规约》第九编规定提供协助。如果非缔约国不予合作，在第一种合作义务的情况下，国际刑事法院将不合作事项通知安理会，安理会可以根据此非缔约国是否为联合国的成员国来裁定其是否应负有强制性的合作义务；在第二种合作义务的情况下，虽然国际刑事法院只能将其不合作事项通知缔约国大会，但此非缔约国不按照达成的特别安排合作，应认为该国需要承担国际法上的国家责任。

此外，国际刑事法院可以请求政府间组织以及有关组织提供相关的资料或文件。有关组织向国际刑事法院提供资料、文件时，依照其与国际刑事法院达成的协议，按照其主管或职权范围内可执行的形式进行合作和协助。[②] 政府间组织与国际刑事法院的合作同非缔约国与国际刑事法院的合作一样，以自愿为基础、以协商为原则，并以政府间组织主管或职权范围为限。

（二）合作请求的一般规定

国际刑事法院提出合作请求的一般途径、文字、格式、基本内容，原则上参照传统国家间的司法合作机制。国际刑事法院根据侦查需要，应以书面形式向缔约国提出合作和司法协助的请求，请求书应通过外交途径或各缔约国在批准、接受、核准或加入《国际刑事法院罗马规约》时可能指定的任何其他适当途径转递给缔约国。在不妨碍上述转递途径的情况下，在适当时还可以通过国际刑事警察组织或任何适当的区域组织转递请求书。[③] 在请求政府间组织协助国际刑事法院时，书记官长在必要时应查明其指定联系途径，并取得这方面的一切资料。通过联合国途径转递的任何关于合作请求的通信，由国际刑事法院书记官长从联合国秘书长处取得。请求书应载明要求国家或国际组织提供合作和司法协助的法律依据、合作和司法协助的具体事项，并附有与合作和司法协助

---

① 例如，由安理会提起的苏丹情势，安理会作出第 1593（2005）号决议：根据《联合国宪章》第七章的规定，要求苏丹政府及达尔富尔的所有派别政党，向国际刑事法院提供全力配合。

② 参见《国际刑事法院罗马规约》第 87 条第 6 款。

③ 参见《国际刑事法院罗马规约》第 87 条第 1 款。

事项有直接关系的、简要的案件背景材料。[①] 如果是检察官发出的合作请求书，由检察官办公室接受被请求国的答复、资料和文件；如果是预审分庭或其他法院分庭发出的合作请求书，则由书记官长接受被请求国的答复、资料和文件。书记官长应将其取得的有关请求的任何通信酌情转递院长会议或检察官办公室，或同时转递双方。在批准、接受、核准或加入《国际刑事法院罗马规约》时，就指定接受合作请求书的国家当局所发出的通信，应提供一切有关该当局的资料。

被请求缔约国应根据其在批准、接受、核准或加入《国际刑事法院罗马规约》时所做出的选择，以其国内一种官方文字制作合作请求和任何辅助文件。被请求缔约国如果当时没有选定与国际刑事法院联系的文字，或被请求国为非缔约国的，合作请求书应以国际刑事法院的工作文字之一，即英文或法文制作，或附上以被请求缔约国官方文字制作的合作请求书的英文或法文的译本。

若被请求国其后更改负责接受合作请求的联系途径或更改合作请求书应采用的文字，应尽早以书记官长为收件人发出信函予以告知，书记官长也应按请求酌情向各缔约国提供这些资料。如果是国际刑事法院提出的合作请求，联系途径或合作请求书文字的更改应在国际刑事法院和有关国家议定的时间开始生效；在没有协议的情况下，在国际刑事法院收到通知45日后生效。但在任何情况下，更改都不应妨碍已发出请求书或制作中的请求书。[②]

被请求国应对请求书及其辅助文件保密，除非是为了执行请求书的需要才可以披露其内容。为加强对受害人和证人的保护，国际刑事法院可以采取必要措施，包括对有关资料的保密措施，以保证任何被害人、可能证人及其家庭成员的安全和身心健康。甚至对于合作中涉及的任何资料，国际刑事法院都可以要求依照保护被害人、可能证人及其家庭成员的安全和身心健康的方式提供相关措施。

（三）具体措施

国际刑事法院不仅可向其缔约国、非缔约国，还可向国际组织、团体发出合作请求以逮捕并移交相关人员。逮捕与移交是国际刑事法院请

---

① 高燕平. 国际刑事法院［M］. 北京：世界知识出版社，1999：250-251.

② 参见国际刑事法院《程序和证据规则》规则180。

求合作侦查最重要的措施。[①]

1. 逮捕与移交

（1）逮捕与移交请求书。国际刑事法院提出的逮捕及移交请求类似于传统国家间的引渡合作，但其合作主体并非平等主权国家间的合作，并且《国际刑事法院罗马规约》第 102 条没有选用意指一国根据条约、公约或国内立法向另一国递解人员的“extradition”，而是特别选用了“surrender”一词，意指一国依照《国际刑事法院罗马规约》向国际刑事法院递解人员的程序。故此采“移交”一词，更为适合。[②]

国际刑事法院发出的逮捕令，通常是需要某一具体国家（一般为被逮捕人可能在其境内的国家）的协助才能完成。国际刑事法院逮捕和移交某人的请求应以书面形式向该国提出，在紧急情况下可以通过任何能够发送的书面记录的形式提出，但其后应通过适当的途径予以确认。在预审分庭已经发出逮捕证的情形下，请求书应载有或附有下列资料：一是足以确定被逮捕或移交人身份的资料和关于该人可能下落的资料；二是合法的逮捕授权文件——逮捕证的副本；三是被请求国在移交程序上所要求的一切必要的声明、资料或文件。但是，所提要求不得比被请求国根据其与其他国家签订的条约或安排适用的引渡条件更为苛刻，而且考虑到国际刑事法院的特殊性质，被请求国应尽可能减少这些要求。[③] 在提出需适用其国内法的要求时，应及时进行一般性协商，或就具体问题进行协商。缔约国还应将其国内法的具体要求告知国际刑事法院，通过增加国家与国际刑事法院间的沟通，使国际刑事法院的侦查行为得到更好的实施。

（2）质疑。在提出逮捕并移交请求书后，被要求移交的人可以根据一罪不二审原则向其国内法院提出其对案件可受理性的质疑。当被要求移交的人提出质疑后，被请求国应通过与国际刑事法院协商的方式，

① 由于以下提及的措施都是在《国际刑事法院罗马规约》中明文规定的，属于强制性的义务规定，因此针对的请求国只包含国际刑事法院的缔约国，不包括非缔约国、政府间组织。非缔约国、政府间组织与国际刑事法院间的合作仍应按照传统国际上关于具体案件的情况来区分具体合作措施。

② 黄风，黄伯青. 向国际刑事法院移交人犯问题研究［J］. 吉林大学社会科学学报，2007，(6)：60-66.

③ 参见《国际刑事法院罗马规约》第 91 条第 2 款。

尽快核实国际刑事法院是否已就可受理性问题作出相关裁定。[①] 在国际刑事法院尚未对可受理性问题作出裁定前，被请求国可以暂时不执行向其提出的移交请求。案件裁定可予受理的，被请求国应着手执行请求。案件裁定不予受理的，视为提出合作请求的依据不存在，国际刑事法院应撤回合作请求。如果被要求移交人在被请求国内因国际刑事法院要求逮捕和移交所依据的某项犯罪以外的另一项犯罪被起诉或服过刑，被请求国在决定同意向国际刑事法院移交该人后，应根据具体的案件情况进行协商。需要注意的是，对案件可受理性的质疑并不影响预审分庭在提出异议前所发出的逮捕证的效力。[②]

（3）移交过境第三国。被请求国应按照其国内程序法将被逮捕的人迅速送交本国的主管司法当局，再由其主管司法当局将其移交至国际刑事法院。在移交被逮捕人员需要经过另一国国境时，根据第三国是否为《国际刑事法院罗马规约》的缔约国而有所不同：第三国为缔约国时，其没有拒绝移交人员过境的权利，而是应根据其国内程序法，批准另一国通过其国境递解被移交人员，除非从该国国境将妨碍或延缓移交；第三国为非缔约国时，按照传统国家间引渡时涉及过境国的做法，其有权根据其主管司法机关的决定而予以拒绝。

不论过境国是缔约国还是非缔约国，国际刑事法院均应向过境国提交包含被移交人的身份说明、简要的案件事实和这些事实的法律性质并附上逮捕并移交的授权令的过境请求书。被移交人在第三国过境期间应一直处于羁押状态。如果使用空中交通工具移交时，且未计划在过境国境内降落，则无须向过境国提出过境申请。发生计划外降落时，过境国可要求国际刑事法院提交过境请求书。在未收到过境请求书及完成过境之前，过境国应对被移交的人员进行羁押。除非在这一时限内收到国际刑事法院的过境请求书，这种羁押从计划外降落时起不得超过 96 个小

① 一罪不二审虽是传统国家间引渡合作制度中一项重要的拒绝理由，但在移交程序中包含两项例外：一是为了包庇有关的人，使其免负国际刑事法院管辖权内的犯罪的刑事责任。二是没有依照国际法承认的正当程序原则，以独立或公正的方式进行，而且根据实际情况，采用的方式不符合将有关的人绳之以法的目的。

② 李世光，刘大群，凌岩. 国际刑事法院罗马规约评释（下册）［M］. 北京大学出版社，2006：494.

时。[1] 这些规定的大部分内容都是参照了传统引渡合作的做法。

（4）竞合请求。竞合请求，是指某一被请求国同时收到国际刑事法院和第三国对同一人提出的移交或引渡请求。国际刑事法院提出的移交请求并不必然优先于第三国的请求。根据请求的具体内容不同，分为针对同一人同一行为的竞合请求和针对同一人不同行为的竞合请求。

①针对同一人同一行为的竞合请求。如果请求国为缔约国，而请求涉及的案件在国际刑事法院充分考虑到请求国已就其引渡请求进行的调查或起诉的情况后，仍作出可予受理的裁定，此时应优先考虑国际刑事法院的移交请求。在国际刑事法院未作出案件可以受理的裁定前，被请求国可以自行决定着手处理请求国提出的引渡请求，在此期间不得引渡该人，但国际刑事法院也应从速作出裁定。如果请求国为非缔约国，则可再分为两种情形：一是被请求国没有向此非缔约国引渡该人的国际义务。在国际刑事法院作出案件可予受理的情况下，被请求国应优先考虑国际刑事法院的移交请求；在国际刑事法院裁定案件为不可受理的情况下，被请求国可以酌情着手处理请求国提出的引渡请求。二是被请求国有向此非缔约国引渡该人的国际义务。这时，被请求国应考虑所有相关因素：请求国的利益，包括犯罪是否在其境内实施，被害人的国籍和被要求引渡的人的国籍，国际刑事法院和请求引渡国各自提出请求的日期，国际刑事法院与请求国今后互相移交该人的可能性等，从而作出决定。[2]

②针对同一人不同行为的竞合请求。不论请求国是缔约国还是非缔约国，只要被请求国没有向请求国引渡该人的国际义务，被请求国就应先考虑国际刑事法院的请求。在被请求国有向请求国引渡该人的国际义务时，被请求国应考虑所有相关因素，[3] 尤其应特别考虑所涉行为的性质和严重程度，随后自行作出决定是向国际刑事法院移交该人还是向请求国引渡该人。

如果国际刑事法院决定该案件不可受理，而被请求国随后也决定拒

---

① 参见《国际刑事法院罗马规约》第 89 条。

② 参见《国际刑事法院罗马规约》第 90 条第 6 款。

③ 与被请求国在对具有引渡义务的非缔约国针对同一人的同一行为向其提出竞合请求时考虑的因素相同。

绝请求引渡国家的请求，意味着案件涉及的行为人可能不会受到任何形式的追究，因此在被请求国将其决定通知国际刑事法院的检察官时，检察官可以视情况对认定案件不可受理的决定请求复议。①

（5）移交安排。在确定可以移交国际刑事法院要求移交的人员时，被请求国应立即通知书记官长。书记官长与被请求国协商确定移交的日期与方式，然后按照确定的日期、方式移交。在情况发生变化，不能按照商定的日期移交时，应由书记官长与被请求国当局重新协商确定移交日期与方式。书记官长在移交的过程中应就移交人员的安排与被请求国之间保持紧密的联系。

2. 临时逮捕

在紧急情况下，国际刑事法院可以在提出移交请求书及其辅助文件以前，请求临时逮捕被要求的人。临时逮捕属传统国家间引渡合作机制的通常做法，在国际刑事法院请求临时逮捕时发出的资料、被请求国临时释放被逮捕人员名单、移交请求书在临时释放后到达不影响其后逮捕并移交该人等方面都参照了传统引渡机制的做法。例如，被请求国在临时逮捕之日起 60 日内未收到移交请求书及其辅助文件，在其法律允许及被临时逮捕人同意被移交的情况下，应尽快着手将此人移交给国际刑事法院。在临时释放被逮捕人前，要综合考虑此人的犯罪性质、是否存在特殊情况、是否已采取必要的防范措施等，保证能向国际刑事法院移交此人。在国际刑事法院获知被逮捕人被临时释放后，预审分庭有权要求逮捕国定期报告该人的情况。②

3. 其他形式的合作

与国际刑事法院进行刑事侦查合作并不局限于以上两种措施，还可包括以下其他合作协助：查明某人的身份和下落或物品的所在地；取证；讯问被调查或被起诉的人；送达文书；临时移送在被请求国关押的人员到法院作证；勘验有关地点或场所；执行搜查和扣押；提供记录和文件；保护被害人和证人及保全证据；查明、追寻和冻结或扣押犯罪收益、财产和资产及犯罪工具等；以及一切被请求国法律不禁止的其他形

① 参见国际刑事法院的《程序和证据规则》规则 186。

② 高燕平. 国际刑事法院［M］. 北京：世界知识出版社，1999：258-259.

式的协助。[1] 此类合作协助，即传统机制所指的刑事司法协助，不仅限于列举的协助形式，并在传统机制的结构框架内，尽可能地强化国际刑事法院的职能与权威。对于国际刑事法院的协助请求，只有在请求的协助方式与被请求国基本法律原则相冲突，请求涉及披露被请求国国家安全资料，以及请求协助与被请求国对第三国的国际义务相冲突时才可以拒绝。除非是在涉及被请求国国家安全的情形下（不具备磋商的条件），否则被请求国不应立即拒绝国际刑事法院的合作请求，可通过与国际刑事法院进行磋商来寻求解决问题的实际方法。

总体上来看，各类合作形式是在关注被请求国利益的同时，鼓励其与国际刑事法院进行协商，寻求对双方都有利的解决方式，将磋商机制贯穿于整个合作程序中，尽量实现国际刑事法院提出的合作请求。

第五节　国际刑事法院检察官侦查后程序

在检察官采取了一系列侦查措施后，进入侦查后程序，而这个程序通常被称为正式指控程序。所谓正式指控程序，是指检察官对犯罪嫌疑人所实施的犯罪行为侦查结束后，预审分庭对侦查中所收集的证据进行评判，以确定具体的指控是否具备了充足的证据，证明是否有实质理由相信该人实施了各项被指控的犯罪，从而决定需不需要启动审判程序。这体现了对侦查权力的司法审查和控制，也是普通法系和大陆法系的通行做法。一般而言，指控程序分为确认指控或不进行指控——预审分庭审查的结果，经历证据开示和听讯两个阶段。特殊情况下，检察官可以修改或撤销指控。

一、证据开示

在听讯前的一段合理期间内，预审分庭应就检察官和已对其发出逮捕证或出庭传票的人之间的证据开示问题作出必要决定。在此证据开示期间，有关的人可以通过其选择的律师或为其指派的律师协助或代理其在此阶段的诉讼权利。预审分庭应为每一起案件指定一名预审分庭法官，然后根据法官本人的决定，或根据检察官或该人的请求组织情况会

---

① 参见《国际刑事法院罗马规约》第 93 条第 1 款。

商，确保在双方同意的条件下进行证据开示。检察官与该人之间就确认指控听讯目的相互开示所有证据，应通知预审分庭。时限届满或任何经延展的时限届满后提出的指控和证据都不在预审分庭的考虑之列。

（一）控方开示

在证据开示程序中，控方即检察官应当承担的主动证据开示义务为：首先，在检察官获取到无罪证据或是趋于表明无罪的证据时，应及时向辩护方披露这些证据，让辩护方及时了解案件的调查情况。检察官不能确定某一证据是否为无罪证据时，可以向预审分庭申请裁定。其次，在确认指控听讯前，检察官可以自行决定是否传唤证人作证，如果传唤证人作证，应提供将要在听讯时传唤作证的证人的姓名和陈述副本，留给辩方充足的时间准备辩护；如果不传唤，则只需提供证据目录。最后，检察官经调查后取得的为准备辩护所必需的，或为检察官打算在确认指控听讯时使用的，或为得自该人或属于该人的任何册籍、文件、照片和其他实物，都应允许辩方查阅。其中，对准备辩护所必需的证据之理解最为宽泛，如南斯拉夫问题国际刑事法庭解释为“对理解重要的有罪或无罪证据非常有帮助；如果有明显征兆它将在发现具有可采性的证据、支持证人的准备、补强证言、支持质疑、反驳上扮演重要角色”。①

检察官至迟应在开庭确认指控前 30 日之内，向预审分庭和辩方提供其拟在听讯时提出的证据目录。如果打算在听讯时提出新证据，至迟应在听讯前 15 日提供新证据的目录。检察官并无义务将其所占有的所有证据资料开示，只需开示其在听讯中将采用的证据即可。

（二）辩方开示

辩方没有必须开示有罪证据的义务，辩方如果计划在确认指控听讯程序中使用任何册籍、文件、照片和其他实物等证据资料，应当提前向控方开示，允许检察官查阅。即使辩方没有履行开示义务，也不影响在其后听讯程序中对这些事项作证或提出证据证明这些辩护。但是对于无罪证据，如不在犯罪现场的辩护及存在《国际刑事法院罗马规约》第

① The International Criminal Tribunal for the former Yugoslavia(ICTY).Celebici case/Update 7:Trial Chamber II denies Delalic's motion on the form of the indictment[EB/OL].http://www.icty.org/sid/7305,2015-08-01.

31 条规定的排除刑事责任的理由，[①] 则应尽早通知检察官，以便其有充足的时间准备回应。与南斯拉夫问题国际刑事法庭和卢旺达问题国际刑事法庭相比，国际刑事法院所说的辩方证据开示内容不包括证人陈述。

（三）限制开示

有四类证据在开示中应进行一定程度的限制：一是内部文件。与特设国际刑事法庭一样，内部文件主要是涉及当事一方、其助理或代理人为调查或准备案件而编写的报告、备忘录或其他内部文件。二是可能会影响进一步的调查或正在进行的调查的证据资料。检察官可以向处理该事项的预审分庭提出申请，分庭就此事举行诉讼单一方参与的诉讼，并就是否必须向辩护方开示有关材料或资料作出裁定。在事先未向被告人做出充分开示的情况下，检察官不得在确认指控的听讯中提出将这些材料或资料作为证据。三是可能危害被害人及证人安全的证据资料。对此类文件，预审法庭可以主动，也可以应检察官、被告人或任何国家的请求而采取必要的措施，以保护被害人、证人及其家属的安全。四是检察官在保密情况下取得的专用来产生新证据的文件或资料。[②] 这是因为在检察官实际侦查中，有些实体可能拥有可以帮助检察官确定值得进一步侦查的案件信息，但是该信息是通过秘密渠道获得的，他们可能因不愿意暴露获取信息的渠道而不向检察官提供信息。为了保证检察官可以获得此种信息，并同时保障获取信息的秘密渠道不被公开，才对此种信息的开示进行了限制，保护这些秘密信息的来源。[③]

无论是控方还是辩方掌握或控制的证据，一般而言未经充分开示，其后不得在确认指控的听讯中作为证据提出。对于有罪证据，控方是需要提前开示的，否则在其后程序中有可能不被承认，进而导致犯罪嫌疑人无罪或罪轻之后果；而此类证据辩方可以不开示，在后续程序中不使用此类证据对其毫无影响，甚至是辩方所期待的。对于无罪证据，控方如果收集到是需要开示的，因为控方始终有收集有罪与无罪证据的义务，但如果其不开示，会影响案件的结果，辩方对此可能采取进一步措

① 例如，该人患有精神病或精神不健全；该人处于醉态，因而丧失判断其行为的不法性或性质的能力等。

② 参见国际刑事法院的《程序和证据规则》规则 81。

③ 肖玲．国际刑事诉讼证据规则研究［M］．北京：人民出版社，2010：252.

施；而此类证据辩方肯定是要开示的，这与其立场相符。但对于第三类限制开示的证据，如果是检察官掌握或控制的控方证据，则未经充分开示一律不得使用；如果是辩方所掌握或控制的证据，可以不予公开，而以摘要代之，并视为充分开示。

二、听讯

（一）被指控人在场的听讯

一般而言，听讯应由预审分庭的庭长主导，在某人被移交或自动到国际刑事法院出庭后的一段合理时间内，在检察官和被指控人及其律师在场的情况下举行。预审分庭应采取措施确保有关的人出席确认指控听讯：应对有关的人发出逮捕证；在逮捕证未能得到执行的情况下，应采取一切合理措施寻找和逮捕该人。

在被指控的人及其律师到达国际刑事法院后，预审分庭庭长通知检察官进入听讯程序。协助预审分庭的书记官处官员宣读检察官提出的指控，预审分庭庭长断定听讯的方式，特别是可以确定提出诉讼记录所载证据的次序和条件。在听讯中出现关于管辖权或可受理性的问题或质疑时，按照案件管辖权和受理性质疑程序处理。在审理案件实质以前，检察官和被指控人员均享有对一项涉及适当进行诉讼程序的问题提出异议和意见的权利，预审分庭庭长应主动询问以确保此项权利。如果控辩双方没有提出异议和意见，此后不得再次提出异议和意见。如果此时检察官或被指控人提出异议和意见，预审分庭应决定是在审理指控和证据时一并审理还是分开审理。在分开审理的情况下，预审分庭应停止确认指控的听讯，先对所提问题作出裁判。检察官或被指控人可按照预审分庭庭长确定的先后次序就其异议或意见发表各自论点，有关人员有权答辩。在审讯案件的实质时，检察官和被指控人可提出各自的论点，并按照预审分庭确定的先后次序做最后的发言。[①]

听讯时，检察官有义务就每一项指控提出充足的证据，使预审分庭法官认为有实质理由相信被指控人实施了所指控的犯罪。由于听讯只是侦查终结后初步确认指控是否成立的程序而非审判程序，检察官可以采用书面证据或证据摘要，用以保障审判的效率，无须传唤预期在审判时

---

① 参见国际刑事法院的《程序和证据规则》规则 122。

作证的证人。被指控人员的权利在此处得到进一步的扩大，既可以对指控提出异议，质疑检察官提出的证据，又可以提出证据，这是在前述特设国际刑事法庭实践中所没有的。

（二）缺席听讯

只有在两种情况下，才可能出现缺席听讯：一是被指控的人向预审分庭提出书面请求，放弃出庭确认指控听讯的权利。在此之前，预审分庭应保证被指控人了解出席听讯的权利及放弃该权利的后果。预审分庭可以就被指控人的放弃出席听讯请求与检察官和被指控人进行磋商，被指控人可由其律师协助或代理。二是在采取一切合理步骤使被指控人出庭的情况下，被指控人仍旧逃逸或下落不明，并且该人知道对其的指控及即将要举行的听讯确认指控。当然，即使出现上述两种情况，也并不意味着预审分庭就必须举行缺席听讯。根据《国际刑事法院罗马规约》的用语，预审分庭有权决定是否举行缺席听讯，并须将其决定通知检察官，以及在可能的情况下通知有关的人或其律师。预审分庭决定举行缺席听讯，在国际刑事法院可以提讯被指控人时，应命令该人出庭；预审分庭决定不举行缺席听讯，在国际刑事法院无法提讯被指控人期间，预审分庭不应在可以提讯该人以前确认指控。对于预审分庭作出的不举行缺席听讯的决定，预审分庭随时可以应检察官的请求复议或自行决定复议。[①]

缺席听讯程序适用的前提是预审分庭指控的犯罪嫌疑人曾经到庭参与过诉讼程序，即对指控人员的缺席听讯只能是在犯罪嫌疑人已被移交给国际刑事法院，自愿到庭或被传唤到庭后，自愿放弃出席听讯或已逃逸或下落不明。不能在犯罪嫌疑人尚未出现在国际刑事法院就对其进行缺席听讯。这与我们通常理解的缺席宣判等含义有所差异。

三、修改或撤销指控

经过听讯程序之后，如果有充足的证据证明有实质性理由相信被指控人犯有一项或多项被指控的罪行，预审分庭应确认检察官准备交付审判的指控，决定对被指控的人进行起诉，并将被指控的人移送审判分庭；如果有关的指控证据不足，预审分庭应拒绝确认指控，暂停听讯并

① 参见国际刑事法院的《程序与证据规则》规则 125。

要求检察官就某项或某些指控提出进一步的证据或做进一步的侦查，或者在检察官所提出的证据显然构成另一项国际刑事法院管辖范围内的犯罪时，要求检察官修改指控。

检察官可在指控确认听讯前，也可在主审程序开始前修改或撤销任何指控。听讯前指控的修改或撤销，应在听讯前适时地通知被指控的人，撤销指控时还应当将撤销理由通知预审分庭。听讯程序确认指控后主审程序前，修改或撤销指控必须向预审分庭提出书面请求，获得预审分庭的同意，预审分庭应将此事通知被告人。在决定是否准许作出修改以前，预审分庭可以请被告人和检察官就某些事实问题或法律问题提出书面意见。如果检察官追加指控或代之以较为严重的指控，都需要另外进行新的听讯程序以确认这些指控。

检察官修改或撤销指控并无具体的条件限制，但应秉持国际司法整体正义的原则兼顾个案的正义。指控被确认后，预审分庭在审核检察官的修改或撤销指控的请求时，应在具体案件具有法律上可接受的理由时才可同意检察官的请求。根据南斯拉夫问题国际刑事法庭的判例，下列理由可以作为可接受的理由：缺乏充分的证据；错误指控；被告人死亡；公正利益。被告人的健康原因则不能作为撤销指控的适当原因。撤销指控也可能是控、辩双方辩诉交易或控方刑事追诉策略改变的结果。特设国际刑事法庭资源的短缺和案件数量的增加，迫使其重新调整侦查和起诉策略。[①] 在今后国际刑事法院的实际运作中，也很可能会出现类似的情形。

---

① 李世光，刘大群，凌岩. 国际刑事法院罗马规约评释（下册）［M］. 北京大学出版社，2006：518.

第五章　区际检察官的侦查：以欧盟为例

第一节　欧洲检察官侦查的基本原则

一、辅助性原则

欧盟之成立使欧洲统合进一步深化与广化。随着成员国移转更多主权予以欧洲共同体，以及部长理事会议事程序引进更多特定多数表决制，不经全体成员国同意的议案亦能通过，其决议却影响到广大欧洲人民之经济社会生活，成员国及其人民对权力不断扩展的欧盟充满疑虑，对统合速度加快不断侵蚀成员国主权满怀恐惧。欧盟为了维持共同体与会员国间的权力均衡，提出了辅助性原则作为权力分配之准则。①

所谓辅助性原则（subsidiarity），是指只有当成员国打击欧盟财政利益犯罪不力或无效时，欧洲检察官才着手进行侦查。也就是说，欧洲检察官的执法是一个补充性质的（ancillary），这体现了主权至上原则。当成员国能够打击有关犯罪时，欧洲检察官并不插手；当成员国不能打击有关犯罪时，欧洲检察官开展侦查。

当然，如果侵犯欧盟财政利益犯罪与其他犯罪交织，欧洲检察官亦拥有管辖权。存在此种情形时，欧洲检察官办公室与成员国检察机关可以协商确定主管机关，此时欧洲司法组织可以出面协调。如果双方对管辖权有分歧，由成员国司法机关根据辅助性原则裁定管辖权的归属，该裁定是最终决定，不得审查。

而一旦由欧洲检察官开展侦查，当适用法律（欧盟法律与成员国法律）有冲突时，优先适用欧盟法律。

---

① 王玉叶. 欧洲联盟之辅助原则［J］. 欧美研究，2000，(2)：1.

二、比例性原则

比例性原则（proportionality），是刑事诉讼中一个常见的原则，意指检察官在侦查过程中采取的措施不得超过打击犯罪的必要性（necessity），即侦查措施应与犯罪严重性成正比。犯罪越严重，可能采取的侦查措施越严厉，如限制人身自由等措施可能付诸实施；犯罪越轻，则只能采取较轻的侦查措施，如不得采取限制人身自由的措施。

三、忠诚合作原则

在跨国领域，忠诚合作显得尤为重要。忠诚合作原则（loyal cooperation），顾名思义，是指所有的成员国与有关的欧盟实体，包括欧洲警察署、欧洲司法组织、欧洲反欺诈办公室，都有义务对欧洲检察官的侦查与起诉提供积极支持，并尽最大可能进行合作。

成员国主管机关应当积极帮助和支持欧洲检察官的侦查与起诉，并避免阻碍侦查与起诉的任何行为、政策或程序。

四、保障人权原则

保障人权原则亦是刑事诉讼中的一个常见原则。保障与尊重人权（respect rights），是指在侦查过程中，欧洲检察官必须遵守《欧盟基本人权宪章》中规定的条款，对待犯罪嫌疑人必须公平、公正（impartiality and fairness）。同时，这意味着欧洲检察官在侦查过程中，不仅要收集有罪证据，还应当收集无罪证据，即一切与案件有关的证据都不能放过。

五、效率原则

效率原则（efficiency），是指欧洲检察官在判断有案件侦查可能之时，应当毫不犹豫地启动侦查并确保侦查与起诉快速进行。

第二节　欧洲检察官侦查的启动

一、案件的来源

当各成员国国家当局和欧盟所有机构发现欧洲检察官办公室管辖范围内的犯罪行为时，应当立即通知欧洲检察官办公室。委派检察官意识到某一行为可能构成欧洲检察官办公室管辖范围内的犯罪时，亦应当立即通知欧洲检察官办公室。欧洲检察官办公室也可以自行收集或接受任何可能构成其管辖范围内的犯罪行为信息。

二、案件信息的处理

对于上述信息，欧洲检察官或委派检察官必须登记并确认，之后再决定是否进行侦查。

如果确认后认为不需要进行侦查，则应当销案，并将案件信息和销案原因录入案件管理系统（case management system）。与此同时，还需要将上述结果通知提供信息的机构、人员。

如果确认后认为有合理理由（reasonable grounds）相信管辖范围内的犯罪行为正在实施或已经实施，则应当开展侦查，并作出书面决定。欧洲检察官可以自行侦查，也可以将案件交给委派检察官侦查。

三、紧急措施

针对欧洲检察官办公室管辖范围内的案件，如果需要采取紧急行动，则由成员国主管机关采取能确保进行有效侦查和起诉的必要措施。成员国主管机关随后应毫不延迟地将案件递交给欧洲检察官办公室。此时，欧洲检察官办公室需要在 48 小时内决定是否启动侦查，并确认成员国主管机关采取的紧急措施。

在随后的任何阶段，如果对案件管辖权存有疑问，欧洲检察官办公室应当与成员国检察机关商讨，以决定谁拥有管辖权。在决定前，欧洲检察官办公室可以采取紧急措施以确保有效的侦查和起诉。如果确定成员国主管机关有管辖权，成员国主管机关应在 48 小时内决定是否启动国家层面的侦查，并确认欧洲检察官办公室采取的紧急措施。

如果欧洲检察官办公室已经启动侦查，后发现案件不属于其管辖范围，应当毫不延迟地将案件转给成员国执法和司法机关。

如果成员国主管机关已经启动侦查，后发现案件属于欧洲检察官办公室管辖范围，应当毫不延迟地将案件转给欧洲检察官办公室。欧洲检察官办公室应当在 48 小时内决定是否启动侦查，并确认成员国主管机关采取的紧急措施。

第三节　欧洲检察官侦查的进行

一、侦查的实施

被指定的委派检察官在侦查过程中，可以自行采取侦查措施，也可以指示其所在国主管机关实施侦查。所在国主管机关成员（一般为普通职员）应当根据本国有权机关委派的检察官（具有领导职务）的指示实施侦查。

在跨境案件中，如果在启动侦查的另一个成员国实施侦查，委派检察官应当与将要实施侦查的成员国委派检察官协商，待确认后，方可自行侦查或者要求该成员国主管机关执行侦查措施。当然，在跨境案件中，欧洲检察官可以联合多国的委派检察官组成联合侦查小组共同侦查。欧洲检察官可以指示委派检察官收集相关信息或承担具体的侦查措施。同时，欧洲检察官也要监控委派检察官的侦查过程且确保他们之间的协作。

为了确保侦查或起诉效率，并考虑犯罪严重性等因素，欧洲检察官可以重新将案件分配给另一委派检察官。当欧洲检察官亲自实施侦查时，如果需要在成员国采取行动，应当通知该国的委派检察官，同时联系成员国主管机关，由其实施强制措施。

根据成员国法律或欧盟法律，某些被侦查的人可能会拥有特权或豁免权。此时，欧洲检察官办公室应当根据成员国法或欧盟法律提出书面请求，并依照相应程序要求解除相关特权或豁免权。

在侦查实施的过程中，成员国领土将被视为一个单一司法区（a single legal area），便于欧洲检察官办公室履行职权。如果案件牵涉的范围超出了成员国领土，涉及第三国，则应寻求其合作。

二、具体的侦查措施及保障

（一）侦查措施

欧洲检察官办公室在侦查过程中有权实施以下具体措施：

（1）搜查任何住宅、土地、交通工具、私人住宅、衣物和其他任何个人财产或计算机系统。

（2）取得任何相关物品或文件、储存的计算机数据，包括交通数据、银行账户数据（不论是加密的还是未加密的，也不论是原始状态还是其他特殊形式）。

（3）查封不动产和交通工具，冻结数据——保证证据的完整性，避免丢失或受到污染，确保没收的可能性。

（4）冻结犯罪工具或犯罪所得，包括其他财产——便于法庭没收或者有理由相信物主、所有者、实际控制者将来会不执行刑罚（逃避惩罚）。

（5）拦截通信，包括犯罪嫌疑人收发的电子邮件。

（6）实时监控——交通数据的立即传输以便定位犯罪嫌疑人和确定与犯罪嫌疑人联系的对象。

（7）监测金融交易——在犯罪嫌疑人有关账户（包括有理由相信与犯罪有关的其他账户）进行交易时，要求任何金融或信用机构通知欧洲检察官办公室。

（8）冻结将来的金融交易——要求任何金融或信用机构限制与犯罪嫌疑人账户有关的金融交易。

（9）非公共场所的监控——对非公共场所进行秘密录音和录像，但不得对私人住宅进行秘密录像。

（10）秘密侦查——秘密采取行动或以虚假身份进行侦查。

（11）传唤犯罪嫌疑人和证人——有合理理由相信他们能够提供对侦查有价值的信息。

（12）鉴定——对照片、可视记录、生物特征记录进行识别。

（13）扣押物品——可能作为证据。

（14）进入房屋并进行货物取样。

（15）检查交通工具——有合理理由相信与侦查有关的货物是通过该交通工具运输的。

（16）跟踪和控制犯罪嫌疑人——以确定犯罪嫌疑人的行踪。

（17）追踪物品——通过技术手段进行控制下交付以及控制金融交易。

（18）公共场所监视犯罪嫌疑人和第三人。

（19）获准进入国家或欧盟公共房屋登记处。

（20）讯问（询问）犯罪嫌疑人和证人。

（21）委托专家——在需要解决专业问题时，依职权或依犯罪嫌疑人申请进行。

（二）保障

成员国应当确保上述21项措施能够在侦查与起诉过程中得以顺利实施。成员国法律应当适时调整。

在上述21项措施中，成员国要确保其主管司法机关能够授权第1~10项措施的实施；成员国要根据国内法进行司法授权第11~21项措施方可在该国实施。上述授权需要在48小时内以书面形式作出。

欧洲检察官办公室可以要求主管司法机关根据国内法批准逮捕或审前羁押犯罪嫌疑人。

三、程序保障——权利保障

欧洲检察官办公室在侦查与起诉过程中必须保障《欧盟基本人权宪章》所规定的程序公正权和辩护权。每一名犯罪嫌疑人或被起诉之人都有程序性权利，这些权利由欧盟法和成员国法所保障：获得解释权和翻译权；[①] 知悉权和了解案件材料权；[②] 受到羁押时聘请律师权和通信权；[③] 沉默权和无罪推定权；法律援助权；提供证据、聘请专家、听证权。

犯罪嫌疑人或被起诉之人在被怀疑犯罪之时就有上述权利。当起诉书被成员国法院接受后，他们的权利还受到国家层面的制度保护。当然，这些权利不仅适用于犯罪嫌疑人或被起诉之人，还适用于被欧洲检察官办公室讯问、询问之人。

---

① See Directive 2010/64/EU of the European Parliament and of the Council.

② See Directive 2012/13/EU of the European Parliament and of the Council.

③ See Directive 2013/xx/EU of the European Parliament and of the Council of xx xxxx 2013 on the right of access to a lawyer in criminal proceedings and on the right to communicate upon arrest.

具体而言，在欧洲检察官办公室侦查或起诉过程中，犯罪嫌疑人或被起诉之人有在被讯问时保持沉默的权利，并应当被告知不会被强迫自证其罪。在成员国法院证实其有罪之前，犯罪嫌疑人或被起诉之人都应当被推定无罪。同时，如果犯罪嫌疑人或被起诉之人没有足够支付能力，其有权免费或部分免费获取法律援助。他们也有权要求欧洲检察官办公室收集任何相关证据，包括要求聘请专家和听证。

第四节　欧洲检察官侦查的结果

欧洲检察官侦查结束后，会有两种不同的结果：起诉或撤销案件。

一、起诉

在委派检察官侦查结束后，他必须向欧洲检察官提交案件的摘要，并附上草拟的起诉书和证据清单，由欧洲检察官进行审查。欧洲检察官审查后作出决定：指示委派检察官在成员国法院进行起诉，或者退回补充侦查，抑或撤销案件（后述）。

如果决定起诉至成员国法院，递交给法院的正式起诉书上应当列举出各类证据。欧洲检察官可以与委派检察官商讨后决定提交给其认为合适的法院进行审判。对于合适法院的选择，有以下几个标准：犯罪地或主要犯罪地（有多个犯罪行为时）；被起诉人经常居住地；证据所在地；直接被害人经常居住地。

决定起诉后，为案件跟踪等目的，欧洲检察官需要将起诉书内容通报给成员国主管机关、利益关系人以及有关的欧盟实体。

对于欧洲检察官办公室收集的证据而言，其遵循可采性原则。言下之意，只要欧洲检察官收集证据的过程不违反《欧盟基本人权宪章》第47条和第48条关于程序公正和辩护权之规定，成员国法院都应当采纳证据——即便依据国内法有不同的证据收集规则。一旦证据可采，成员国法院可以自由地接触欧洲检察官办公室提交的证据。

二、撤销案件

在起诉变得不现实时，欧洲检察官应当撤销案件。起诉不可能包括以下几种情况：犯罪嫌疑人死亡；行为尚未构成犯罪；赦免；法定起诉时限届满；基于同一事实犯罪嫌疑人已被成员国宣布无罪、有罪或者案件正在被成员国处理。由此可以看出，欧洲检察官撤销案件的条件之一——法定时效届满与国际刑事法院检察官处理案件的方式不同，国际刑事法院检察官侦查与起诉不受时效的限制，不存在时限届满之说。这同时也说明，国际刑事法院检察官管辖的案件是全人类最为严重的那些犯罪案件，一旦发生就应当一直追究下去。

同时，有以下情形发生时，欧洲检察官可以撤销案件：根据欧盟文件认为被起诉人犯罪轻微；缺乏相关证据。

之后，欧洲检察官办公室可以将撤销的案件转交给欧洲反欺诈办公室、成员国行政机关或司法机关进一步处理。如果案件来源于被害方提供的信息，欧洲检察官办公室还应当通知该方。

此外，案件撤销还有一种情形：交易（transaction）。案件虽然没有撤销，但为行政司法之目的，在犯罪嫌疑人赔偿损失之后，欧洲检察官办公室可以要求其支付一次性的罚金。如果犯罪嫌疑人同意支付，欧洲检察官可以撤销案件并通知成员国执法机关和司法机关、相关的欧盟实体。该撤销决定不受司法审查，欧洲检察官办公室监督交易的整个过程。

第五节　欧洲检察官侦查的合作

为了履行职责，完成法定任务，欧洲检察官办公室必须与其他欧盟组织和机构、第三国（非成员国）主管机关、国际组织（如国际刑警组织）建立与维持长久的合作关系。合作的具体形式可以表现为：直接交换各类信息，如接收和提供各种人员数据等，即欧洲检察官办公室为打击犯罪之目的，根据相应规则可以向第三国、国际组织等传递个人数据。但是，除非欧洲检察官办公室考虑到案件情况并明确同意，否则成员国、欧盟组织和机构、第三国、国际组织不得将从欧洲检察官办公室处获得的上述信息传递给第三方。

上述的个人数据包括：姓、名、任何别名或假名；出生日期和地点；国籍；性别；居住地、职业与行踪；社保号、驾照、身份文件、护照、海关和税务识别码；法人信息；银行账户和其他金融机构账户；对犯罪嫌疑人的描述和自然特征，犯罪时间、犯罪种类和调查过程；指向国际范围案件的事实；电话号码、电子邮件地址、交通数据、方位数据以及确认使用者的相关数据；车辆登记数据；DNA 数据、照片及指纹。而对于欧洲检察官及其副职、委派检察官而言，有义务对这些信息保密，即便是他们不再任职欧洲检察官办公室。除非信息被公开或公众能够接触到，否则保密义务适用于欧洲检察官办公室获取的所有信息。

一、与欧洲司法组织的合作

欧洲检察官办公室与欧洲司法组织必须建立和维持特殊的关系，双方应当加强紧密合作，促进行动、行政与管理各方面的协调发展。

在侦查与起诉过程中，欧洲检察官办公室与欧洲司法组织分享信息，包括上述的个人数据；欧洲检察官办公室可要求欧洲司法组织及其成员国参加特别调查的合作；欧洲司法组织应为欧洲检察官办公室与成员国提供签署协议的便利；欧洲检察官办公室可要求欧洲司法组织及其成员国使用欧盟法或国内法的权限来帮助欧洲检察官办公室共同调查案件；在转交决定或请求法律互助等方面，欧洲检察官办公室可要求欧洲司法组织及其成员国提供支持。值得注意的是，任何通过交换所获得的数据仅限用于其提供时所言明的目的（如侦查与起诉之目的），如果要作他用，必须获得数据提供者事先的授权。

应建立欧洲检察官办公室自动联入欧洲司法组织案件管理系统（Eurojust's case management system）的机制。在侦查过程中，欧洲检察官办公室如果通过碰撞信息发现线索并比对成功，应当通知欧洲司法组织及向欧洲司法组织提供信息的第三国。如果欧洲司法组织要通知比对成功所指向的第三国，需要经过欧洲检察官办公室同意。

另外，在行政上，欧洲司法组织给予欧洲检察官办公室支持与服务，能够盘活欧洲检察官办公室有限的资源：技术支持，包括年度预算（财政规划）、含有年度计划的文件之准备、管理计划以及人员招募、职业规划管理等；安全服务、信息技术服务、审计服务以及其他共同利益的服务。

实际上，欧洲检察官办公室的成立也很好地调整了欧洲司法组织的功能，发挥了协同效应（synergy）。之前，欧洲司法组织只能协调和促进侦查与起诉，辅助信息交换。如果成员国拒绝侦查或起诉，欧洲司法组织无权强迫其作为。欧洲检察官办公室和欧洲司法组织联系的建立，能够更有效地与成员国之间进行信息交换、合作。当有案件发生时，欧洲检察官办公室可以要求欧洲司法组织及其成员国干预、协调或者行使其他权力。所以，这实际上是双赢，同时促进了欧洲司法组织的改革。①

二、与欧盟其他组织、机构的合作

欧洲检察官办公室应当与欧洲警察署发展一种特殊的关系。合作同样是建立在信息交换的基础之上的。欧洲检察官办公室与欧洲警察署关于数据的使用也需要遵循下列规则：任何通过交换所获得的数据仅限于其提供时所言明的目的（如侦查与起诉之目的），如果要作他用，必须取得数据提供者事先的授权。欧洲警察署本身并不能独立开展侦查，其

---

① Compatibility and possible synergy with other appropriate instruments-Eurojust: Eurojust can only coordinate and encourage investigations and prosecutions, and assist with information exchange. If a Member State refuses to investigate or prosecute a case, Eurojust cannot compel it to do so. The National Members of Eurojust often lack the powers to ensure effective follow-up in the Member States, or if they do, they usually refrain from using the powers which they derive from national laws-most decisions on these sort of issues are arrived at through consensus. The proposal on the establishment of the European Public Prosecutor's Office is accompanied by a proposal on the reform of Eurojust which will align it with the common approach on European agencies agreed by the Council, the European Parliament and the Commission, and will establish a link between Eurojust and the European Public Prosecutor's Office. This reform might lead to more efficient information exchange and better cooperation between the national authorities. There are, and will always be, cases where both the European Public Prosecutor's Office and Eurojust need to be involved, in particular cases where the suspects are involved in both crimes affecting the Union's financial interests and other forms of crime. This implies that there will be a need for continuous close cooperation. To ensure that this takes place, provisions have been included in both Regulations to set out that the European Public Prosecutor's Office may request that Eurojust, or its national members, intervene, coordinate, or otherwise use their powers in a given case. In addition it is envisaged that Eurojust will provide practical support services, on a zero cost basis, to the European Public Prosecutor's Office in administrative issues, such as personnel, finance and IT. This approach delivers considerable synergies. One example of such synergy is that the European Public Prosecutor's Office will be able to use the IT infrastructure of Eurojust, including using its Case Management System, temporary work files and index for its own cases. The details of this arrangement will be laid down in an agreement between the European Public Prosecutor's Office and Eurojust.

权力有限，但其可以为执法提供智力支持。[①]

基于《欧盟运行条约》第325条第3款之规定，[②] 欧洲检察官办公室应当与欧盟委员会、欧洲反欺诈办公室合作。同时，还应当签署关于合作模式的协议。就欧洲反欺诈办公室而言，其只拥有行政调查权，但有着与成员国刑事司法机关合作的经验，因为欧洲反欺诈办公室人员都有着在成员国执法和司法行政（警察、海关）机关的工作背景。于是，欧洲反欺诈办公室能够为欧洲检察官办公室提供法庭分析、技术和实证支持、建立证据体系。[③]

---

① Compatibility and possible synergy with other appropriate instruments－Europol：The role of Europol is limited to providing intelligence and support to national law enforcement activities.It cannot ensure follow－up to its analyses in the Member States，nor direct national investigations.The powers of Europol are also limited by the TFEU.Under Article 88 TFEU Europol cannot independently investigate crime，and any operational action must be carried out by Europol in liaison and with the agreement of the national law enforcement authorities.Whilst the support functions of Europol are certainly important，these cannot substitute for the powers to independently investigate criminal behaviour.A proposal for a Regulation on Europol was adopted by the Commission in March 2013，focusing on aligning Europol's competences with the TFEU and to make it a hub for information exchange，while granting new responsibilities regarding training. It does not comprise police investigation and law－enforcement powers in the area of the protection of EU's financial interests.

② 在不影响《欧盟条约》、《欧盟运行条约》其他规定的情况下，各成员国应调节（coordinate）其旨在反对欺诈以保护联盟财政利益的行动。为此目的，各成员国应同委员会一起组织成员国主管当局之间的密切和经常的合作（cooperation）。

③ Compatibility and possible synergy with other appropriate instruments－OLAF：Currently OLAF conducts administrative investigations for the protection of EU's financial interests.OLAF has specialised staff with significant experience in cooperating with national criminal authorities. Many members of OLAF staff have a relevant background in their national enforcement and judicial administrations（police，customs，and prosecutorial functions）.A part of OLAF's resources would thus be used in order to set up the European Public Prosecutor's Office，taking into account their experience in the conduct of administrative investigations and the objective of avoiding duplication of administrative and criminal investigations.Another important aspect is that of using the current networks which OLAF has developed over the years in the area of anti－fraud investigations.Finally，OLAF would contribute to the setting up of the European Public Prosecutor's Office with specialised support to facilitate forensic analysis and technical and operational support to investigations and for the establishment of evidence in criminal cases affecting the Union's financial interests.A proposal to amend Regulation 1073/1999 concerning investigations conducted by OLAF（OLAF reform）is under inter－institutional negotiation.While this proposal improves the information exchange between OLAF and EU institutions bodies，agencies and offices（IBOA），as well as with the Member States and it provides better governance for OLAF and a set of procedural guarantees for the persons concerned by investigations，it does not provide OLAF with any additional means of action，in particular criminal investigation powers.

此外，欧洲检察官办公室还应当与欧盟其他的组织、机构建立和维持合作关系。

三、与第三国和国际组织的合作

欧洲检察官办公室可以与第三国、国际组织建立工作安排关系。同样，这其中涉及策略性信息的交换和调派联络官到欧洲检察官办公室。为了便于合作，欧洲检察官办公室可以根据与第三国主管机关签订的协议建立联络点。

在关于刑事事项和引渡的法律互助国际协议中，第三国可以视欧洲检察官办公室为主管机关，确保其能够根据协议完成任务。

欧洲检察官办公室可以向第三国主管当局、国际组织（如国际刑警组织）传递个人数据，这是基于欧盟委员会的决定、[①] 国际协议。[②] 这种传递不需要进一步的授权。欧洲检察官办公室可以工作安排来补充上述决定与协议。欧洲检察官办公室亦可以向第三国主管当局、国际组织（如国际刑警组织）传递行政性数据，这是基于规则的规定。[③]

四、与不同主体合作小结

在欧洲检察官办公室侦查过程中，与欧洲司法组织、欧洲警察署、欧盟委员会、欧洲反欺诈办公室、第三国主管机关、国际组织等都有合作，它们之间的合作异同并存。

例如，合作离不开信息的传递，信息是合作的基石，在此基础上可以建立联络官制度。当然，对信息的利用因主体和来源的不同存在一些差异。又如，与欧洲司法组织、欧洲警察署、欧盟委员会、欧洲反欺诈办公室合作程度要紧密些，这从其措辞“应当”、“必须”体现出来，而与第三国主管机关、国际组织的合作就要宽松些，因其措辞仅为

---

① A decision of the Commission adopted in accordance with [Articles 25 and 31 of Directive 95/46/EC] that that country or international organisation, or a processing sector within that third country or international organisation ensures an adequate level of protection(adequacy decision).

② An international agreement concluded between the Union and that third country or international organisation pursuant to Article 218 of the Treaty adducing adequate safeguards with respect to the protection of privacy and fundamental rights and freedoms of individuals.

③ Article 9 of Regulation (EC) No. 45/2001.

"可以"。这是在情理之中的——欧洲检察官办公室与欧盟相关机构联系更加紧密。具体异同比较详见表 5-1。

表 5-1 欧洲检察官办公室与其他主体合作比较

主体	程度	内容
欧洲司法组织	1. 必须建立和维持特殊的关系； 2. 应当加强紧密合作； 3. 促进行动、行政与管理各方面的协调发展	1. 欧洲检察官办公室与欧洲司法组织分享信息，包括个人数据；欧洲检察官办公室可要求欧洲司法组织及其成员国参加特别调查的合作；欧洲司法组织应为欧洲检察官办公室与成员国提供签署协议的便利；欧洲检察官办公室可要求欧洲司法组织及其成员国使用欧盟法或国内法的权限来帮助欧洲检察官办公室共同调查案件；在转交决定或请求法律互助等方面，欧洲检察官办公室可要求欧洲司法组织及其成员国提供支持。值得注意的是，任何通过交换所获得的数据仅限用于其提供时所言明的目的，如果要作他用，必须获得数据提供者事先的授权。 2. 建立欧洲检察官办公室自动联入欧洲司法组织案件管理系统的机制。欧洲检察官办公室如果通过碰撞信息发现线索并比对成功，应当通知欧洲司法组织及向欧洲司法组织提供信息的第三国。如果欧洲司法组织要通知比对成功所指向的第三国，需要经过欧洲检察官办公室同意。 3. 在行政上，欧洲司法组织给予欧洲检察官办公室支持与服务：技术支持，包括年度预算（财政规划）、含有年度计划的文件之准备、管理计划以及人员招募、职业规划管理等；安全服务、信息技术服务、审计服务以及其他共同利益的服务
欧洲警察署	应当发展一种特殊关系	合作同样是建立在信息交换的基础之上的。欧洲检察官办公室与欧洲警察署关于数据的使用也需要遵循下列规则：任何通过交换所获得的数据仅限用于其提供时所言明的目的（如侦查与起诉之目的），如果要作他用，必须取得数据提供者事先的授权
其他欧盟实体	应当建立和维持合作关系	1. 欧洲检察官办公室应当与欧盟委员会合作，与欧洲反欺诈办公室合作。同时，还应当签署关于合作模式的协议。 2. 欧洲检察官办公室还应当与欧盟其他的组织、机构建立和维持合作关系

续表

主体	程度	内容
第三国、国际组织	可以建立工作安排关系	1. 涉及策略性信息的交换和调派联络官到欧洲检察官办公室。为了便于合作，欧洲检察官办公室可以根据与第三国主管机关签订的协议建立联络点。 2. 在关于刑事事项和引渡的法律互助国际协议中，第三国可以视欧洲检察官办公室为主管机关，确保其能够根据协议完成任务。 3. 欧洲检察官办公室可以向第三国主管当局、国际组织（如国际刑警组织）传递个人数据

第六章　比较与借鉴：国（区）际检察官侦查对中国的影响和启示

第一节　国际检察官与区际检察官侦查之比较

这里的“区际检察官”，以欧洲检察官（办公室）为例。

一、侦查主体比较

（一）结构

1. 组成

国际刑事法院检察官办公室的组成包括检察官一名，副检察官一名或多名，以及各处、室的工作人员。国际刑事法院检察官办公室由国际刑事法院检察官领导，国际刑事法院检察官全权负责相关事宜。

欧洲检察官办公室由一名检察官及其副职、辅助人员、成员国委派检察官组成。欧洲检察官办公室由欧洲检察官负责指导行动和组织工作，并在四名副职的帮助下进行。委派检察官在欧洲检察官的指导和监督下负责侦查和起诉。每个成员国都应当至少派一名检察官作为委派检察官。

也就是说，检察官所在机构都是由正职、副职及其他人员组成的。只是欧洲检察官办公室还存在成员国委派的检察官——既是欧洲检察官办公室一员，也是成员国一员，这与国际刑事法院检察官办公室全体成员只任职一家机构不同。

2. 检察官任职资格

由于检察官正职与其他人员的任职资格、免职有不同之处，限于篇幅，此处仅比较检察官正职的任职资格与免职资格。

国际刑事法院检察官必须由品格高尚、高度胜任工作的人士任职，并且在刑事案件起诉或审判方面具有丰富的实践经验和卓越的才能。同时，他们应当精通并熟练地使用法院的至少一种工作语言。而欧洲检察官必须在具有独立性且具有高级司法官资格和相关检察经验的人员中选出。

在遴选国际刑事法院检察官或欧洲检察官时，都比较注重实战经验；不同的是，国际刑事法院检察官对语言要求有所规定，而欧洲检察官则对人员级别有所限制。

3. 检察官的免职

国际刑事法院检察官免职的条件是：经查明有《程序和证据规则》所指的严重不当行为，或严重违反《国际刑事法院罗马规约》的渎职行为；无法履行《国际刑事法院罗马规约》规定的职责。由缔约国绝对多数同意即可免职。

欧洲检察官免职的条件是：当欧洲检察官不满足职位要求或者犯有严重失职罪时，根据欧洲议会、理事会或欧盟委员会的申请，由欧洲法院解雇。

两者免职的情形大致相同，无非就是严重失职、渎职或严重不当行为，而作出决定的主体却不同：一为缔约国，一为法院。这背后体现了两类检察官制度的根本区别。

（二）任务与职责

国际刑事法院检察官的主要职能是负责接收和审查向其提交的情势以及向其提交的关于国际刑事法院管辖范围内的犯罪的任何有事实根据的资料，以此进行侦查并在国际刑事法院起诉。国际刑事法院检察官办公室具有侦查与起诉的职能是其核心所在。

欧洲检察官办公室具有法人资格，其任务是在欧洲司法组织的支持下，打击影响欧盟财政利益的犯罪。欧洲检察官办公室的任务由欧洲检察官执行：侦查、起诉影响欧盟财政利益的犯罪，代表欧盟利益在成员国法院履行检察官职能。

所以说，便于统一侦查与起诉是设置两类检察官的初衷，而侦查与起诉就成了检察官的主要任务与职责。

（三）性质

前文已述，国际刑事法院检察官具有独立性、公正性，欧洲检察官具有独立性、有责性、合法性。

这里需要比较的是独立性：一方面，两大主体的独立性含义不尽相同；另一方面，两大主体独立性面临的挑战各异。国际刑事法院检察官办公室是国际刑事法院内一个独立和单独的机关，欧洲检察官办公室的独立性表现为在执行任务时不能寻求或接受任何人、任何成员国、欧盟任何组织的指示。当然，要想完全独立也是不可能的，因为国际刑事法院检察官办公室需要国际刑事法院、联合国安理会以及《国际刑事法院罗马规约》缔约国的支持，也或多或少会受其影响；而欧洲检察官办公室在欧盟层面会受到欧洲议会、欧洲理事会、欧盟委员会等多机构的影响。

国际刑事法院检察官的独立性相对于国内司法部门的检察官而言，面临着更为严峻的挑战，即政治因素的挑战。检察官置身于一个高度政治化的环境中，抵御政治压力、寻求独立，显得尤为关键。如何能确保国际刑事法院检察官得到其他主体支持而又尽可能地保证不受政治因素影响是永恒的话题。而欧洲检察官的独立性虽然也受到政治因素的影响，但毕竟是在欧盟领域内（统一司法区），加上其主要任务是打击与欧盟财政利益有关的犯罪，从性质对比来看，更容易受到经济因素的影响。国际检察官与欧洲检察官的比较详见表 6-1。

表 6-1　国际检察官与欧洲检察官比较

比较事项	相同点	不同点	
结构	检察官一名，领导整个办公室并负责相关事宜	国际检察官办公室	组成包括检察官一名，副检察官一名或多名，以及各处、室的工作人员。国际刑事法院检察官办公室由国际刑事法院检察官领导
		欧洲检察官办公室	由一名检察官及其副职、辅助人员、成员国委派检察官组成。检察官在四名副职的帮助下工作。委派检察官在欧洲检察官的指导和监督下负责侦查和起诉。每个成员国都应当至少派一名检察官作为委派检察官

续表

	较高的任职资格	国际检察官	1. 品格高尚、高度胜任工作； 2. 在刑事案件起诉或审判方面具有丰富的实践经验和卓越的才能； 3. 应该精通并熟练地使用法院的至少一种工作语言
		欧洲检察官	1. 具有独立性； 2. 具有高级司法官资格； 3. 具有相关检察经验
	严格的免职条件	国际检察官	1. 有《程序和证据规则》所指的严重不当行为，或严重违反《国际刑事法院罗马规约》的渎职行为；无法履行《国际刑事法院罗马规约》规定的职责。 2. 由缔约国绝对多数作出即可免职
		欧洲检察官	1. 不满足职位要求或者犯有严重失职罪； 2. 根据欧洲议会、理事会或欧盟委员会的申请，由欧洲法院解雇
任务与职责	统一侦查与起诉	国际检察官	负责接收和审查向其提交的情势以及向其提交的关于国际刑事法院管辖范围内的犯罪的任何有事实根据的资料，以此进行侦查并在国际刑事法院起诉
		欧洲检察官	在欧洲司法组织的支持下，打击影响欧盟财政利益的犯罪。欧洲检察官办公室的任务由欧洲检察官执行：侦查、起诉影响欧盟财政利益的犯罪；代表欧盟利益在成员国法院履行检察官职能
性质	独立性且面临挑战	国际检察官办公室	1. 是国际刑事法院内一个独立和单独的机关，但因为国际刑事法院检察官办公室需要国际刑事法院、联合国安理会以及《国际刑事法院罗马规约》缔约国的支持，也或多或少会受其影响； 2. 挑战：主要是政治因素
		欧洲检察官办公室	1. 在执行任务时不能寻求或接受任何人、任何成员国、欧盟任何组织的指示，但在欧盟层面会受到欧洲议会、欧洲理事会、欧盟委员会等多机构治理的影响； 2. 挑战：主要是经济因素

二、侦查特征比较

（一）维护国家主权与打击犯罪

国际刑事法院检察官的侦查以及欧洲检察官的侦查必然会涉及各个主权国家（成员国）的利益。《国际刑事法院罗马规约》的产生是以承认每个参与国享有相对的国家主权并尊重其主权利益为基础的；《里斯本条约》最终得以通过，亦是欧盟与成员国妥协的结果，充分凸显了成员国的主权。当然，从本质上来看，国际刑事法院检察官、欧洲检察官的侦查是为了打击严重的犯罪，实现公平与正义，与成员国的政治、经济利益是没有冲突的。

一方面，在打击犯罪的过程中，要十分注重对国家主权的维护；另一方面，如果过分维护国家主权，使国际性或区际性的犯罪得不到应有的惩治，反过来则会损害国家主权。所以说，两者应该是相互促进的。不过，国家主权应摆在第一位，这从条文中可以看出：国际刑事法院检察官与欧洲检察官的侦查都体现了"补充性"，即辅助性原则。

先看国际刑事法院检察官的侦查。《国际刑事法院罗马规约》第17条规定，对案件具有管辖权的国家正在进行侦查或者已经对其相关人作出不起诉决定（除非该决定是在该国"不愿意"或者"不能够切实"进行侦查或起诉的情况下作出的），国际刑事法院不可以受理相关案件。也就是说，如果成员国正在侦查、正在起诉以及已经作出不起诉决定（特殊情况除外），那么国际刑事法院不可受理。只有在成员国"不愿意"（已经完成或者正在进行的侦查程序，或者作出的有关决定是出于包庇有关的人，使其免于国际刑事法院追究的目的，以及侦查程序的不正当延误和侦查程序不独立、不公开，不符合将有关的人绳之以法的目的）或"不能够切实"（成员国的司法系统已经完全瓦解，或者实际上瓦解或并不存在而不能实施侦查行为）进行侦查时，方可受理。这其实就是对国家（司法）主权最好的保护。

再看欧洲检察官的侦查。虽然《欧盟运行条约》第86条规定，欧洲检察官能够打击损害欧盟财政利益的刑事犯罪活动，但只是在成员国司法本身"不愿意"（有侦查权限的成员国为保护某些人不想将之绳之以法）或"不能够"（成员国国内立法对危害欧盟财政利益的犯罪未制定充分的法律进行惩治）充分保护欧盟财政（经济）利益时，欧洲检察官才展开侦查。

在满足条件的情况下，国际刑事法院检察官或欧洲检察官开始侦查，此时成员国一般不得干预侦查，这是基于侦查的独立性；但是，如果侦查过程中需要实施强制措施，欧洲检察官需要提请成员国批准。所以说，维护国家主权与打击犯罪两者间相互交织，无法完全分离。

（二）侦查范围

1. 罪行

国际刑事法院检察官侦查的范围包括灭绝种族罪、危害人类罪、战争罪和侵略罪这四种严重的国际犯罪。这些罪行在国际法上又称为“国际人道法下的罪行”。但是，根据《国际刑事法院罗马规约》第121条规定，其他犯罪如恐怖主义犯罪，随后也可能因为关于管辖罪行的修正案的通过而被纳入在国际刑事法院的管辖中。不过，目前来看，国际刑事法院的管辖还仅限于这四种犯罪，尤其是前三种犯罪。也就是说，国际刑事法院检察官的侦查范围是：3+1+X模式，其中“3”是指灭绝种族罪、危害人类罪、战争罪，“1”是指侵略罪，“X”是指其他犯罪如恐怖主义犯罪。

欧洲检察官侦查的范围是：任何人可以实施的与财政利益有关的犯罪，如欺诈财政利益罪及类似犯罪、操纵市场罪、洗钱和接受违法所得及收益罪，以及官员可实施的腐败犯罪、盗用资金罪、滥用职权罪、披露与职权相关的秘密罪。但是，《欧盟运行条约》第86条第4款进一步规定，在特定情况下，可将欧洲检察官办公室的权力范围扩大至打击所有具有跨国性质的严重犯罪。也就是说，欧洲检察官的侦查范围是1+X模式，其中“1”是指侵犯欧盟财政利益的各类犯罪，“X”是指其他所有具有跨国性质的严重犯罪。

相比而言，国际刑事法院检察官侦查的是更为严重的犯罪，涉及全人类的安全；而欧洲检察官侦查的仅是与经济利益有关的犯罪，这些犯罪对全人类甚至是区域内人员的影响远不及前者。

2. 对象

国际刑事法院检察官侦查的对象是已满18周岁的自然人。

欧洲检察官侦查的对象虽然未曾明确，但从相关条文可以看出：一方面，自然人可以成为其对象，只是年满多少周岁没有统一标准；另一方面，与国际刑事法院检察官侦查对象仅限于自然人不同，团体也可能构成欧洲检察官的侦查对象。

（三）侦查时效

国际刑事法院检察官不得对《国际刑事法院罗马规约》生效前个人实施的犯罪进行侦查，但是生效后个人实施的犯罪不因时间的流逝而免于侦查。这是基于罪刑法定原则以及国际刑事法院管辖的犯罪的严重性考虑。显然，这与一般的国内法律规定不一致。例如，我国法律贯彻的是“从旧兼从轻”① 以及“超过期限不再侦查（追诉）”② 原则。

而欧洲检察官是对欧洲检察官办公室成立后发生的案件进行侦查。与国际刑事法院检察官不同的是，如果在欧洲检察官办公室成立前没有成员国主管机关对相关案件进行侦查或起诉，那么欧洲检察官办公室可以对该案件进行侦查和起诉，即可以有条件地溯及既往。

国际检察官与欧洲检察官侦查特征比较详见表6-2。

表6-2　国际检察官与欧洲检察官侦查特征比较

<table>
<tr><th>比较事项</th><th>相同点</th><th colspan="2">不同点</th></tr>
<tr><td rowspan="2">维护国家主权与打击犯罪</td><td rowspan="2">体现了“补充性”，即辅助性原则：成员国“不愿意”、“不能够”侦查</td><td>国际检察官</td><td>已经完成或者正在进行的侦查程序，或者作出的有关决定是出于包庇有关的人，使其免于国际刑事法院追究的目的，以及侦查程序的不正当延误和侦查程序不独立、不公开，不符合将有关的人绳之以法的目的；成员国的司法系统已经完全瓦解，或者实际上瓦解或并不存在而不能实施侦查的行为</td></tr>
<tr><td>欧洲检察官</td><td>有侦查权限的成员国为保护某些人不想将之绳之以法；成员国国内立法对危害欧盟财政利益的犯罪未制定充分的法律进行惩治</td></tr>
</table>

① 当遇到一个人的犯罪是在新刑法颁布以前实施的，此时首先要考虑的是先适用旧刑法，即行为时的法律规定（从旧）。如果是适用新的刑法更有利于被告人的话，如不认为是犯罪或者是新刑法处罚较轻，则应该对被告人适用新刑法。“从旧兼从轻”原则是我国处理各种法律问题的一项基本原则，除了刑法适用外，其他法律也都适用。

② 犯罪经过下列期限不再追诉：（一）法定最高刑为不满五年有期徒刑的，经过五年；（二）法定最高刑为五年以上不满十年有期徒刑的，经过十年；（三）法定最高刑为十年以上有期徒刑的，经过十五年；（四）法定最高刑为无期徒刑、死刑的，经过二十年。如果二十年以后认为必须追诉的，须报请最高人民检察院核准。

续表

比较事项	相同点	不同点	
侦查范围	罪行开放性	国际检察官	3+1+X 模式：灭绝种族罪、危害人类罪、战争罪+侵略罪+其他犯罪如恐怖主义犯罪
		欧洲检察官	1+X 模式：侵犯欧盟财政利益的各类犯罪+其他所有具有跨国性质的严重犯罪
	对象固定性	国际检察官	自然人，已满 18 周岁
		欧洲检察官	自然人（年龄下限未提及，且区分一般主体和官员所犯罪行）； 团体
侦查时效	原则上不能溯及既往	国际检察官	不得对《国际刑事法院罗马规约》生效前个人实施的犯罪进行侦查，但是生效后个人实施的犯罪不因时间的流逝而免于侦查
		欧洲检察官	原则：对欧洲检察官办公室成立后发生的案件进行侦查。 例外：如果在欧洲检察官办公室成立前没有成员国主管机关对相关案件进行侦查或起诉，那么欧洲检察官办公室可以对该案件进行侦查和起诉。 对成立后是否因经过追诉期限而不予侦查未见规定

三、侦查程序比较

（一）原则

从广义上来说，无论是国际刑事法院检察官还是欧洲检察官，在侦查过程中需要遵循的原则包括但不限于辅助性原则、比例性原则、一事不再理原则、公平公正原则、忠诚合作原则。而对于前者而言，还需遵循内部的分权原则，即部分侦查措施需要得到预审分庭的授权方可实施；后者遵循的则是外部的分权原则，即某些强制措施需要得到成员国的授权才能实施。

（二）侦查的启动

1. 案件来源

《国际刑事法院罗马规约》第 13 条规定，国际刑事法院检察官管辖的案件有三种来源：缔约国提出；安理会提交；检察官自行开展。

至于欧洲检察官办公室管辖的案件来源则包括：各成员国国家当局和欧盟所有机构通知；委派检察官自行发现并通知；欧洲检察官自行收集或接收信息。

不仅是两类检察官，多数国家案件的来源也大致分为两类：一类归为被动，另一类归为主动。被动指侦查机关以外的任何机构、个人提供的案源，主动指侦查机关在日常工作中自己发现的案源。

2. 信息处理

在两大机关接收到或自行收集到上述信息后，应当采取初步的措施。

对国际刑事法院检察官而言，首先需要对可受理性进行初步的裁定并接受质疑。然后审查是否符合启动侦查条件：国际刑事法院是否有管辖权（属物管辖、属时管辖、属地管辖、属人管辖）及可受理性；是否存在认定犯罪发生的“合理根据”；侦查是否符合实现公正的利益。在满足上述三个条件的情况下，如果是缔约国或安理会提交的情势，检察官可以自行决定开始案件侦查，不需要预审分庭的授权。但如果是检察官自行展开的情势调查，则需要得到预审分庭授权才能展开正式的侦查。

对欧洲检察官而言，欧洲检察官或委派检察官必须登记并确认信息，之后决定是否进行侦查。如果确认后认为不需要进行侦查，则应当销案，并将案件信息和销案原因输入案件管理系统；如果确认后认为有合理理由相信管辖范围内的犯罪行为正在实施或已经实施，则应当开展侦查，并作出书面决定。欧洲检察官可以自行侦查，也可以将案件交给委派检察官侦查。由此可以看出，欧洲检察官的侦查启动是不需要授权的。而在此之前，如果出现紧急情况，应当先实施紧急措施进行处理。

最为关键的是两类检察官展开侦查的条件之一是相似的：合理根据与合理理由。

（三）具体侦查措施

在检察官自行采取的侦查、预审分庭授权的侦查、独特侦查过程中，国际刑事法院检察官可以采取的措施包括：讯问或询问；缔约国境内直接侦查取证；有关强制措施；（非缔约国）通过签订的司法协助协议或安排来实施侦查措施；逮捕；传唤；移交有关人员；作出关于应遵循的程序的建议或命令；指示为该程序制作记录；指派鉴定人协助；授权被逮捕人或被传唤到庭的人的律师参与，或在尚未逮捕、到庭、指定律师时，指派另一名律师到场代表辩护方的利益；指派一名预审分庭法官，或必要时指派另一名可予调遣的预审分庭或审判分庭法官，监督证据的收集、保全及对人员的讯问，并就此作出建议或命令；采取其他可能必要的行动，以收集或保全证据。

在欧洲检察官的侦查过程中，可以采取的措施包括：搜查任何住宅、土地、交通工具、私人住宅、衣服和其他任何个人财产或计算机系统；取得任何相关物品或文件、储存的计算机数据，包括交通数据、银行账户数据；查封不动产和交通工具，冻结数据；冻结犯罪工具或犯罪所得，包括其他财产；拦截通信，包括犯罪嫌疑人收发的电子邮件；实时监控；监测金融交易；冻结将来的金融交易；非公共场所的监控；秘密侦查；传唤犯罪嫌疑人和证人；鉴定；扣押物品；进入房屋并进行货物取样；检查交通工具；跟踪和控制犯罪嫌疑人；追踪物品；公共场所监视犯罪嫌疑人和第三人；获准进入国家或欧盟公共房屋登记处；讯问（询问）犯罪嫌疑人和证人；委托专家。

相比而言，欧洲检察官的侦查措施要丰富得多，便于分类与实际操作，国际刑事法院检察官的侦查措施略显单调。不过，欧洲检察官侦查时适用的强制措施由成员国主管机关实施。

（四）侦查形式：联合侦查小组

具体到侦查过程中，由不同部门组成联合侦查小组进行侦查并不罕见，只是各方人员的参与程度不同。

在国际刑事法院检察官侦查时，由侦查部门（律师、侦查人员和分析人员组成）、起诉部门（庭审和上诉律师组成）、司法协调协作部门（分析人员、国际合作专家和律师组成）的代表聚集成一个联合侦查小组。联合侦查小组的组成和规模大小取决于侦查的程序和需求。当确认指控后，这个联合侦查小组就会被一个庭审小组所取代。

同样，在跨境案件中，欧洲检察官可以联合多国的委派检察官组成联合侦查小组共同侦查。

（五）侦查合作

对国际刑事法院检察官而言，其还可以实施合作侦查行为，具体涉及合作主体（国际刑事法院对缔约国规定了强制性的合作义务；国际刑事法院也可以向非缔约国发出合作邀请，但非缔约国无合作义务；国际刑事法院可以请求政府间组织以及有关组织提供相关的资料或文件；政府间组织与国际刑事法院的合作同非缔约国与国际刑事法院的合作一样是以自愿为基础、以协商为原则，并以政府间组织主管或职权范围为限）与具体措施（逮捕、移交、临时逮捕、其他形式的合作，如查明某人的身份和下落或物品的所在地；取证；讯问被调查或被起诉的人；送达文书；临时移送在被请求国关押的人员到法院作证；勘验有关地点或场所；执行搜查和扣押；提供记录和文件；保护被害人和证人及保全证据；查明、追寻和冻结或扣押犯罪收益、财产和资产及犯罪工具等；以及一切被请求国法律不禁止的其他形式的协助）两部分内容。

为了履行职责，完成法定任务，欧洲检察官办公室必须与其他欧盟组织和机构（欧洲司法组织、欧洲警察署、欧盟委员会、欧洲反欺诈办公室）、第三国（非成员国）主管机关、国际组织（国际刑警组织）建立与维持长久的合作关系。

所不同的是，欧洲检察官办公室建立合作的目标是形成一种常态化的机制，且合作主体范围广泛；而国际刑事法院检察官办公室采取的似乎是“一案一合作”的模式，具有一定的局限性。

（六）侦查结果

在国际刑事法院检察官侦查结束后，要经历证据开示、听讯程序，从而决定修改或撤销指控。如果有充足的证据证明、有实质性理由相信被指控人犯有一项或多项被指控的罪行，预审分庭应确认检察官准备交付审判的指控，决定对被指控的人进行起诉，并将被指控的人移送审判分庭；如果有关的指控证据不足，预审分庭应拒绝确认指控，暂停听讯并要求检察官就某项或某些指控提出进一步的证据、做进一步的侦查，或者在检察官所提出的证据显然构成另一项国际刑事法院管辖范围内的犯罪时，要求检察官修改一项指控。

而欧洲检察官侦查结束后，就应当决定是起诉还是撤销（终止）案件。这里要特别提及证据可采性原则：只要欧洲检察官收集证据的过程不违反《欧盟基本人权宪章》第 47 条和第 48 条关于程序公正和辩护权之规定，成员国法院都应当采纳证据。一旦证据可采且达到成员国审判标准，就应当通过成员国法院进行审判。而如果起诉变得不现实（如犯罪嫌疑人死亡）或其他原因（缺乏相关证据）或通过“交易”，就应当撤销或终止案件。欧洲检察官办公室可以将撤销的案件转交给欧洲反欺诈办公室、成员国行政机关或司法机关进一步处理。

也就是说，欧洲检察官在处理案件时灵活度较高：一方面，在遇到特殊情形时，可以撤销或终止案件——有自由裁量权，即撤销或终止与否并不绝对；另一方面，还可以通过“交易”来解决案件。

国际检察官与欧洲检察官侦查程序之比较详见表 6-3。

表 6-3　国际检察官与欧洲检察官侦查程序比较

比较事项	相同点	不同点	
原则	辅助性原则、比例性原则、一事不再理原则、公平公正原则、忠诚合作原则	国际检察官	内部分权原则：部分侦查措施需要得到预审分庭的授权方可实施
		欧洲检察官	外部分权原则：某些强制措施需要得到成员国的授权才能实施
侦查启动	案件来源：自行发现与其他主体提出	国际检察官	缔约国提出；安理会提交；检察官自行开展
		欧洲检察官	各成员国国家当局和欧盟所有机构通知；委派检察官自行发现并通知；欧洲检察官自行收集或接收信息

续表

比较事项	相同点	不同点	
	信息的处理：初步审查与启动	国际检察官	1. 就可受理性进行初步的裁定并接受质疑。 2. 审查是否符合启动侦查条件：国际刑事法院是否有管辖权及可受理性；是否存在认定犯罪发生的“合理根据”；侦查是否符合实现公正的利益。 3. 启动：如果是缔约国或安理会提交的情势，检察官可以自行决定开始案件侦查，不需要预审分庭的授权。但如果是检察官自行展开的情势调查，需要得到预审分庭授权后方可开始侦查
		欧洲检察官	1. 登记并确认信息。 2. 决定是否进行侦查。如果确认后认为不需要进行侦查，则应当销案，并将案件信息和销案原因输入案件管理系统；如果确认后认为有合理理由相信管辖范围内的犯罪行为正在实施或已经实施，则应当开展侦查，并作出书面决定。欧洲检察官可以自行侦查，也可以将案件交给委派检察官侦查。 3. 如果出现紧急情况，应当先实施紧急措施进行处理
具体侦查措施	包括强制性措施和非强制性措施	国际检察官	讯问或询问；缔约国境内直接侦查取证；有关强制措施；（非缔约国）通过签订的司法协助协议或安排来实施侦查措施；逮捕；传唤；移交有关人员；作出关于应遵循的程序的建议或命令；指示为该程序制作记录；指派鉴定人协助；授权被逮捕人或被传唤到庭的人的律师参与，或在尚未逮捕、到庭、指定律师时，指派另一名律师到场代表辩护方的利益；指派一名预审分庭法官，或必要时指派另一名可予调遣的预审分庭或审判分庭法官，监督证据的收集和保全及对人员的讯问，并就此作出建议或命令；采取其他可能必要的行动，以收集或保全证据

续表

比较事项	相同点	不同点	
		欧洲检察官	搜查任何住宅、土地、交通工具、私人住宅、衣服和其他任何个人财产或计算机系统；取得任何相关物品或文件、储存的计算机数据，包括交通数据、银行账户数据；查封不动产和交通工具，冻结数据；冻结犯罪工具或犯罪所得，包括其他财产；拦截通信，包括犯罪嫌疑人收发的电子邮件；实时监控；监测金融交易；冻结将来的金融交易；非公共场所的监控；秘密侦查；传唤犯罪嫌疑人和证人；鉴定；扣押物品；进入房屋并进行货物取样；检查交通工具；跟踪和控制犯罪嫌疑人；追踪物品；公共场所监视犯罪嫌疑人和第三人；获准进入国家或欧盟公共房屋登记处；讯问（询问）犯罪嫌疑人和证人；委托专家
侦查形式	联合侦查小组	国际检察官	侦查部门（律师、侦查人员和分析人员组成）、起诉部门（庭审和上诉律师组成）、司法协调协作部门（分析人员、国际合作专家和律师组成）
		欧洲检察官	在跨境案件中，欧洲检察官可以联合多国的委派检察官组成联合侦查小组共同侦查

续表

比较事项	相同点	不同点	
侦查合作	合作主体与措施	国际检察官	1. 合作主体：国际刑事法院对缔约国规定了强制性的合作义务；国际刑事法院也可以向非缔约国发出请求合作邀请，但非缔约国无合作义务；国际刑事法院可以请求政府间组织以及有关组织提供相关的资料或文件；政府间组织与国际刑事法院的合作同非缔约国与国际刑事法院合作一样是以自愿为基础，以协商为原则，并以政府间组织主管或职权范围为限。 2. 具体措施：逮捕、移交、临时逮捕、其他形式的合作，如查明某人的身份和下落或物品的所在地；取证；讯问被调查或被起诉的人；送达文书；临时移送在被请求国关押的人员到法院作证；勘验有关地点或场所；执行搜查和扣押；提供记录和文件；保护被害人和证人及保全证据；查明、追寻和冻结或扣押犯罪收益、财产和资产及犯罪工具等；以及一切被请求国法律不禁止的其他形式的协助
		欧洲检察官	必须与其他欧盟组织和机构（欧洲司法组织、欧洲警察署、欧盟委员会、欧洲反欺诈办公室）、第三国（非成员国）主管机关、国际组织（国际刑警组织）建立与维持长久的合作关系

续表

比较事项	相同点	不同点	
侦查结果	起诉或撤销指控	国际检察官	1. 证据开示。 2. 听讯程序。 3. 修改或撤销指控：如果有充足的证据证明、有实质性理由相信被指控人犯有一项或多项被指控的罪行，预审分庭应确认检察官准备交付审判的指控，决定对被指控的人进行起诉，并将被指控的人移送审判分庭；如果有关的指控证据不足，预审分庭应拒绝确认指控，暂停听讯并要求检察官就某项或某些指控提出进一步的证据、做进一步的侦查，或者在检察官所提出的证据显然构成另一项国际刑事法院管辖范围内的犯罪时，要求检察官修改一项指控
		欧洲检察官	1. 起诉或撤销（终止）案件：只要欧洲检察官收集证据的过程不违反《欧盟基本人权宪章》第 47 条和第 48 条关于程序公正和辩护权之规定，成员国法院都应当采纳证据。一旦证据可采且达到成员国审判标准，就应当通过成员国法院进行审判；如果起诉变得不现实（如犯罪嫌疑人死亡）或其他原因（缺乏相关证据）或通过交易，就应当或者可以撤销或终止案件。 2. 将撤销的案件转交给欧洲反欺诈办公室、成员国行政机关或司法机关进一步处理

本节从侦查主体、侦查特征与侦查程序三大方面比较了国际检察官与区际检察官的异同。产生差异的本质在于，国际刑事法院检察官办公室带有政治色彩，其设计围绕着这一主题进行，如大部分事项需要多方磋商方可进行；而欧洲检察官办公室更多的是带有经济色彩，围绕着欧盟经济服务展开。相同的方面当属两者为侦诉一体，国（区）际侦查需要各方通力合作等。本书研究的目的当然不仅限于此，而是需要弄清以下两个问题：其侦查会对我国有影响吗？其侦查对我国又有什么启示呢？

第二节　国（区）际检察官侦查对我国的影响

一、我国公民可能受到管辖

国际刑事法院对案件依照属物管辖、属人管辖与属地管辖原则行使管辖权时，会造成中国公民实际上受到国际刑事法院管辖的可能。

首先，在属物管辖上，根据《国际刑事法院罗马规约》的有关规定，只要实施了战争罪、灭绝种族罪、危害人类罪以及侵略罪这四种严重危害全人类共同利益的罪行的个人，都应当被追究国际刑事责任。从设立国际刑事法院的宗旨出发，理所应当追究这些犯罪行为人的国际刑事责任，可这种管辖无疑突破了签署《国际刑事法院罗马规约》时的相对性，将所有国家之中可能实施此类行为的人都囊括在其管辖范围中，导致不符合国际刑法中的相对普遍管辖原则。在理论上，国际刑法的普遍管辖原则包含相对普遍管辖和绝对普遍管辖，两者定义有所区别：相对普遍管辖，是指普遍管辖权的行使是以被指控的犯罪行为人在行使管辖权的国家领土上出现为先决条件；[①] 绝对普遍管辖，则指普遍管辖权的行使不以被指控的犯罪行为人在行使管辖权的国家领土上出现为先决条件。然而，绝对普遍管辖权并没有成为国际习惯法的一部分，没有得到足够多的国际成文法的支持，更谈不上成为国际社会的法律共识。[②] 比利时曾在 1993 年颁布实施《普遍管辖权法》，此法使比利时法庭可以审理与自己国家或公民没有任何联系的案件，但在 2003 年，迫于外交压力，比利时政府决定废除此法。十年的实践证明，绝对普遍管辖难以得到其他国家的支持。世界上绝大多数国家所认可和接受的普遍管辖原则，若无特别说明一般应理解为相对普遍管辖。国际法中或引渡或起诉原则的前提就是行为人在该国的领土上，本质上就是相对普遍管辖权的应用。国际刑事法院按照犯罪人实施的行为类型来划分管辖权，

---

① 周露露. 当代国际刑法基本原则研究［M］. 北京：中国人民公安大学出版社，2009：114.

② ［美］谢里夫·巴西奥尼. 普遍管辖权的历史回顾：从起诉海盗罪追溯到当前普遍管辖权的理论与实践［A］. 王秀梅译. 赵秉志，卢建平主编. 国际刑法评论（第 1 卷）［C］. 北京：中国人民公安大学出版社，2006：18-63.

不将行为的发生地纳入考虑范围，严重违背相对普遍管辖原则。同时，《国际刑事法院罗马规约》修正案提到，在对第 5 条即关于国际刑事法院属物管辖的任何修正案，只提及国际刑事法院的缔约国，如果缔约国接受该修正案，此修正案在交存批准书或接受书一年后对其生效；如果缔约国不接受该修正案，国际刑事法院不得依照此修正案行使管辖权。因此，如果是非缔约国，由于此前其并未成为缔约国，对修正案没有任何发表意见的权利，即使其完全不接受修正案的内容，也可能存在国际刑事法院对其行使管辖权的情况。据此分析，非缔约国在某种程度上承担了比缔约国还要大的义务，很不合理。

其次，在属人管辖与属地管辖上，国际刑事法院不仅可以对其缔约国的公民进行管辖，在一定条件下也可以对非缔约国的公民进行管辖。所谓一定的条件，具体指非缔约国的公民在缔约国境内（包括发生在此国注册的船舶或飞行器上）实施了国际刑事法院管辖范围内的罪行。国际法实践中，当犯罪嫌疑人国籍国和犯罪发生地国对某犯罪都有管辖权时，一般应以属地管辖权为优先，即对于在缔约国境内满足一定条件的非缔约国公民，此缔约国可以不经该公民所属国同意，直接将其移交给国际刑事法院。甚至在一国声明其接受国际刑事法院管辖时，亦可将其境内的犯罪嫌疑人移交国际刑事法院而不经此人国籍国同意。

因为根据《国际刑事法院罗马规约》修正案之规定，非缔约国公民在缔约国境内或注册国为缔约国的船舶或飞行器上实施战争罪、灭绝种族罪、危害人类罪以及侵略罪，国际刑事法院对其也拥有管辖权。如果是缔约国，还可以申明该修正案对其无效，而非缔约国则无任何抗辩理由。

虽然中国公民在他国犯国际刑事法院管辖范围内的四种罪的可能性不大，但基于国际刑事法院的“属地管辖”原则，中国公民一旦在《国际刑事法院罗马规约》缔约国犯其管辖的四种罪行之一，就可能在未经我国政府同意的情况下被移交给国际刑事法院，这种做法显然违背了国家自愿接受国际刑事法院管辖的前提条件。

二、我国公民可能受到侦查

（一）启动对我国公民的侦查

国际刑事法院对非缔约国公民的侦查启动机制限制较少，因此其很容易启动针对非缔约国公民的侦查程序。国际刑事法院检察官的三种侦查启动方式都可能引起对我国公民的调查：

第一，由缔约国向国际刑事法院提交显示一项或多项国际刑事法院管辖范围内的犯罪已经发生的情势。目前实践中缔约国所提交的情势均为针对在本国境内所发生的其本国公民所犯下的情势。但根据《国际刑事法院罗马规约》的规定，并未显示缔约国所提交的情势必须是要由该缔约国的公民所实施的。也就是说，缔约国向国际刑事法院提交其本国境内的情势，可以是其本国公民所实施的，也可以是由其他国家的公民实施的。其他国家的公民既包含其他缔约国公民，也包含非缔约国的公民，只要提交的情势充分说明相关的细节、文件，致使国际刑事法院的检察官相信确实存在调查的必要即可。

第二，联合国安理会依照《联合国宪章》第七章行事，向国际刑事法院提交情势的启动侦查方式让国际刑事法院对非缔约国公民行使管辖权，甚至都可以不受犯罪行为发生地的限制。只要联合国安理会提出的案件涉及对和平之威胁、对和平之破坏及侵略之行为，联合国都可以进行管辖，然后以决议的形式，将情势提交给国际刑事法院。国际刑事法院检察官对于安理会提交的情势，自行进行审查，以判定是否应启动侦查。中国作为联合国安理会五个常任理事国之一，虽然对安理会提交情势的行为拥有否决权，可以杜绝中国公民由于安理会提交情势而受到国际刑事法院管辖的可能，但如果中国公民真的犯有国际刑事法院管辖的犯罪行为，中国动用否决权来否定安理会的决议，不利于树立中国在国际上的良好形象。

第三，国际刑事法院检察官自行启动的侦查。在此情况下，在完成情势审查后，还需确定成为侦查对象的具体案件。这与上述两种情况下只能提交显示犯罪发生的情势有所不同，需要展开侦查的具体案件由检察官来决定。检察官不需经有关国家同意就能启动的侦查，在实质上会造成国际刑事法院管辖权与国家主权的冲突。检察官有权对缔约国或安理会提交的情势进行审查，决定对具体案件展开侦查，这使其凌驾于缔约国和安理会之上，难以让人接受。

有学者认为，检察官可以对在非缔约国领域内实施的犯罪或者由非缔约国公民实施的犯罪进行侦查，进而由国际刑事法院对这类案件行使管辖权，[1] 使其自行启动侦查的案件范围从缔约国内的缔约国公民实施的国际刑事法院管辖的犯罪扩展到非缔约国内非缔约国公民实施的国际刑事法院管辖的犯罪。如此大的侦查启动权，令人欷歔，这对本应不承担《国际刑事法院罗马规约》义务却因检察官的指控而被动接受管辖的国际刑事法院非缔约国而言尤为明显。[2] 虽然从检察官的选任条件设置到检察官侦查启动前设置的层层标准以及预审分庭对其的监督，都是为了确保检察官的权力不被滥用，但检察官的自行侦查启动权是否会滥用仍受到国际社会的广泛关注。

未经国家同意而启动对该国公民的刑事调查，在美国等国看来是绝对不能接受的。[3] 而在上述三种启动侦查的方式下，作为《国际刑事法院罗马规约》非缔约国的公民，是非常可能被动地成为国际刑事法院的管辖对象和侦查对象的。

（二）对我国公民侦查前再次对案件进行审查

如上所述，在侦查正式开始前，还需要对案件进行再次审查以作出初步裁定。在对案件的可受理性进行审查时，国际刑事法院拥有绝对的自主判断权。其不需要与当事国进行协商，也无须当事国的承认，就可以径行作出案件是否可以受理的裁定。在考虑案件是否具有可受理性时，有一点十分重要：对案件具有管辖权的国家是否为“不愿意”或“不能切实”进行调查。这里的对案件具有管辖权的国家不仅包括规约的缔约国，也包括非缔约国。如果具有管辖权的国家履行其国际义务，正在对案件行使管辖权，按照国际刑事法院的补充管辖规定，国际刑事法院就承认该国内管辖权的优先地位，不会代替该国对案件进行管辖。每个国家都对在其领土上实施的犯罪行为享有绝对的管辖权，这项权力与国家的主权联系在一起，甚少有国家会主动放弃这项权力。国际刑事法院确立的补充管辖规定反映了对国家主权的尊重，正是大多数国家愿意加入《国际刑事法院罗马规约》的基础。然而，看似是对一国国内管辖权进行补充管辖的规定，实质上却存在对一国司法程序审查不予承认的可能。如果国际刑事法院在评判一国国内司法活动和判决结果时滥

① 张旭．国际刑法——现状与展望［M］．北京：清华大学出版社，2005：249.

② 高铭暄，王俊平．中国关注的国际刑事法院问题［J］．人民检察，2007，（7）：5-9.

③ William A.Schabas.An Introduction to the International Criminal Court[M].Cambridge:Cambridge University Press,2002:75.

用此项权力，就很有可能损害补充管辖的原则，也必然会影响其与国内法院的合作。①

判断一国是否存在“不愿意”对案件进行管辖时应考虑三个方面：

一是拥有管辖权的国家是否为了包庇犯罪而进行虚假的诉讼，即对于诉讼是否存在包庇可能的判断。每个国家国内法的形成原因各不相同，造成其在对同一种犯罪行为的处罚规定上有所区别。根据其国内法处罚的犯罪行为，倘若存在包庇犯罪嫌疑人、有罪判无罪从而放纵罪犯的情况，较为容易识别。但如若只是重罪轻判，国际刑事法院的自由裁量权在其中就有很大程度的施展空间。一项罪行，在按照某一国的国内法进行侦查时，国际刑事法院预审分庭法官可能会根据自己的判断自行裁定某国实施的侦查行为是放纵犯罪的虚假诉讼，从而实施补充管辖。

二是诉讼程序是否出现不当延误且不符合将有关的人绳之以法的目的。判断诉讼程序的不当延误，应将对该案件进行的诉讼程序与该国对其他案件通常进行的诉讼程序进行比较。理论上，如果该案件的诉讼用时明显超过其他案件的诉讼用时，且不能给予令人信服的理由，就视为不当延误。然而，实践中，由于案件的特殊性，常常会存在一些延长诉讼时限的情况。国际刑事法院在判断是否存在令人信服的理由时，当事国可以提供相关的证据资料以证明其实施的诉讼程序的延误是有正当理由的。当然，当事国也可以不提供相关证据资料，如若这样，国际刑事法院预审分庭在判断案件的诉讼程序是否存在正当理由时，则完全依据国际刑事法院检察官提供的证据资料。检察官所持的观点是当事国的案件诉讼程序存在不当延误，如果完全依靠国际刑事法院检察官收集到的证据资料来判断是否存在不当延误，就很可能得出与当事国不一样的结论。因此，想要得出较为公正的结论，需由当事国解释其延误诉讼的正当理由，再由国际刑事法院来判断此理由是否为人所信服。涉及的当事国为国际刑事法院非缔约国时，该国不仅司法权受到国际刑事法院的质疑，还需要向国际刑事法院提供相关的资料以证明其实施的司法程序为正常合法的程序，这无异于让非缔约国承担义务。同《国际刑事法院罗马规约》缔约国相比，非缔约国需要承担同等义务，否则将可能招

① 胡云腾. 略论国际刑事法院与国内法院的关系［A］. 赵秉志主编. 国际刑事法院专论［C］. 北京：人民法院出版社，2003：56-59.

致国际刑事法院对其司法权的否定性评价。在这个层面上，国际刑事法院的有关规定有增大非缔约国义务的嫌疑。

三是诉讼有没有以独立和公正的方式进行。这一方面的规定更多的是考虑对被告人权利的保障。在规定这条时，有的缔约国曾提出程序上的公正并不能成为确定行使补充管辖权的理由，因为被告人的权利可以通过其他方面的规定予以保障。而对一国的诉讼程序的公正与否进行评判事实上是对该国管辖权的干预。

相对来说，国际刑事法院在判断一国是否存在不能够对案件进行管辖的情形时，所能拥有的自由裁量权较小，主要是依据事实来进行判断。对案件拥有管辖权的国家的国内司法系统全部或部分瓦解造成不能捕获被告或不能取得必要的证据和证言，即视为其不能对案件进行管辖。同时，还可以包括因其他方面的原因造成无法进行诉讼，如引渡条约的存在造成不能捕获被告。总体来看，不能够进行案件管辖，是事实上的管辖不能。当一国出现“不愿意”或者“不能”的情况，国际刑事法院便难以与该国进行侦查合作，似乎就只能依靠国际社会的有效干涉来使检察官有效地行使其侦查权。①

从上面的论述就可以推断出，包括我国在内的《国际刑事法院罗马规约》非缔约国有可能受到国际刑事法院的管辖，公民也有可能受到侦查，尽管在管辖或侦查启动前会有相应的审查程序。同时，也不能排除我国公民受到欧洲检察官办公室管辖的可能（欧洲检察官办公室管辖的犯罪行为人并未明确只能是成员国公民）。虽然目前来看我国公民侵犯欧盟财政利益的犯罪概率不大，但是如果其管辖范围扩大至所有具有跨国性质的严重犯罪，与之相关的犯罪概率就会大大增加，我国公民就极有可能受到欧洲检察官办公室的管辖，即欧洲检察官可能会对我国公民进行侦查与起诉。

进一步讲，假设我国公民犯有两类检察官管辖的犯罪，其所经历的程序也不相同，这体现了国际刑事法院检察官办公室与欧洲检察官办公室处理案件流程的不同。首先，两类检察官要判断案件是否有受理性，其遵循的程序与标准不相同，如裁定的主体有异：国际刑事法院预审分

---

① Ademola Abass.The International Criminal Court and Universal Jurisdiction[J].International Criminal Law Review,2006,(3):349-385.

庭裁定与欧洲检察官办公室自行裁定；其次，如果裁定可受理，接下来就要开展侦查，强制措施的授权亦不同：国际刑事法院预审分庭授权与成员国法院授权；再次，如果符合起诉标准，两类检察官就要进行起诉，各自拥有的裁量权不一，处理方式也有不同；最后，符合相应条件，则交由法院审判，但受理法院不同：国际刑事法院与成员国法院。正因如此，证据可采性成为欧洲检察官收集证据的保障，因为最后的审判毕竟不在欧洲法院，而是在成员国法院，不像国际刑事法院检察官可将案件起诉至同一体系的国际刑事法院。由此观之，如果我国公民犯有国际刑事法院管辖的犯罪，整个侦查、起诉、审判都会在国际刑事法院框架内完成；如果我国公民犯有欧洲检察官办公室管辖的犯罪，侦查与起诉由欧洲检察官完成，但审判会在成员国法院进行，而即便是侦查与起诉，也可能多数在成员国收集证据，即如果我国公民侵犯了欧盟财政利益，就很可能会到欧盟成员国接受审判。这点在逻辑上是否能行得通，还可以做深入探讨。

三、我国对国（区）际检察官侦查的态度

从我国公民可能受到国（区）际检察官管辖、侦查来看，应该纠正不正确的看法，即并不能简单地认为：因为我国并非《国际刑事法院罗马规约》缔约国，所以其检察官之侦查与我们没有关系，实际上其对我国是有影响的。根据《国际刑事法院罗马规约》的有关规定，中国在法律上属于国际刑事法院的非缔约国或第三国，在管辖上不仅存在中国公民受其管辖的可能性，[①] 中国也可能会因合作或司法协助问题而与之产生交集，前者是本部分的重点，后者在对我国的启示中会详细论述。

国（区）际检察官之侦查对中国可能施加的影响既是理论上的，又具有现实性。我们不禁要问，如果说对欧洲检察官的管辖，我们能做的可能较少，至少我国不可能成为欧盟成员国，那么对国际刑事法院检察官的管辖，我们可以有所行动，如加入《国际刑事法院罗马规约》。

---

① 按照《国际刑事法院罗马规约》的规定，只要实施国际刑事法院管辖罪行的犯罪嫌疑人的国籍国或犯罪行为发生地国为国际刑事法院的缔约国或声明接受国际刑事法院管辖，国际刑事法院就能行使管辖权。

但我国为什么迟迟不加入《国际刑事法院罗马规约》成为其缔约国呢？时任中国外交部副部长王光亚 1998 年 7 月就新华社记者的提问阐述了中国没有加入《国际刑事法院罗马规约》的五大原因，这或许部分解释了上述问题。第一，中国不能接受规约中关于普遍管辖的规定；第二，中国对包括国内性武装冲突的战争罪定义持保留意见；第三，中国对规约中有关安理会认定侵略罪的作用持保留意见；第四，中国对国际刑事法院检察官的自行侦查权严重保留；第五，中国对反人道罪的定义持保留立场。其中，第二、第三、第五条原因属于刑法范畴，第一、第四条原因已在本部分论及，但第四条与侦查有关的原因值得进一步研究。

在全球一体化的今天，不仅仅是经济、文化、政治，法律间的相互影响亦日益凸显，所以我国不可能置身于国际刑事法院检察官或欧洲检察官侦查之外。对于是否参加《国际刑事法院罗马规约》，一直以来是我国国际法学者讨论的热点，而时至今日，我国政府已然持开放态度，并表示国际刑事法院如果能以其有效运作获得普遍支持和合作，中国不排除在适当的时候考虑加入《国际刑事法院罗马规约》的可能性。[①] 这既是应对检察官侦查的需要，也是提升我国积极参与国际事务的最佳体现。

虽然对国际刑事法院的批判自其成立之时就未曾中断，[②] 但从客观上而言，其存在是不容忽视的。而中国作为联合国安理会常任理事国中唯一的社会主义国家，应该积极参与到国际社会中，充分发挥自己的国际影响力。中国一直对国际刑事法院的发展表示了极大的关注和一定的

① 王秀梅. 国际刑法学研究述评（1978—2008）[M]. 北京师范大学出版社，2009：279.

② 有批评者认为，国际刑事法院是一个不合逻辑的机构，它有着名义上的独立性，却依附于富国以获取资助，而且有赖于其所有成员国对裁决进行落实。如上所述，国际刑事法院人数不多的工作人员将从全世界海量的国际罪行中挑选出有待调查的案件，当检察官做出这些选择时，他们遵循的是普适价值观并确保最终会给公众一个交代。但是，在全球层面此类价值观并不存在，其选择因此肯定是颇具政治性的。目前此类调查已在发生暴行的一些非洲小国展开，因此其被看作一个类殖民地机构。没人能够解决这样一个永远误解的难题——谁来保卫这些保卫者。仅仅是通过赋权于起诉者和法庭是不够的。详见 2010 年 4 月 14 日的《华尔街时报》（作者为芝加哥大学法学院教授 Eric Posner）。

支持,[①] 即使现阶段没有参与到国际刑事法院的体系中，也应采取积极的应对措施。同样，我国也可以从中汲取积极因素完善当前的刑事立法、司法与执法，尤其是检察官侦查制度等方面。

第三节　国（区）际检察官侦查对我国的启示

一、对我国检察官国内侦查制度完善之启示

（一）主体方面

1. 独立性

根据我国宪法、刑事诉讼法等法律的规定，人民检察院依照法律规定独立行使检察权，不受行政机关、社会团体和个人的干涉。而这被认为是“人民检察院”机构独立的依据，但通常并不理解为检察官也独立。对此，我国《检察官法》则明确了检察官“依法履行检察职责不受行政机关、社会团体和个人的干涉”,[②] 但该规定并未在实践中充分体现。检察机关独立，不仅体现为整个机构独立，还包括机构的办案人员，即检察官需要相对独立，否则不能认为“检察独立”。

为了改变检察不独立的现状，我国检察系统正进行内部改革，突出的便是主办（诉）检察官制度。所谓主办（诉）检察官制度，是指在检察长的领导下，在侦查部门、公诉部门等检察业务部门实行的以主办（诉）检察官作为一定范围内的独立办案主体的检察官办案制度。这是基于两个文件：

一是最高人民检察院第九届检察委员会第 52 次会议于 2000 年 1 月 10 日通过、2000 年 2 月 1 日发布的《最高人民检察院办公厅关于在审

---

① 在联合国安理会提交的苏丹达尔富尔地区的情势中，中国作为安理会常任理事国未投反对票，可以理解为中国对国际刑事法院工作的支持。如果中国投反对票，此情势不可能提交到国际刑事法院。

② 《检察官法》第 9 条规定，检察官享有下列权利：（一）履行检察官职责应当具有的职权和工作条件；（二）依法履行检察职责不受行政机关、社会团体和个人的干涉；（三）非因法定事由、非经法定程序，不被免职、降职、辞退或者处分；（四）获得劳动报酬，享受保险、福利待遇；（五）人身、财产和住所安全受法律保护；（六）参加培训；（七）提出申诉或者控告。

查起诉部门全面推行主诉检察官办案责任制的工作方案》。该方案提出，主诉检察官在检察长的领导下，独立承办案件，负责处理相关事项。主诉检察官承办案件时，对于法律明确规定应当由检察长、检察委员会行使的职权，以及检察长、检察委员会认为应由其行使的职权，应当提出意见，报请检察长决定。包括需要采取、变更、撤销逮捕措施的；需要改变管辖的；拟作不起诉决定的；变更起诉的；决定抗诉、撤回抗诉的；需要对有关单位提出书面纠正违法意见或者检察建议的；下级人民检察院书面请示和公安机关提请复议、复核的案件中需要检察长决定的；上级交办的案件以及本地区有重大影响的案件中需要检察长决定的等事项。检察长和检察委员会的决定，主诉检察官应当执行。主诉检察官对检察长的决定有异议时，检察长应提请检察委员会讨论决定。检察委员会的决定，主诉检察官应执行。由主诉检察官决定的案件或者诉讼中的事项，其应对案件事实、证据的认定和所作的决定负责。由主诉检察官提出处理意见报检察长或者检察委员会决定的案件或者诉讼中的事项，其应对案件事实和证据的认定负责，检察长或者检察委员会对所作的决定负责。主诉检察官应当就所承办的案件出庭支持公诉，主诉检察官的助手可以与主诉检察官共同出庭支持公诉。主诉检察官的助手辅助主诉检察官办理案件，接受主诉检察官的指派具体处理办案过程中的有关事项，处理好主诉检察官与检察长、检察委员会、审查起诉部门负责人、助手的关系。①

---

① 检察长要把推行主诉检察官办案责任制作为检察改革的大事来抓，加强对本院主诉检察官的领导，切实承担起监督、指导主诉检察官工作的职责。检察委员会在讨论不起诉、起诉、抗诉案件时，应当充分听取主诉检察官的意见。审查起诉部门负责人应当转变职能，根据检察长的授权，监督、检查、协调主诉检察官及其助手的办案工作。审查起诉部门负责人对主诉检察官所承办案件有意见时，应主动同主诉检察官交换意见，或者提出自己的意见报检察长。需要由检察长决定或者由检察长提交检察委员会讨论决定的案件或者事项，主诉检察官应当提出意见，经审查起诉部门负责人报检察长。审查起诉部门负责人不同意主诉检察官意见的，可以提出自己的意见一并呈报检察长，但不能改变主诉检察官的意见。检察长、检察委员会委员和审查起诉部门负责人应当适时对主诉检察官出庭支持公诉的案件进行跟庭考察。提起公诉的案件，实行起诉意见书、起诉书、判决书、裁定书备案制度。检察长、审查起诉部门负责人对主诉检察官报送备案的法律文书、工作文书要及时认真审查，提出意见。主诉检察官在办理案件过程中要发扬民主，充分听取助手的意见和建议。主诉检察官的助手不服从工作安排，或由于不负责任使工作出现重大失误的，主诉检察官可以向检察长建议更换助手。参见《最高人民检察院办公厅关于在审查起诉部门全国推行主诉检察官办案责任制的工作方案》。

二是2000年5月15日高检办发第50号文件《最高人民检察院办公厅关于在检察机关侦查部门开展主办检察官办案责任制试点工作的意见》。该意见指出，主办检察官办案责任制是在检察长和侦查部门负责人的领导下，以主办检察官为直接责任人，全权决定职责范围内事项的一种办案制度。设主办检察官办案组，配若干办案人员，由主办检察官主持办案组的工作并承担责任，办案组成员要服从主办检察官的指挥。主办检察官在检察长和侦查部门负责人的领导下独立承办案件，对案件的事实和证据负责。法律规定侦查活动中应由人民检察院、检察长决定的事项，或者其他办案中的重大事项，由主办检察官提出意见，侦查部门负责人审核，报检察长决定，或提请检察委员会会议审议决定。主办检察官的基本职责是：对法律规定应由人民检察院或者检察长决定的事项提出建议；研究提出侦查计划和方案；根据检察长和部门负责人的决定，组织办案组成员实施具体的侦查活动；管理办案组的日常工作。

在人民检察院决定初查或者立案侦查的具体职务犯罪案件中，由侦查部门负责人指定主办检察官承办。主办检察官确定承办案件中办案组成员的分工，依法开展侦查活动。主办检察官办案组对于承办的案件可以采取有分有合的形式进行。一般一个组可以承办一起或多起案件，多个主办检察官办案组可共同承办一起案件。由几级检察院共同查办或需要由上级检察院统一指挥侦查的案件，可抽调所辖检察院办案人员组成专门办案组，经检察长批准，设立若干主办检察官办案组，任命主办检察官。侦查部门负责人具体指挥和指导主办检察官的工作，审核主办检察官提出的意见，对侦查活动和各项保障工作进行协调，并负责对主办检察官的日常管理。对于主办检察官作出的决定，侦查部门负责人认为必要时，可以召集会议进行研究论证，也可以直接提出纠正意见，主办检察官应当执行。主办检察官有权提出自己的不同意见，侦查部门负责人应当认真听取，必要时可以报检察长决定。

作为我国司法改革的时代产物，主办（诉）检察官制度改革完善我国现行检察业务工作机制，以增强检察官办案的独立性和责任心、提升办案效率为目的，有其法理上的合理性、实务上的必要性，得到了学术界和司法界的充分肯定。经过十多年的司法实践，主办（诉）检察官制度改革取得了一定的效果，如初步解决了“审者不定，定者不审”、“办案环节多，诉讼效率不高”、“检察官缺乏办案积极性”、“无法落实国家赔偿法”、“办案质量难以保障”等一系列问题。与此同时，各地也积极出台相应的措施落实主办（诉）检察官制度。

例如，为了加强检察机关组织体系和基本办案组织建设，健全完善执法办案工作机制，提高办案效率和执法公信力，湖北省人民检察院于2013年8月印发了《关于开展主办检察官办案责任制试点工作的实施方案》，在省内59个检察院开展试点工作，目的之一就是突出办案主体作用：通过实现“权、责、利”相统一，使一线检察官成为相对独立的执法办案主体，建立以检察官为主体的执法办案模式和岗位管理模式。[①] 具体而言，主办检察官是经检察长授权，依法履行执法办案职责，享有一定范围的办案决定权并承担相应责任的检察官。检察机关办理案件应当设立主办检察官办案组，配备若干检察官和检察辅助人员，由主办检察官主持办案组的工作并承担责任，办案组成员应当服从主办检察官的指挥。办案组织的构成可以根据实际情况采取以下三种形式：一是固定办案组，由主办检察官配备若干固定成员组成办案组；二是临时办案组，办案组成员不固定，根据办案需要实行人员组合，由若干检察人员（包括承办其他案件的主办检察官）组成办案组，并明确具体承办案件的主办检察官；三是临时指派办案，人数较少实行内部整合改革试点的基层检察院，可以将其他检察官、检察辅助人员归口案件管理部集中统一管理，根据办案需要临时指派其协助主办检察官工作。对于一般案件，由主办检察官主持办案组的工作，负责安排和进行具体办案活动；对于需要集中力量、抽调人员、专案办理的案件，可以由多个办案组分别承担一定任务，检察长、反贪局局长、反渎局局长或者内设机构负责人统一组织、指挥、协调和管理。总体而言即为“主办检察官+其他检察官、检察辅助人员”的模式。[②]

又如，也有在原先主办（诉）检察官制度的基础上进一步深化改革的：探索实行主任检察官制度，即按照“条件高，放权大”的原则，在全检察院范围内选任若干名主任检察官，独立行使所赋予的较大的检察权，初步形成检察机关内部主任检察官独立办案的新模式。试点省份

---

① 匡茂华. 主办检察官办案责任制试点探索［J］. 人民检察，2013,（22）：48.

② 郑青. 湖北省主办检察官办案责任制探索［J］. 国家检察官学院学报，2014，（4）：72-79.

如广东省，而深圳市检察院作为广东省检察体制改革的首批试点，先后出台了《检察人员分类管理和检察官职业化改革方案》、《改革检察权运行机制完善检察官办案责任制实施方案》，并于 2014 年年底开始施行。目前，深圳市检察院完成了机构整合和人员套改工作，撤销了内设业务机构，设置了公诉部、职务犯罪侦查部（对外称反贪局）、诉讼监督部、业务保障部、业务管理部 5 个业务部，实现业务工作扁平化管理；实行人员分类管理，建立了检察官的单独职务序列和薪酬体系，检察官选任和晋升的条件相应的也更加严格。之后，深圳市检察院着手推行主任检察官办案责任制，按照“1（1 名主任检察官）+N（若干名检察官）+N（若干名检察辅助人员）”的模式，建立了主任检察官办案组织，并设置了“权力清单”和“责任清单”，主任检察官在授权范围内依法行使检察办案权和案件管理权，直接对检察长（分管副检察长）负责，在职责权限内对办案质量终身负责。目前，已顺利完成了首批主任检察官的转任、选任以及办案团队的组建工作。①

但是上述改革的实施在具体运行中也遇到了不少制约因素，未能达到预期的目标。究其原因，有法律（没有明确主办/诉检察官地位与责权，导致实践中认识不统一）、观念（遵从传统的遇案请示与汇报之做法，而部门负责人与检察长亦不放心或不信任且感到权力下放的危机）两大方面。② 当然，这亦与检察官自身素质不高等因素休戚相关。③

我们看到检察系统在落实独立性中的努力：寻求的是折中的“独立性”。有学者通过考察域外国家得出的结论是：检察官或多或少存在独立性，只是程度不同而已，有的国家检察官独立性强些，有的国家检察官独立性则弱些。总体来看，英美法系国家检察官的独立性要强于大陆法系国家检察官的独立性，并形成了一种以独立为原则、以指令为例外的做法。④ 换言之，各国检察官独立性“折中”的中间地段不一。

---

① 吴伟东，孟广军．主任检察官挑起“大梁”［N］．检察日报，2015-04-10.

② 邓思清．主诉（办）检察官制度改革回顾及启示［J］．人民检察，2013，（14）：26.

③ 例如，湖北省人民检察院《关于开展主办检察官办案责任制试点工作的实施方案》中指出：对办案中的非终局性事项、事务性工作，主办检察官有权独立作出决定。对重大、复杂、疑难案件以外的其他案件，检察长可以根据具体情况授权主办检察官决定和处理，即主办检察官决定的事项是有限的。

④ 朱孝清．检察官相对独立论［J］．法学研究，2015，（1）：141-145.

此时，亦可以反过来再回顾一下国际刑事法院检察官与欧洲检察官的独立性与有责性。相比而言，国际刑事法院检察官与欧洲检察官具有完全的检警一体化（后述）及裁量权（范围与自由度）远大于国内检察官的特点。就国际刑事法院检察官办公室检察官而言，不受任何国家、政府、团体或外部的指示或按任何外来的指示行事；就欧洲检察官办公室职员，包括欧洲检察官及其副职、委派检察官等而言，在执行任务时不能寻求或接受任何人、任何成员国、欧盟任何组织的指示。这里明确指出的是“检察官”的独立。当然，这不仅体现在条文规定上，还表现在实践中：国际刑事法院检察官能单独决定是否启动由缔约国或安理会提交情势的侦查，欧洲检察官能单独决定是否开展侦查。三类检察官独立性表现见表 6-4。

表 6-4　三类检察官独立性表现

	国际检察官	欧洲检察官	我国主办（诉）检察官
理论	不受任何国家、政府、团体或外部的指示或按任何外来的指示行事	在执行任务时不能寻求或接受任何人、任何成员国、欧盟任何组织的指示	不受行政机关、社会团体和个人的干涉
实践	1. 单独决定是否启动由缔约国或安理会提交情势的侦查。 2. 单独实施侦查措施：讯问或询问；缔约国境内直接侦查取证；有关强制措施；（非缔约国）通过签订的司法协助协议或安排来实施侦查措施；逮捕；传唤；移交有关人员；采取其他可能必要的行动，以收集或保全证据。 3. 经预审分庭确认，修改或撤销指控、起诉	1. 单独决定是否开展侦查。 2. 单独实施侦查措施：搜查；取得任何相关物品或文件、储存的计算机数据；查封；冻结；拦截通信；实时监控；监测金融交易；冻结将来的金融交易；非公共场所的监控；秘密侦查；传唤犯罪嫌疑人和证人；鉴定；扣押物品；跟踪；追踪物品；公共场所监视犯罪嫌疑人和第三人；讯问（询问）犯罪嫌疑人和证人；委托专家。 3. 单独决定起诉或撤销/终止案件	1. 不能决定是否立案侦查。 2. 经检察长授权，由主办检察官实施侦查措施：讯问；调取书证、物证和视听资料、电子数据；勘验、检查；侦查实验；鉴定；查封、扣押物证、书证和视听资料、电子数据材料；辨认。 3. 经检察长授权，由主办检察官决定并负责处理：除职务犯罪案件和重大、复杂、疑难案件外，对于符合起诉条件的一般性案件和所有简易程序案件提起公诉

从各类检察官独立性来看，欧洲检察官>国际刑事法院检察官>我国主办（诉）检察官。欧洲检察官不仅可以单独决定是否开展侦查，还可以单独决定是否起诉或撤销案件，并且在侦查过程中决定某些措施的实施，自由裁量的范围更广、自由度更宽；国际检察官可以单独决定是否开展侦查，决定侦查过程中某些措施的实施，但对于是否起诉或撤销指控，需由预审分庭确认或决定；我国主办（诉）检察官不仅不能单独决定是否立案侦查，亦不能决定职务犯罪案件和重大、复杂、疑难案件的起诉，仅能实施由检察长授权下的某些措施，其自由裁量的范围较窄、自由度严重受限。也就是说，虽然从理论上三类检察官都是独立的，但独立的内涵显然不同。自由裁量权的宽窄体现出了独立性程度。

此外，独立性程度反映出的是权力实施方式及其主体之差异，各类检察官办案形式亦有所不同（详见表6–5）。

表6–5　各类检察官办案人员组成比较

	国际检察官	欧洲检察官	我国主办（诉）检察官
办案主体	检察官及其副职（协助）	检察官及其副职（协助）、辅助人员、成员国委派检察官（受欧洲检察官的指导和监督）	主办检察官、其他检察官、检察辅助人员
办案组人员组成	侦查部门人员（律师、侦查人员和分析人员）、起诉部门人员（庭审和上诉律师）、司法协调协作部门人员（分析人员、国际合作专家和律师）	检察官、委派检察官（欧洲检察官可以自行侦查，也可以将案件交给委派检察官侦查）	1. 一般案件：固定办案组（主办检察官配备若干固定成员组成）或临时办案组（若干检察人员，包括承办其他案件的主办检察官组成，并明确具体承办案件的主办检察官）或临时指派办案组（临时指派其他检察官、检察辅助人员协助主办检察官工作）。 2. 重大案件：由多个办案组分别承担一定任务，检察长、反贪局局长、反渎局局长或者内设机构负责人统一组织、指挥、协调和管理

从表6-5来看，我国主办（诉）检察官办案组人员组成形式多样，适合不同的案件，灵活性较高。实际上，从内在联系上看，主办检察官相当于成员国委派检察官，是有权主体指派或委派实施具体的侦诉行为主体。但是，委派检察官能够全权负责案件的进行，独立性较强，相比之下，主办检察官仅拥有十分有限的权力。究其原因，当然与各自体制有关，而人员的素质也是影响因素之一（详见表6-6）。

表6-6　各类检察官人员资格比较

国际检察官	欧洲检察官	我国主办检察官	我国主诉检察官
1. 品格高尚、高度胜任工作； 2. 在刑事案件起诉或审判方面具有丰富的实践经验和卓越的才能； 3. 精通并熟练地使用法院的至少一种工作语言	1. 具有独立性； 2. 具有高级司法官资格； 3. 具有相关检察经验	1. 有较强的政治素质和良好的职业道德； 2. 大专以上文化程度，从事侦查工作三年以上或检察工作五年以上，具有检察官法律职务； 3. 具有一定的侦查工作经验，有较高的政策法律水平和组织、指挥、协调能力	1. 基层检察院、分州市检察院、省级检察院的主诉检察官，应当分别规定政治表现、学历、工作经历、工作能力等方面的基本条件； 2. 实行资格考试与考评相结合。资格考试分为书面考试和能力测试，内容主要是公诉实务

欧洲检察官的任职条件较高，需要高级司法官资格，这就保障了办案的质量；而国际刑事法院检察官则是实行责任制，对经办的案件负责，也从另一方面确保了案件的办理质量。反观我国检察官办案实况，陷入了一种人人负责（集体负责）反而无人负责之怪圈，后果就是办案责任制名存实亡。改革后，类似于"主办检察官在检察长和侦查部门负责人的领导下独立承办案件，对案件的事实和证据负责"的做法虽然部分解决了检察官不独立的问题，但实际上远远不够。

通过上述分析，笔者认为，对于国际刑事法院检察官与欧洲检察官来说，其改革侧重点在于如何监督其权力，因其独立性过于强大。如果仅通过预审分庭来制约国际刑事法院检察官权力显然不太可靠，得不到国际社会的认可。故应当采取的措施是：加强国际刑事法院检察官办公室成员向国际刑事法院检察官负责、国际刑事法院检察官向缔约国大会负责的机制建设，落实好《国际刑事法院罗马规约》第 46 条[①]和第 47 条[②]关于主体免职与纪律措施的条款。同时，明确独立监督机制的范围和重点，建立第三方参与机制。[③] 而我国改革方向为建立完备的主办（诉）检察官制度：每起案件指定一名主办检察官（对所办案件负主要责任），并给其配备若干检察辅助人员，组成办案组织；当所办案件需要投入较多人员时，尤其是侦查重大职务犯罪案件时，则由若干检察官和检察辅助人员组成办案组织，由其中一名检察官为主负责办理，是为主办检察官；主办检察官直接向检察长负责，对职责范围内的事项和检察长授权的事项有权作出决定；法律规定应由检察长或者检察委员会决定的事项，则报检察长或者检察委员会决定。这样一来，便可形成案件三级管理"检察长—主办（诉）检察官—检察官或检察辅助人员"并以主办（诉）检察官为主要办案主体的模式。

放权的程度是主办（诉）检察官独立的节点。为保障主办（诉）检察官在办案过程中充分的独立性，应当充分放权，使其逐渐享有决定是否立案侦查、采取何种证据调查措施、是否起诉等权力，这就需要修改法律、纠正观念。同时，应当提升主办（诉）检察官的素质，从选任等程序中把关，并完善相应的工作机制、管理机制，健全现有的监督机制、责任机制，切实把主办（诉）检察官制度融入侦诉制度中。

---

① 检察官、副检察官，经查明有国际刑事法院的《程序和证据规则》所指的严重不当行为，或严重违反本条约的渎职行为；或无法履行《国际刑事法院罗马规约》规定的职责，依据下列程序作出决定后予以免职。关于检察官的决定，由缔约国绝对多数作出；关于副检察官的决定，根据检察官的建议，由缔约国绝对多数作出。上述决定由缔约国大会无记名投票方式作出。

② 检察官、副检察官，如果有不当行为，其严重程度轻于《国际刑事法院罗马规约》第 46 条所述情形，应依照国际刑事法院的《程序和证据规则》给予纪律处分。

③ 何志强，陆静. 论国际刑事法院的独立监督机制——以国际刑事法院检察官为切入点[J]. 江西社会科学，2013，(8)：180-183.

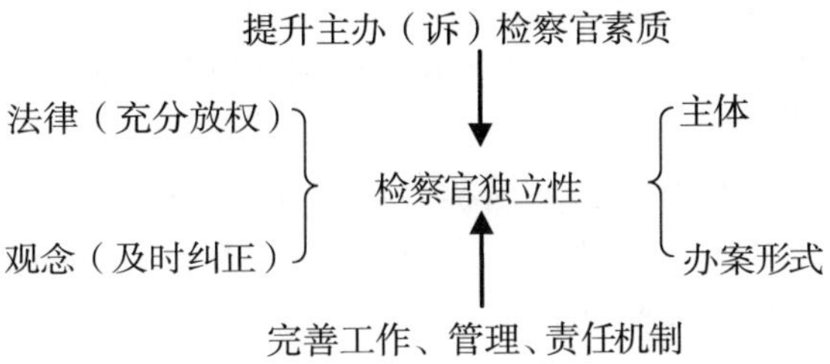

图 6-1　检察官独立性的保障

2. 侦诉关系

笔者在之前的专著中着重分析过域外不同国家或地区检警关系，并指出即便是"检警合一"、"检警分离"、"检察监督侦查"亦有相互借鉴、相互靠拢的趋势，所以模式以及模式的称谓并不重要，关键是关系的具体设计。[①] 此处讨论的是侦诉关系，略有不同。

通过上述分析我们不难发现，国际刑事法院检察官办公室与欧洲检察官办公室是侦诉统一主体，即完全的"检警一体"——比检察官与警察关系的那种一体化显得更为紧密，因为它既是侦查主体，也是审查起诉主体。

在国际刑事法院检察官办公室内部，有侦查部门、起诉部门、司法协调协作部门之分，每个部门内的检察官各司其职，如一般情况下，侦查部门人员负责侦查，起诉部门人员负责审查起诉，这倒类似于我国的检察机关内部的分类：反贪部门负责贪污贿赂案件的侦查，反渎部门负责渎职案件的侦查，审查起诉部门负责自侦案件的起诉。这说明，侦诉一体——当然内部区分不同部门——是合理的，就目前形势下大可不必将侦查职能从检察院分离出来并组成一个专门的侦查机构。

至于欧洲检察官办公室内部，《理事会规则》并未区分作为侦查人员的检察官和作为审查起诉人员的检察官，如只是统说委派检察官有权在检察官的指导下或者检察官自行展开侦查（第 18 条）和审查起诉、交付审判（第 27 条），且在欧洲检察官办公室结构与组织部门（第 6 条）亦没有这样区分。这是否意味着委派检察官在同一案件中集侦查与起诉权于一身——既侦查又起诉？目前来看，的确如此。这样的配置

① 肖军. 侦查主体研究［M］. 北京：群众出版社，2014：170.

当然饱受诟病，显得检察官的权力过大，好在：一来部分侦查强制措施的实施需要得到成员国法院的批准，二来最终的审判在成员国法院进行。

而主办（诉）检察官，从名称中可以看出，主办检察官负责侦查、主诉检察官负责审查，两者显然并不是同一人。不仅如此，在审查批捕、民事诉讼监督等环节亦有主办（诉）检察官的身影。

也就是说，目前改革的重点并不在于分离侦诉职责，而在于处理好检察机关内部侦查与起诉部门、人员之间的关系，衔接好侦查、起诉职能。

（二）程序方面

1. 启动侦查

根据《人民检察院刑事诉讼规则（试行）》第 183 条的规定，人民检察院对于直接受理的案件，经审查认为有犯罪事实需要追究刑事责任的，应当制作立案报告书，经检察长批准后予以立案。在决定立案之日起三日以内，将立案备案登记表、提请立案报告和立案决定书一并报送上一级人民检察院备案。由此观之，人民检察院启动立案侦查的条件为：有犯罪事实；需要追究刑事责任；有案件管辖权（直接受理的案件）。方式为：检察长批准后立案侦查。由于我国立案与侦查的特殊关系，可将立案的标准视为开展侦查的标准。

相比而言，国际刑事法院检察官与欧洲检察官在审查是否启动侦查时，要比国内检察官审查的程序复杂得多。例如，国际刑事法院对于是否有管辖权、是否可受理需要初步裁定，还需要针对各种质疑作出回应，其考虑的事项远比国内法多得多。这既是基于国际刑事法院检察官打击犯罪的慎重性，且不得不考虑其他国家的主权等问题，又是基于打击犯罪的效率性，不可能打击所有相关犯罪，只能挑选较为严重的犯罪进行侦诉，并特别加上了是否符合实现公正的利益这一因素。

而与国际刑事法院检察官侦查案件条件类似，欧洲检察官侦查案件的条件之一亦为是否有“合理理由”。根据上文的分析，有理由且是合理的理由足以使一个正常人相信某（些）人实施或即将实施管辖范围内的犯罪，这种判断基于现行收集到的各类信息，如被害人陈述、证人证言、书证、物证等，也就是说，不是单纯的怀疑，这比国内法侦查启动条件严格一些——与美国等英美法系国家启动搜查、扣押和逮捕等刑事诉讼行为的标准相同，与德国等大陆法系国家提起公诉等刑事诉讼行为的标准相同。

表 6-7　各类检察官启动侦查的条件（全部符合）与方式比较

条件/方式		国际检察官	欧洲检察官	我国检察官
条件	条件 1	是否存在认定犯罪发生的“合理根据”	是否存在认定犯罪正在发生或即将发生的“合理理由”	是否存有犯罪事实并需要追究刑事责任
	条件 2	是否有管辖权以及案件是否可以受理	是否有管辖权	是否有管辖权（直接受理）
	条件 3	是否符合实现公正的利益	——	——
方式		1. 缔约国或安理会提交的情势：自行决定开展案件侦查。 2. 检察官自行展开的情势调查：申请预审分庭授权展开正式的侦查	可以自行侦查，也可以将案件交给委派检察官侦查，并作出书面决定	经检察长批准后予以立案侦查

但是我国检察官启动侦查的条件并没有体现证据的标准这一因素，只是在侦查终结或提起公诉时，要求证据确实与充分，即排除合理怀疑。[①] 而我国检察官启动侦查的条件之一——是否需要追究刑事责任已经被有关文件细化，如 2005 年 12 月 29 日施行的《最高人民检察院关于渎职侵权犯罪案件立案标准的规定》将国家机关工作人员渎职和利用职权实施侵犯公民人身权利、民主权利犯罪案件的立案标准逐案进行了说明，包括滥用职权案、玩忽职守案、徇私枉法案等，并罗列出每一

---

① 《人民检察院刑事诉讼规则（试行）》第 63 条规定，人民检察院侦查终结或者提起公诉的案件，证据应当确实、充分。证据确实、充分，应当符合以下条件：（一）定罪量刑的事实都有证据证明；（二）据以定案的证据均经法定程序查证属实；（三）综合全案证据，对所认定事实已排除合理怀疑。

类犯罪造成何种后果则需要立案之情形。[①] 这种做法的好处是能够量化立案侦查的条件，相应地压缩了检察官自由裁量权。

所以相比而言，不同类别的检察官有各自的启动侦查条件，是顺应需求的，并无不妥之处，条件严格程度：国际刑事法院检察官>欧洲检察官>我国检察官。只是在启动侦查程序时，检察官自由裁量权的力度：欧洲检察官>国际刑事法院检察官>我国检察官。欧洲检察官可以自行决定是否展开侦查；国际刑事法院检察官在缔约国或安理会提交的情势情况下可自行决定是否展开侦查，只是在前期自行展开调查后是否需要进一步侦查需由预审分庭决定；而我国检察官启动侦查需要检察长审批。这说明我国检察官在启动侦查决定上自由裁量权有限，结合主办（诉）检察官制度，应当在检察长指派主办检察官负责某一起案件后，主办检察官即有权决定是否开展侦查。

2. 侦查措施

相比公安机关而言，我国检察机关采取的侦查措施有限，原因在于检察机关不像公安机关那样有庞大的侦查队伍与过硬的侦查技术等，多重因素严重制约了检察官采取侦查措施进行办案。从《人民检察院刑事诉讼规则（试行）》来看，检察官能决定采取的侦查强制措施有：拘传；取保候审；监视居住；拘留；逮捕。能决定采取的侦查措施有：

---

① 例如，《最高人民检察院关于渎职侵权犯罪案件立案标准的规定》提到滥用职权罪的立案标准。滥用职权罪，是指国家机关工作人员超越职权，违法决定、处理其无权决定、处理的事项，或者违反规定处理公务，致使公共财产、国家和人民利益遭受重大损失的行为。涉嫌下列情形之一的，应予立案：1. 造成死亡1人以上，或者重伤2人以上，或者重伤1人、轻伤3人以上，或者轻伤5人以上的；2. 导致10人以上严重中毒的；3. 造成个人财产直接经济损失10万元以上，或者直接经济损失不满10万元，但间接经济损失50万元以上的；4. 造成公共财产或者法人、其他组织财产直接经济损失20万元以上，或者直接经济损失不满20万元，但间接经济损失100万元以上的；5. 虽未达到3、4两项数额标准，但3、4两项合计直接经济损失20万元以上，或者合计直接经济损失不满20万元，但合计间接经济损失100万元以上的；6. 造成公司、企业等单位停业、停产6个月以上，或者破产的；7. 弄虚作假，不报、缓报、谎报或者授意、指使、强令他人不报、缓报、谎报情况，导致重特大事故危害结果继续、扩大，或者致使抢救、调查、处理工作延误的；8. 严重损害国家声誉，或者造成恶劣社会影响的；9. 其他致使公共财产、国家和人民利益遭受重大损失的情形。国家机关工作人员滥用职权，符合《刑法》第九章所规定的特殊渎职罪构成要件的，按照该特殊规定追究刑事责任；主体不符合《刑法》第九章所规定的特殊渎职罪的主体要件，但滥用职权涉嫌前款第1项至第9项规定情形之一的，按照《刑法》第三百九十七条的规定以滥用职权罪追究刑事责任。

讯问犯罪嫌疑人；询问证人、被害人；勘验、检查；搜查；调取、查封、扣押物证、书证和视听资料、电子数据；查询、冻结；鉴定；辨认；技术侦查措施。

事实上，实践中检察机关多利用公安机关的技术侦查措施来侦破案件，其自身能够采取的技术侦查措施多为常见的普通措施，如调取通话记录、手机信息等，无实质性手段，或者说手段单一。

新修订的《刑事诉讼法》证实了这点。该法第一百四十八条规定，人民检察院在立案后，对于重大的贪污、贿赂犯罪案件以及利用职权实施的严重侵犯公民人身权利的重大犯罪案件，根据侦查犯罪的需要，经过严格的批准手续，可以采取技术侦查措施，按照规定交有关机关执行。《人民检察院刑事诉讼规则（试行）》第263条规定，人民检察院在立案后，对于涉案数额在10万元以上、采取其他方法难以收集证据的重大贪污、贿赂犯罪案件以及利用职权实施的严重侵犯公民人身权利的重大犯罪案件，经过严格的批准手续，可以采取技术侦查措施，交有关机关执行。这两个条文表达了同一个意思：在特殊情况下，检察机关可以采取技术侦查措施，但具体的实施主体则是“有关机关”，如公安机关等。因为检察机关决定使用技术侦查的案件数量并不多，加上由检察机关具体实施的条件并不成熟，反倒是公安机关、国家安全机关各自拥有一套技术侦查手段，体现出专业化水平。由它们来实施检察机关决定的技术侦查措施是权宜之计。故当务之急是检察机关应当充分利用公安机关的技术侦查手段，为侦破职务犯罪案件寻求支持。

而欧洲检察官在侦查过程中也采取部分技术侦查措施，如监控、控制下交付、拦截通信等；国际刑事法院检察官采取的侦查措施中，似乎未提及技术侦查措施，但不能排除应用的可能性。

表 6-8　各类检察官采取的侦查措施比较

国际检察官	欧洲检察官	我国检察官
讯问或询问；缔约国境内直接侦查取证；有关强制措施；（非缔约国）通过签订的司法协助协议或安排来实施侦查措施；逮捕；传唤；移交有关人员；作出关于应遵循的程序的建议或命令；指示为该程序制作记录；指派鉴定人协助；授权被逮捕人或被传唤到庭的人的律师参与，或在尚未逮捕、到庭、指定律师时，指派另一名律师到场代表辩护方的利益；指派一名预审分庭法官，或必要时指派另一名可予调遣的预审分庭或审判分庭法官，监督证据的收集和保全及对人员的讯问，并就此作出建议或命令；采取其他可能必要的行动，以收集或保全证据	搜查任何住宅、土地、交通工具、私人住宅、衣服和其他任何个人财产或计算机系统；取得任何相关物品或文件、储存的计算机数据，包括交通数据、银行账户数据；查封不动产和交通工具，冻结数据；冻结犯罪工具或犯罪所得，包括其他财产；拦截通信，包括犯罪嫌疑人收发的电子邮件；实时监控；监测金融交易；冻结将来的金融交易；非公共场所的监控；秘密侦查；传唤犯罪嫌疑人和证人；鉴定；扣押物品；进入房屋并进行货物取样；检查交通工具；跟踪和控制犯罪嫌疑人；追踪物品；公共场所监视犯罪嫌疑人和第三人；获准进入国家或欧盟公共房屋登记处；讯问（询问）犯罪嫌疑人和证人；委托专家	拘传；取保候审；监视居住；拘留；逮捕；讯问犯罪嫌疑人；询问证人、被害人；勘验、检查；搜查；调取、查封、扣押物证、书证和视听资料、电子数据；查询、冻结；鉴定；辨认；技术侦查措施

对于欧洲检察官来说，这些措施需要自己实施，即便寻求协助，与之对应的欧洲警察署、欧洲司法组织等并没有实质性的侦查权，其最多能提供信息资讯上的帮助，不能执法，这与国内检察机关寻求公安机关协助有所不同。当然，对于侦查过程中的信息，欧洲检察官办公室建立了一个案件管理系统（a case management system），存储各类信息。为此，欧洲检察官需任命一名数据保护官员（a data protection officer）负责有关事宜，并形成了一整套的信息保密制度。

对我国检察官侦查而言，检察机关除了要丰富各类侦查手段，待时机成熟，应该有条件地发展自身的技术侦查措施外，还应该确定类似于欧洲检察官办公室的相关配套制度为技术侦查措施的实施保驾护航，如建立保密制度、证据资格认定制度、违法使用的惩罚制度等。

3. 分权审查：慎重采取侦查羁押措施

与两类检察官在侦查过程中采取限制人身自由的羁押措施之谨慎态度相比，我国2013年新修订的《刑事诉讼法》不仅在适用条件上，在适用的种类上也作出了多项宽泛的规定。[①] 在适用的种类上，可以起到限制或者剥夺人身自由的强制措施就多达五种，其中拘留和逮捕是比较典型的侦查羁押措施。在侦查阶段，实施犯罪行为的人，尚未被确定有罪，只能被称为犯罪嫌疑人。此时某人的行为是否构成犯罪还未知，但其已经处于被追诉的不利地位。要切实地保障犯罪嫌疑人在刑事诉讼中的权益，就要对追诉权进行适当的控制。侦查过程中对犯罪嫌疑人采取的羁押措施最有可能侵犯其所享有的基本权利，如对自由权的侵犯。

按照两类检察官的侦查模式类推，侦查机关采取羁押措施必须由独立于侦查机关的司法人员即由法院（国际刑事法院预审分庭、成员国法院）的法官批准。而在我国现行侦查体制下，侦查羁押措施的决定权并不受独立于追诉程序之外的司法官员控制。例如，公安机关集拘留决定权和执行权于一身，难以保证对权力的制约。即使是公安机关提请，由检察官机关来审批的逮捕案件，也只是追诉方的内部监督机制。至于检察机关自侦的案件，更是自行提出审批、自行决定逮捕，虽由不同内部部门完成，但中立性和公正性无法充分体现。[②] 因此，我国可在人民法院设置专门的机构，对羁押这种强制措施进行审批，加强对使用羁押措施权力的控制。

侦查羁押措施应作为侦查中的例外措施，不应普遍适用，因此要严格羁押措施的实施条件，尤其是检察机关对自侦案件的犯罪嫌疑人实施羁押措施时，需要从内外两方面进行监督。

二、对我国检察官国际侦查制度完善之启示

（一）主权与侦查权

通常来讲，主权与侦查权是不能相提并论的，因其不在同一层面

---

① 五种限制或者剥夺人身自由的强制措施为：拘传，取保候审，监视居住，拘留和逮捕。按照每一项措施的对人身自由的强制程度有着不同的实施条件。

② 卞建林. 中国刑事司法改革探索——以联合国刑事司法准则为参照［M］. 北京：中国人民公安大学出版社，2007：216.

上。然而，国（区）际检察官开展侦查时，不可避免地牵涉《国际刑事法院罗马规约》缔约国与非缔约国、欧盟成员国等国家的主权。正如第二章“理论基础”部分提到的国家主权理论，它在国际或区际事务中无处不在。不少国（区）际性法律文件的达成正是基于国家主权理论。主权国家多国家体系的形成与国家间多边交往的需求、共同打击犯罪的需求、国家间的相互依存关系及其利益的一定重合，产生了国（区）际合作的必要与可能。①

国（区）际检察官的行为给我们的启示是，在国际事务中，需要在维护国家利益与侦查（合作）之间取得平衡。这里需要讨论的是更深层次的“一体化”问题。以欧盟为例，这些年来，欧盟有着“超国家”的含义，即欧洲一体化能使欧盟成为一个久远的政治联盟。《里斯本条约》更加肯定地认为：欲使欧盟成为一个联系更加紧密的联盟，各成员国必须明确地同意分享权力（sharing powers）。②

一些实务工作者和学者总是试图解决欧洲一体化理论的困惑，但最终发现：“政府间主义”部分包含着“超国家主义”，“超国家主义”亦部分包含着“政府间主义”，即虽然它们在某些方面确实互不包容，但两者也在走向一种平衡（trade-off）。还有学者认为“政府间主义”和“超国家主义”的发生机理不同，不过它们互为条件（prerequisite）。对此，其他一些学者提出的看法似乎更有见地：与其说这两者在不断地权衡，不如说这两者更像是作为一种“观念”正在融合。换言之，将欧盟视为一个多层级的、政治性的——行政管理性的系统（a multilevel political-administrative system），意味着两种理念不可相互分离。尽管“政府间主义”和“超国家主义”（潜台词是成员国和欧盟机构）有联系，但这种联系的本质需要具体化。正如放权（decentralization，下放权力）和集权（centralization，中央控权）通常被视为相反的事物一样，但实际上它们在某种程度上是相互依靠的（interdependent），即放权中涉及集权，反之亦然。因此，可以不单独提及是放权还是集权，而是使

---

① 张丽华. 主权博弈——全球化背景下国家与国际组织互动比较研究［M］. 长春：吉林大学出版社，2009：6.

② Adriaan Schout, Sarah Wolff. The “Paradox of Lisbon”: Supranationalism – Intergovernmentalism as an Administrative Concept[C]. Finn Laursen. The EU's Lisbon Treaty: Institutional Choices and Implementation, Burlington: Ashgate Publishing, 2012: 21.

用集权—分权（centralization－decentralization）这个词表示这种现象。而正是这种类比，将“政府间主义”与“超国家主义”之间的关系本质化了。

就此而言，国家（主权）利益和侦查（协作）是能够取得平衡的。但要想真正达到“你中有我、我中有你”的程度恐怕尚需时日。毕竟主权的绝对性还是占上风。如果有朝一日国（区）际检察官就某起案件需要在我国进行侦查，应当做到根据公约、条约等文件，允许其在我国侦查的同时，要维护好国家的利益。一方面，积极参与国（区）际侦查实际上也是在增强我国在国际上的影响力——因为参与本身就是国家应对全球化的策略性选择，[①] 所以不需要担心合作会损害主权从而盲目进行抵制；另一方面，也应当在主权得到充分体现（保护）的前提下积极进行协同创新，以便与其他国家、地区（欧盟）展开更加紧密的侦查协作，在刑事事项和引渡等方面取得突破性进展。当然，这需要双方互相尊重、互相谅解。而这往往是欧盟成员国之间进行合作的重要一环，也是一个普适真理。在各成员国政治与欧盟政治的交锋中，主权问题虽是关键，但解决问题的结果并不是谁赢谁输，而是应该实现政治的双赢（win-win）。

例如，在跨区域侦查过程中，对于包括欧盟及其成员国的联络官（警官、检察官）在内的有关官员与我国主管机关之间的关系如何协调是侦查能否得以顺利进行的重要因素。关系的处理是一门学问，只有关系处理得当，才能够分享各自的资源，既尊重了双方的主权，又使侦查得以顺利进行，达到了打击犯罪的目的。

厘清了主权与侦查权的关系，就要具体分析该如何合作。

（二）合作

1. 合作原则

类似于欧洲检察官在侦查时需要遵循的原则，我国检察官在国（区）际侦查过程中需要遵循的原则包括相互尊重、忠诚合作等。而国际刑事法院检察官虽有权开展侦查，但有时不能直接亲临案发国或案犯国籍国调查取证、逮捕犯罪嫌疑人，同样需要当事国的协助[②]（必须冠

① 张海冰. 欧洲一体化制度研究［M］. 上海社会科学院出版社，2005：7.

② 王秀梅. 国际刑事法院研究［M］. 北京：中国人民大学出版社，2002：375.

以协作的帽子）。

而《人民检察院刑事诉讼规则（试行）》第 676 条已经规定，人民检察院进行司法协助，有我国参加或者缔结的国际条约规定的，适用该条约规定，但是我国声明保留的条款除外；无相应条约规定的，按照互惠原则通过外交途径办理。第 677 条进一步规定，人民检察院应当在相互尊重国家主权和平等互利的基础上，与有关国家的主管机关相互提供司法协助，即尊崇互惠原则与相互协作原则。

此外，在合作时应当恪守一个界限，正如《人民检察院刑事诉讼规则（试行）》第 682 条之规定，外国有关机关请求的事项有损中华人民共和国的主权、安全或者社会公共利益以及违反中国法律的，应当不予协助；不属于人民检察院职权范围的，应当予以退回或者移送有关机关，并说明理由。总体上体现了主权至上、公共利益和法律利益至上的核心观点，以及对案件可受理性与管辖的考量。

2. 合作模式

大体而言，我国检察官侦查过程中与他方合作的模式有两种，或曰有两大方向，并可将侦查过程视作警务与刑事司法合作过程：

第一为宏观的方向——通过加入《国际刑事法院罗马规约》或签订共同的合作协议、联合声明来加强我国与国际刑事法院、欧盟之间的警务与刑事司法合作。实际上，国家加入国际组织符合国家利益，国际合作文件的签订就是一个通过谈判相互博弈的过程。但就目前来看，尚缺乏这样的文件。现状是，我国尚未签署《国际刑事法院罗马规约》（前已述），仅与欧盟在其他领域（如经济领域）签署了各种备忘录，与欧盟某一个或多个成员国之间签署了协议（如中国与法国签署的《中法刑事司法协助协定》、与英国签署的《中英关于刑事司法协助的条约》[①] 等）。这说明双方合作的道路任重而道远。类似协议可以借鉴

① 第十二届全国人大常委会第十六次会议于 2015 年 8 月 29 日决定批准《中华人民共和国和大不列颠及北爱尔兰联合王国关于刑事司法协助的条约》，该条约早在 2013 年 12 月 2 日就已签署，2014 年 11 月英国国内完成了批准程序。条约除序言和尾约外，共 30 条，主要内容包括：适用范围，协助的限制，请求的形式、内容和执行，保密和限制使用，送达文书，移交文件或者其他材料，安排人员作证或者协助调查，证人和鉴定人的保护，通过视频会议取证，查询、搜查、冻结和扣押，银行资料，犯罪所得和犯罪工具，返还和分享资产，其他合作基础，费用，争议的解决，领土的延伸，条约生效、修订和终止等。参见余晓洁，田颖. 中国批准中英、中比刑事司法协助条约［N］. 检察日报，2015-08-30.

欧盟成员国之间的合作协议以及欧盟有关组织（如欧洲警察署、欧洲司法组织）与其他国家的合作协议来起草、完成，如欧盟成员国的刑事司法协助协议、引渡协议、移交判刑人协议以及欧洲警察署、欧洲司法组织与美国签署的协议①等。当然，在重塑国家利益的过程中，不但要充分利用国际组织的有效框架积极保障国家主权，更要关注国际组织中由于不平衡性和不对等性所带来的对国家主权的挑战与威胁。②

第二为微观的操作——相关的协议文件中必须设计好警务合作、刑事司法合作的相关内容。为打击包括恐怖主义、贪腐犯罪、欺诈（经济）犯罪在内的严重跨国犯罪，需确立双方的主管机关（competent authorities）——我国公安部与欧洲警察署对接、最高人民检察院与欧洲司法组织（欧洲检察官办公室）对接，且要设立多方的联络官（liaison police and prosecutors），从法律、机构、制度各个层面来规制侦查、起诉国（区）际犯罪、信息交换的战略和技术性对策。当然，这些也为我国修改现有法律以及与欧盟成员国、其他国家、组织签订类似协议指明了方向。

《人民检察院刑事诉讼规则（试行）》同样对国际刑事司法合作有所规定。首先，就合作的主体而言，第683条明确了最高人民检察院是检察机关办理司法协助事务的最高主管机关，依照国际条约规定是人民检察院司法协助的中方中央机关。地方各级人民检察院是执行司法协助的主管机关，依照职责分工办理司法协助事务。第685条规定，有关司法协助条约规定最高人民检察院为司法协助的中方中央机关的，由最高人民检察院直接与有关国家对应的中央机关联系和转递司法协助文件及其他材料。有关司法协助条约规定其他机关为中方中央机关的，地方各级人民检察院通过最高人民检察院与中方中央机关联系和转递司法协助文件。第686条继续规定，其他机关需要通过最高人民检察院对外办理司法协助的，应当通过其最高主管机关与最高人民检察院联系。也就是说，最高人民检察院是当然的合作主体，其合作主体地位的重要性不言

---

① See 1.Agreement between the United States of America and the European Police Office(signature: 6 December 2001; entry into force: 6 December 2001).2.Agreement between the United States of America and Eurojust(signature: 6 November 2006; entry into force: 21 December 2006).

② 张丽华. 主权博弈——全球化背景下国家与国际组织互动比较研究［M］. 长春：吉林大学出版社，2009：168.

而喻，尤其是在打击贪污贿赂犯罪方面。就这点来看，应该与欧洲检察官建立密切的合作。

其次，就合作的途径而言，《人民检察院刑事诉讼规则（试行）》第684条规定，人民检察院与有关国家相互提供司法协助，应当按照我国与有关国家缔结的司法协助条约规定的联系途径或者外交途径进行。第687条规定，对尚未与我国缔结司法协助条约的国家，相互之间需要提供司法协助的，应当根据互惠原则，通过外交途径办理，也可以按照惯例进行，即外交、惯例或者缔约条约的规定是合作的主要途径。

总体来说，合作途径较为原则，应当进一步通过签署司法协助条约来落实。

3. 合作方法

从合作方法来看，《国际刑事法院罗马规约》的规定有合理之处，也有不尽如人意的地方。这是由国际刑事法院检察官办公室的性质决定的。国际刑事法院检察官办公室与欧洲检察官办公室一样，本身并不具备强制执行力，这就意味着国际刑事法院检察官或欧洲检察官在对情势或者案件的侦查过程中都需要得到国家或者其他相关组织的配合，才能顺利开展调查活动。缔约国根据《国际刑事法院罗马规约》第九编的规定，毋庸置疑需承担配合国际刑事法院检察官侦查的义务。对于非缔约国，在没有明确规定其需要承担配合义务的同时，指出国际刑事法院若要与其合作，应通过邀请该国，根据特别安排达成协议或其他适当的方式。一般而言，非缔约国并不存在直接的合作义务，即缔约国有合作的义务，非缔约国根据协议可以合作，这是通行的做法，无可厚非。

但有国内学者认为，根据《国际刑事法院罗马规约》第87条规定，缔约国和非缔约国都有法定合作义务。① 其主要是指在特定的情况下，非缔约国确有向国际刑事法院提供合作的义务，这种情形便是根据联合国安理会的决议向国际刑事法院提供的合作，尽管此种合作的义务并非直接来自规约的规定。安理会启动调查时，享有广泛的自由裁量权，有可能将一些带有政治因素的涉及非缔约国的情势提交给国际刑事法院处理。加入联合国的成员国，并不一定会成为《国际刑事法院罗

① 黄俊生，胡陆生．也论国际刑事法院的管辖权［A］．赵秉志主编．国际刑事法院专论［C］．北京：人民法院出版社，2003：128-136.

马规约》的缔约国，但根据《联合国宪章》第 24 条的规定，联合国各成员国将维持国际和平及安全之主要责任授予了安理会，并同意安理会履行此项责任之下职务时，为各成员国代表，即联合国在按照《联合国宪章》第七章行事时，其做出的行为视为各成员国同意的行为，成员国有遵循联合国决议规定的义务。当联合国安理会决议将情势提交给国际刑事法院，是否意味着提交的情势涉及的《国际刑事法院罗马规约》非缔约国有遵循规约规定的义务呢？在传统的国际法体系中，国家权利与义务间的平衡是中心议题。[①] 没有权利的义务，难以得到国家的承认与执行。联合国依照《联合国宪章》第七章行事时，可以要求所有国际社会成员与国际刑事法院就某一特定案件合作。这让本没有成为《国际刑事法院罗马规约》缔约国的国家需要间接地、可能是非自愿地承担来自《国际刑事法院罗马规约》的义务。这并不符合国际惯例。即使是《国际刑事法院罗马规约》对非缔约国进行了义务性的规定，根据《维也纳条约法公约》[②]（Vienna Convention on the Law of Treaty）第 34 条的规定，任何一个国际条约如果没有得到第三国的同意，对该国就不产生任何的义务或权利。显然《国际刑事法院罗马规约》部分规定于法、于理皆说不通。

假设联合国安理会通过决议提交情势启动国际刑事法院的调查后，可以继续通过决议要求所有机构为维护国际和平和安全同国际刑事法院进行合作，而中国作为《国际刑事法院罗马规约》非缔约国，不存在向国际刑事法院提供协助的义务，但是作为联合国的成员之一，却承担着服从联合国安理会决议的义务。对于联合国安理会决议要求履行向国际刑事法院提供协助的义务，中国如果拒绝，则不利于国际地位的全面提升；中国如果接受，则产生如同中国加入《国际刑事法院罗马规约》一样的效果，违反本意，处境较为尴尬。当然，不仅是我国，作为联合国成员国但不是《国际刑事法院罗马规约》缔约国的国家同样如此。

无论是哪种形式所确定的非缔约国的合作义务，在非缔约国不履行其义务的情况下，国际刑事法院都可以将此情况提交缔约国大会或者安

---

① Teruo Komori, Karel Wellens. Public Interest Rules of International Law [M]. Farnham: Ashgate Publishing Limited, 2009: 1.

② 《维也纳条约法公约》1969 年 5 月 23 日签订于维也纳，1980 年 1 月 27 日生效。我国于 1997 年 9 月 3 日交存加入书，1997 年 10 月 3 日生效。

理会，决定是否对其进行制裁。这同样不利于国家主权的行使，形成了国家主权与其他利益不可调和的矛盾。

从中我们不难看出，一方面，《国际刑事法院罗马规约》的规定是有瑕疵的；另一方面，国际上的合作最好通过签订国际条约或者国家间的协议、特别安排来实现。这样既尊重了国家的主权，又有利于多方的沟通与理解，为合作奠定了坚实的基础。

截至 2015 年 7 月，我国已与 65 个国家缔结司法协助条约、引渡条约和打击“三股势力”协定共 120 项（102 项生效）。具体如下：民刑事司法协助条约 19 项（全部生效），刑事司法协助条约 34 项（29 项生效），民商事司法协助条约 19 项（17 项生效），引渡条约 41 项（31 项生效），打击“三股势力”协定 7 项（6 项生效）。[①] 我国相继与法国、葡萄牙、西班牙、意大利等欧洲国家建立了稳定的引渡合作关系。但是，这远远不能满足合作的需要：一方面，与我国签署刑事司法协助条约的国家并不算多，会影响合作的广度；另一方面，签署了条约的执行并不顺利，加上国内法律的不健全——警务与刑事司法制度不健全，同样制约着国际合作的发展，影响了合作的深度。所以，我们在加强沟通、多进行合作、多达成共识并签署互助条约的同时，还应当落实好这些条约，并修订我国的相关法律（如《引渡法》），做到内外兼修，方可完善我国检察官国际侦查制度。

就更深层次而言，本书前面提到的合作形式之一联合侦查小组，在国（区）际调查中较为常用。而通过加入联合调查小组或组建联合调查小组来对某些案件进行侦查，能够取得事半功倍的效果。例如，《人民检察院刑事诉讼规则（试行）》第 679 条提到，人民检察院司法协助的范围主要包括刑事方面的调查取证，送达刑事诉讼文书，通报刑事诉讼结果，移交物证、书证和视听资料，扣押、移交赃款、赃物以及法律和国际条约规定的其他司法协助事宜。其中调查取证、扣押赃款赃物等可以经由联合侦查小组完成。而人民检察院需要通过国际刑事警察组织缉捕人犯、查询资料的，由有关人民检察院提出申请，层报最高人民检察院审查后与有关部门联系办理。这说明检察机关与警察机关可以采

---

① 外交部. 我国对外缔结司法协助及引渡条约情况[EB/OL].http://www.fmprc.gov.cn/web/ziliao_674904/tytj_674911/wgdwdjdsfhzty_674917/t1215630.shtml,2015-09-28.

取联合侦查的形式进行合作。

三、对我国法律其他方面完善之启示

（一）增设危害人类和平罪

要积极有效地对国际罪行进行追诉，就要确保本国对国际罪行拥有管辖权，但中国现存的国内刑事司法体系无论是在实体法上还是程序法上都甚少规定。为了完善中国的刑事立法，应以《国际刑事法院罗马规约》为参照，吸收世界各国立法先进经验，补充相关的法律。事实上，中国在国际法律国内化，以及国内法国际化的现代立法进程中已经积累了丰富的经验，如签署或批准诸如《世界人权宣言》、《经济、社会及文化权利国际公约》和《公民权利和政治权利国际公约》以及《儿童权利公约》等一系列的国际法律文件。这些立法活动或者外交活动，已经为最终批准《国际刑事法院罗马规约》奠定了法律基础。只要把相关的国际规约的规定与国内法律有机结合，并制定相应的法律，就能充分实现国家管辖权优先。

其实，世界上每个国家都十分注重保护本国的主权，并不愿意将本国的公民交由国际刑事法院审判，所以，无论是已经加入还是正在考虑加入《国际刑事法院罗马规约》，都会针对其规定修改本国的国内法，或制定新的法律。例如，比利时专门修改了本国法律，将“灭绝种族罪”纳入本国法律中。[①] 澳大利亚在签署《国际刑事法院罗马规约》后，批准《国际刑事法院罗马规约》之前，于 2002 年 6 月先行通过了《澳大利亚国际刑事法院法及其修正案》（1998 年 12 月 9 日澳大利亚签署了《国际刑事法院罗马规约》，在条约内容上达成意向；2002 年 7 月 1 日澳大利亚批准了《国际刑事法院罗马规约》，从而使条约拥有本国法律效力而必须遵守），[②] 该法案极大地促进了澳大利亚批准《国际刑

① Mitsue Inazumi.Universal Jurisdiction in Modern International Law：Expansion of National Jurisdiction for Prosecuting Serious Crimes under International Law[M].Antwerpen：Intersentia，2005：86-87.

② 此法为澳大利亚国内法，目的在于为澳大利亚履行《国际刑事法院罗马规约》规定的义务以及其他相关的目的之实现提供便利。

事法院罗马规约》的进程。[1] 从法律上讲，如果一国国内刑法中已经有有关的国际犯罪的规定，就可以初步证明该国愿意并且能够对这些犯罪的责任者进行侦查。在国际刑事法院调查介入前，该国可以依据本国的法律对有关的罪行进行侦查。

目前，中国并没有就国际刑事法院管辖范围内的任何一种罪行进行国内立法，从这个意义上讲，中国还需要加强国内的立法。国内有学者认为有些国际犯罪中国公民实施的可能性很小，而对于别国公民实施的某些国际犯罪，本国刑法又难以或者不可能管辖，就没有必要在本国刑法中加以规定。[2] 其实不然，在中国境内发生国际刑事法院管辖范围内的犯罪可能性虽小，但在法律上不应当完全排除这类犯罪实施的可能。[3] 在刑法上增设这样的罪名可以为中国根据本国法律对这类国际犯罪行使普遍管辖权提供国内法上的依据，与国际刑法接轨，避免我国刑法上出现空白，从而有利于我国在国际政治、法律事务中占据主动地位，还可以使我国根据国际刑法规范制裁其他国家或者个人对我国实施的这类犯罪，在相关领域加强同其他各国进行有效的刑事司法合作，维护我国的主权和安全。[4] 这样也能表明中国切实履行自己应尽的国际义务的信念和决心，提高我国在国际事务中的声望和地位。[5]

现行各国刑法中有关危害人类和平罪的立法模式大致有三种：在刑法典中单列一编专门规定有关危害人类和平的犯罪（如俄罗斯联邦《刑法典》最后一编规定了“破坏和平与安全的犯罪”），或者在刑法典分则中设置专节规定危害和平罪（如德国《刑法典》分则第一章第一节设置了“危害和平罪”），抑或在刑法典中分散地规定危害人类和平罪这一类罪中的个别罪名（如瑞士联邦《刑法典》就只在刑法分则第十六章中规定了“侵略罪”）。根据中国现有的刑法体系，将国际犯罪的罪名规定在某一节或者分散规定，不符合刑法分则按照犯罪的同类客体分类的标准。所谓犯罪的同类客体，是指一类犯罪不同于其他类型

---

① 澳大利亚国际刑事法院法及其修正案［M］. 王秀梅，泮颖雯，译. 北京：中国人民公安大学出版社，2007：1.

② 高格. 我国刑法应如何规定国际犯罪［J］. 法学，1991，(3)：34.

③ 张智辉. 国际刑法通论［M］. 北京：中国政法大学出版社，1999：429.

④ 苏彩霞. 中国刑法国际化研究［M］. 北京大学出版社，2006：231-232.

⑤ 贾宇. 国际刑法学［M］. 北京：中国政法大学出版社，2004：199.

犯罪的危害性质。[1] 如果按照中国的刑法分则将犯罪行为依社会危害程度的轻重由大到小进行排列之体系（立法用意），侵犯全人类共同利益的犯罪应当置于分则的第一章。但是从危害人类和平罪的适用数量和频率上来看，与其他犯罪类型相比，绝对是少之又少，且依国外的立法经验，也多将其放置于其国内刑法分则的后面章节。因此，只有将灭绝种族罪、危害人类罪、战争罪和侵略罪等国际犯罪的规定放在刑法分则最后一章方能囊括刑法分则其他章节所不能涵盖的内容，又凸显对国际犯罪的重视。

目前，中国在刑法领域并未确定国内法优先原则，在国际条约与国内法发生冲突时应如何处理，没有明确规定。司法实践中一般是按照国际法有限的原则进行处理，这种做法虽不会妨碍国际法在国内的及时适用，但是这种原则毕竟没有为宪法所明确。除增设危害人类和平罪外，还需要确立以中国国内刑事法为优先的原则。

（二）健全证人保护制度

刑事诉讼中的证人保护不仅是国（区）际刑事诉讼规则中的重要问题，也是各国刑事诉讼中的一项重要制度，是保证司法公正的必要条件。证人出庭及作证的有效性对于案件侦查的顺利进行乃至整个案件的审理都有着至关重要的作用。在国（区）际刑事诉讼中，对证人的保护不力将会直接导致整个诉讼程序的崩溃。在保护证人的权益方面，从国际特设刑事法庭开始，就在努力建立一个比较完善的证人保护机制。到国际刑事法院时，已经形成了较为完善的系统：书记官处下设的被害人和证人股负责对证人的专门性保护措施和特别措施的实施。[2]

我国 1996 年的《刑事诉讼法》对证人的保护只规定了对证人及其近亲属的事后保护，对证人其他方面的权利保障并未提及。而我国 2013 年新修订的《刑事诉讼法》吸收了各方所长，当然也包括《国际刑事法院罗马规约》中对证人的事前保护及其权益的保障等经验：在三个条文中对证人保护的机关、效果、措施以及经济补偿权等方面进行

---

① 高铭暄，马克昌. 刑法学［M］. 北京大学出版社，2005：331.

② 保护性措施与特别措施二者目的不同。保护性措施适用于保护证人的身份或下落不为公众或媒体所知；特别措施是出于灵活性的考虑，允许法院适用于一些便于脆弱的被害人和证人作证的措施。

了相关规定，并以此构成了保护证人的基本框架。除第 61 条为原刑事诉讼法条文规定的对证人及其近亲属的安全的事后保护之外，第 62 条和第 63 条均为新增条文。第 62 条对司法机关可以采取的具体保护措施进行了列举式说明，且不仅限于提出的措施，改变了过去对证人保护无具体可操作性措施的窘境。第 63 条是对证人作证予以经济上的补助，避免证人因作证而造成经济上的损失。对比而言，这也是国际刑事法院在刑事诉讼中对证人提供的有力保障之做法，可以大大提高证人的出庭作证率。

除上述几点对证人的权益保护之外，《国际刑事法院罗马规约》以及《理事会规则》还确立了证人不自证其罪特权、保密特权和对家属归罪证言处理方式。例如，《理事会规则》指出，知悉权、获得翻译权、不得自证其罪权等权利不仅适用于犯罪嫌疑人，还适用于被欧洲检察官询问的其他人，这里“其他人”便包括证人。这些规定，可以维护证人的权益，解除证人的作证担忧，同时可以督促证人积极作证，对中国的刑事诉讼确立有关证据收集和证人权利的法律规范有良好的借鉴意义。

证人不自证其罪特权，是指证人享有的不回答可导致本人入罪的权利。这一点在被告人的权益保障上表现为沉默权。对于被告人的权益保障，已经成为国内司法界的共识，但是对于证人不自证其罪的权利，则因为此项权利将可能对证据的收集造成极大的影响而难以得到确立。这项特权来源于普通法系，在国际特设刑事法庭中已能初觅其踪。例如，在 High command 案中，两名德国人在法庭上被告知享有不被强迫提出自我归罪的证言的权利后，没有作为辩方证人出庭。① 但这不是一项绝对权利，证人仍有可能被强制回答问题。在 Tadic 案中，审判分庭以“不允许审判分庭赋予证人空白的证言豁免权”为由驳回了辩方申请给予获得安全作证命令的证人以概括的证言豁免权。公民有权不被强迫作不利于自己的证言，在联合国《公民权利和政治权利国际公约》第 14 条第 3 款也作了明确的规定。根据国际刑事法院的《程序和证据规则》规则 74 对证人的不自证其罪权进行的详细规定可以看出，国际刑事法

① Richard May, Marieke Wierda. International Criminal Evidence [M]. New York: Translational Publisher Inc., 2002: 189.

院已经较为彻底地执行了对证人的此项权利规定，因为条文规定此项权利只有在国际刑事法院对其做出保证时才能例外。① 我国确立证人不自证其罪特权也只是时间问题，在适当的时机赋予证人此项权利，使其可以有权拒绝做出对自己不利的陈述。但考虑到行为人的人身危险性和实施行为的社会危害性，对于一些涉及严重犯罪的证人，如犯罪集团中的首要分子、可能被判处死刑的犯罪人，不宜赋予这种权利，以利于对更严重罪行的追诉。②

证人的保密特权，是指证人对某些保密通信和资料享有不予披露的权利。例如，记者特权、医生特权等。国际特设刑事法庭明文规定的这种不予披露的权利仅限于律师与当事人之间，即法律职业特权。③ 国际刑事法院扩大了此类保密特权的范围，在明确指出法律职业特权及红十字国际委员会的保密资料不受披露外，还在国际刑事法院的《程序和证据规则》规则 73 中列出以下业务中的通信也应被视为保密通信：某人与医生、精神病医生、心理医生或辅导人员之间的通信，尤其是有关或涉及被害人的通信，或某人与神职人员之间的宗教仪式上的有关忏悔的对话通信。但是否认可这些保密特权，需要国际刑事法院按照规则进行评判。④ 我国可以参照此规定：证人基于其特殊的职业或根据此类证人与被调查人或犯罪行为人的特殊关系而被赋予相关的保密特权，即职业特权与身份特权。

国际刑事法院在处理家属的归罪证言时，赋予被告人家属自由选择是否做出任何可能归罪于被告人的陈述。但是如果在侦查阶段，被告人家属选择提供了这种证言，而在之后的诉讼过程中拒绝再次作证或者做

---

① 国际刑事法院《程序和证据规则》规则 74 规定，国际刑事法庭做出下述保证后，可责令证人回答问题：（一）将予以保密，不会向公众或任何国家披露；（二）在其后对该人进行起诉时，不会被直接或间接用作证据。

② 刘流，王君祥，叶希善. 评《国际刑事法院规约》证人权益保障机制设计——兼论对我国刑事立法与司法的启示［J］. 法律适用，2004，(4)：66-67.

③ Richard May, Marieke Wierda. International Criminal Evidence[M]. New York: Translational Publisher Inc., 2002: 90.

④ 评判某一种业务关系中或其他保密关系中的通信为保密通信要考虑以下三个方面：1. 在该种关系中，通信是一种保密关系中做出的，因此有理由相信通信为个人隐私，应不予披露；2. 该人与被告知秘密的人之间的关系，就其性质和类别而言，保密是必不可少的；3. 认可保密权有助于实现《国际刑事法院罗马规约》及《程序和证据规则》的宗旨。

出了与之相矛盾的证言，法庭可以通过之前固定的证据来对此人的证言进行评价。在中国封建社会时期就有类似于证人保密特权的“亲亲得相首匿”原则。所谓“亲亲得相首匿”，是汉代刑罚适用原则之一，具体指汉代法律所规定的直系三代血亲之间和夫妻之间，除犯谋反、大逆以外的罪行，有罪可以相互包庇隐瞒，不向官府告发；对于亲属之间容隐犯罪的行为，法律也不追究其刑事责任。1935 年中华民国《刑事诉讼法》中也曾有亲属拒绝作证权及不得令亲属作证的规定。但新中国成立后，被告人亲属在刑事诉讼中的地位与权利和一般证人无异，没有特殊规定。这并不符合中国的传统文化，违背了人的亲缘本性，不利于国家的长治久安。此外，基于亲权而产生的作证豁免权之范围不应过大，否则会增加控方的举证难度，从而影响刑事诉讼的顺利进行。综合考虑，笔者认为，对于这种亲属关系应限定为夫妻、父母、子女、祖父母、外祖父母及孙子女和外孙子女。被告人的其他亲属不能认为可以享受作证豁免权。

要健全我国的证人作证制度，就要为证人营造一种受到尊重和保护的氛围，对证人的作证行为予以各方面的支持和保护，使其真正参与到刑事诉讼中。对证人的保护有一个底线不能越过：不能侵犯被告人的公正审判权，即证人的身份不能向辩方隐瞒。《国际刑事法院罗马规约》及《理事会规则》的证人作证制度，虽非是其独创之举，但仍有许多值得我国借鉴的地方。

（三）建立被害人补偿制度

强化对被害人合法权益的保护是刑事诉讼发展的世界性趋势。在 20 世纪 60 年代前，被害人只是作为证人出现在刑事诉讼中。随着被害人学逐步兴起，被害人在各国刑事诉讼程序中的地位日益得到提高，被害人的诉讼权利也受到越来越多的重视。我国新修订的《刑事诉讼法》对被害人赔偿制度甚少提到。虽然被害人的特殊地位让人们对其都颇为同情和怜悯，但是考虑到国家公诉机关已经作为第一控告人出现在刑事诉讼中，对于被害人的救助鲜少有人关注。被害人参与到刑事诉讼中，概括来说，有两个目的，一为正义，二为赔偿。正义的实现，在国家公诉机关的支持下并不难。然而，被害人的另一个目的，在有时候可以认为是更重要的目的——获得赔偿，往往难以实现。新修订的《刑事诉讼法》第九十九条规定，被害人的赔偿只能通过附带民事诉讼的形式从罪犯处获得，法律未规定被害人可以获得赔偿的其他途径。

被害人遭受的损失包括精神损害和财产损失。1986年的《民法通则》就已经确立精神损害物质赔偿的原则，最高人民法院继而在2001年颁布《关于确定民事侵权精神损害赔偿责任若干问题解释》，但我国的刑事立法并没有承认精神损害物质赔偿这一原则。也就是说，即使被害人提出了刑事附带民事诉讼也不可能获得精神损害的赔偿。精神损害赔偿在西方国家的立法和实践中早已得到确认，但被认为与社会主义国家公民的人格尊严不是商品、不能以金钱来衡量的传统观点不符。因此，在犯罪行为对被害人造成精神损害的情况下，被害人不能提出精神损害赔偿。在许多刑事案件中，被害人所遭受的精神痛苦远远大于物质损失所带来的痛苦，而通过对被害人的精神损失的物质赔偿，可以缓解和消除当事人的精神痛苦，[①] 有利于恢复犯罪行为人所造成的社会损害。对被害人的精神损害进行物质赔偿，应尽早列入刑事附带民事诉讼赔偿的立法中。

在被害人遭受物质损害的情况下，往往是由被害人通过提起刑事附带民事赔偿诉讼来实现其赔偿请求，而在一些情况下，犯罪人本身并无足够可供执行的财产，或者根本就不具备赔偿能力时，民事赔偿判决就成了一纸空文，被害人的财产损失也就不可能得到或者只能得到部分的赔偿。无论是被害人的精神损害还是物质损害，如果得不到相应的赔偿，被害人的正义也就不可能实现。“正是通过对报应性司法的平衡，使国际刑事法院不仅能够对被告人实现审判正义，而且可以帮助被害人自己获得正义。”[②] 在被害人无法获得赔偿的情况下，可借鉴国际刑事法院的做法：通过设立专门的信托基金用于援助被害人及其家属。信托基金的来源为法院的罚金或没收的财物以及获得的捐赠。[③] 我国可建立司法救助基金，以法院对犯罪的罚没财物、财政的拨款以及接受的社会捐赠为资金来源，负责因犯罪行为而遭受损害却无法获得犯罪人赔偿的

---

① 卞建林. 中国刑事司法改革探索——以联合国刑事司法准则为参照 [M]. 北京：中国人民公安大学出版社，2007：270.

② International Criminal Court. Victims and witnesses [EB/OL]. http://www.icc-cpi.int/en_menus/icc/structure%20of%20the%20court/victims/Pages/victims%20and%20witnesses.aspx, 2015-08-04.

③ 参见《国际刑事法院罗马规约》第79条。

被害人的补偿工作。①

综上所述，在将被害人的精神损害纳入赔偿范围的同时，通过建立被害人补偿制度，可以保障被害人在遭受犯罪侵害后得到物质赔偿，尽快平复他们受到的损害并让其无需寻求私力救助，坚信司法可以带给他们正义。

① 冯江菊. 评国际刑事法院被害人保障机制及其对我国的借鉴［A］. 赵秉志，卢建平主编. 国际刑法评论（第4卷）［C］. 北京：中国人民公安大学出版社，2009：215-223.

第七章 结 语

本书首先简单论述了国（区）际检察官侦查制度基本范畴与理论支撑，然后分别对国（区）际侦查主体——国际刑事法院检察官与区际侦查主体——欧洲检察官的主体制度、侦查程序等方面进行了比较研究，从中也发现了我国检察官侦查存在的问题。在此基础上，提出了完善我国检察官侦查制度的纲领性措施。说是纲领性措施，一来提示了主要改革的方向，二来限于篇幅无法一一展开，待后续研究中再深化。

作为本书的最后一部分，有必要将纲领性措施进行总结，以提供改革路径。

表 7-1 我国检察官侦查制度完善的纲领性措施

方向		存在问题	纲领性措施
国内侦查制度	主体方面	检察官不独立	1. 建立完备的主办（诉）检察官制度：每起案件指定一名主办检察官，并给其配备若干检察辅助人员，组成办案组织；当所办案件需要投入较多人员时，尤其是对重大职务犯罪案件侦查时，则由若干检察官和检察辅助人员组成办案组织，由其中一名检察官为主负责办理，是为主办检察官；主办检察官直接向检察长负责，对职责范围内的事项和检察长授权的事项，主办检察官有权作出决定；法律规定应由检察长或者检察委员会决定的事项，则报检察长或者检察委员会决定。主办检察官对所办案件负主要责任。形成“检察长—主办（诉）检察官—检察官（检察辅助人员）”并以主办（诉）检察官为主要办案主体的模式。 2. 为保障主办（诉）检察官在办案过程中充分的独立性，应当充分放权，使其逐渐享有决定是否立案侦查、采取何种证据调查措施、是否起诉等权力，这需要修改法律、纠正观念。同时，应当提升主办（诉）检察官的素质，从选任等程序中把关，并完善相应的工作机制、管理机制，健全现有的监督机制、责任机制，切实把主办（诉）检察官制度融入到侦诉制度中

续表

方向		存在问题	纲领性措施
		侦诉关系混乱	问题关键并不在于分离侦诉职责，而在于处理好检察机关内部侦查与起诉部门、人员之间的关系，衔接好侦查、起诉职能
	程序方面	侦查启动裁量权有限	结合主办（诉）检察官制度，应当在检察长指派主办检察官负责某一起案件后，主办检察官有权决定是否开启侦查
		侦查措施单一，依赖性强	丰富各类侦查手段，待时机成熟，检察机关应该有条件地发展自身的技术侦查措施。还应该确定类似于欧洲检察官办公室相关配套的制度为技术侦查措施的实施保驾护航，如建立保密制度、证据资格认定制度、违法使用的惩罚制度等
		分权审查侦查羁押措施	在人民法院设置专门的机构，对此种强制措施进行审批，加强对使用羁押措施权力的控制
国际侦查制度	主权与侦查权方面	主权与侦查权关系处理不当	正确看待主权与侦查权的关系，只有关系处理得当，才能够分享各自的资源。既尊重了双方的主权，又使侦查得以顺利进行，打击了犯罪
	合作方面	合作原则未充分贯彻	应遵循相互尊重、忠诚合作、互惠与相互协作原则。总体上体现主权至上、公共利益和法律利益至上的核心观点，以及对案件可受理性与管辖的考量
		合作模式单一	1. 宏观的方向——通过加入《国际刑事法院罗马规约》或签订共同的合作协议、联合声明来加强我国与国际刑事法院、欧盟之间的警务与刑事司法合作。 2. 微观的操作——相关的协议文件中必须设计好与警务合作、刑事司法合作相关的内容
		合作方法落后	积极组建及参与联合侦查小组完成侦查任务
其他	刑法方面	缺乏相应罪名	增设危害人类和平罪
	刑事诉讼法方面	有关人员权利未落实	1. 健全证人保护制度。 2. 建立被害人补偿制度

反过来再看，本书讨论的国际刑事法院检察官办公室、欧洲检察官办公室可以认为是一种国际组织，而国际组织并不必然具有强制性，这点与国家具有强制性形成了鲜明的对比。所以，国际组织对国家是有依赖性的，同时，国家也从某种程度上对其产生了制约。不过，这种依赖与制约是相互的。

国家与国际组织的相互关系可以在功能与权力的范式内求得动态的平衡。不以彼此的存在否认对方的价值，是国际秩序对二者的要求。在现有的国际态势下，强大的国家行为体长时期内仍会占据国际舞台的主要位置，国际组织虽然得到了很大的发展，但其从属地位并不会在短期内有所改变。[①] 我们只是利用国际组织与国家间的双赢关系来打击全人类、整个区域的国（区）际犯罪，试图营造出法治的国际（区际）社会。这当然也是全球法治化的必经之路。

---

① Thomas S. Kuhn.The Structure of Scientific Revolutions [M].Chicago: University of Chicago Press, 1962: 17–18.

附录

附表和插图索引

表 3-1	《模范规则》组成	51
表 3-2	《理事会规则》内容	54
表 3-3	《理事会规则》具体条款	55
表 3-4	欧洲检察官办公室人员职责、任命与解雇	60
表 3-5	欧盟多层级治理机构	62
表 4-1	四大国际军事（刑事）法庭情况概览	66
表 4-2	国际刑事法院管辖犯罪及其依据	79
表 4-3	国际刑事法院检察官调查情势概览	99
表 5-1	欧洲检察官办公室与其他主体合作比较	162
表 6-1	国际检察官与欧洲检察官比较	166
表 6-2	国际检察官与欧洲检察官侦查特征比较	170
表 6-3	国际检察官与欧洲检察官侦查程序比较	175
表 6-4	三类检察官独立性表现	193
表 6-5	各类检察官办案人员组成比较	194
表 6-6	各类检察官人员资格比较	195
表 6-7	各类检察官启动侦查的条件（全部符合）与方式比较	199
表 6-8	各类检察官采取的侦查措施比较	202
表 7-1	我国检察官侦查制度完善的纲领性措施	219
图 2-1	侦查行为与侦查权、侦查主体的关系	23
图 2-2	侦查行为与侦查主体的关系	24
图 2-3	国家主权、侦查行为与基本人权的关系	37
图 6-1	检察官独立性的保障	197

参考文献

一、中文（含译文）参考文献

1. 李世光，刘大群，凌岩. 国际刑事法院罗马规约评释（上册）[M]. 北京大学出版社，2006.

2. 李世光，刘大群，凌岩. 国际刑事法院罗马规约评释（下册）[M]. 北京大学出版社，2006.

3. 杨泽伟. 宏观国际法史 [M]. 武汉大学出版社，2001.

4. 余民才. 国际法专论 [M]. 北京：中信出版社，2003.

5. 陈灿平. 国际刑事司法协助专题整理 [M]. 北京：中国人民公安大学出版社，2007.

6. 王世洲. 现代国际刑法学原理 [M]. 北京：中国人民公安大学出版社，2009.

7. 赵秉志，王秀梅. 国际刑事审判规章汇编 [M]. 北京：中国人民公安大学出版社，2003.

8. 王秀梅. 国家对国际社会整体的义务 [M]. 北京：法律出版社，2009.

9. 王秀梅. 国际刑事法院研究 [M]. 北京：中国人民大学出版社，2002.

10. 黄风，凌岩，王秀梅. 国际刑法学 [M]. 北京：中国人民大学出版社，2007.

11. 胡陆生. 刑法国际化——全球化背景下中国刑法的完善 [M]. 北京：中国人民公安大学出版社，2009.

12. 赵永琛. 国际刑法与司法协助 [M]. 北京：法律出版社，1994.

13. 王新. 国际刑事实体法原论 [M]. 北京大学出版社，2011.

14. 朱文奇. 国际刑事法院与中国［M］. 北京：中国人民大学出版社，2009.

15. 张筱薇. 新型国际犯罪研究［M］. 北京：法律出版社，2012.

16. 高燕平. 国际刑事法院［M］. 北京：世界知识出版社，1999.

17. 张磊. 中国与国际刑事法院：现状与展望［M］. 北京：中国人民公安大学出版社，2009.

18. 黄俊平. 普遍管辖原则研究［M］. 北京：中国人民公安大学出版社，2007.

19. 周露露. 当代国际刑法基本原则研究［M］. 北京：中国人民公安大学出版社，2009.

20. 肖玲. 国际刑事诉讼证据规则研究［M］. 北京：人民出版社，2010.

21. 宋杰. 国际法中普遍性法律利益的保护问题研究——基于国际法庭和国家相关实践的研究［M］. 北京：中国人民大学出版社，2012.

22. 李义冠. 美国刑事审判制度［M］. 北京：法律出版社，1999.

23. 王以真. 外国刑事诉讼法学（新编本）［M］. 北京大学出版社，2004.

24. 宋英辉，吴宏耀. 刑事审判前程序研究［M］. 北京：中国政法大学出版社，2002.

25. 成良文. 刑事司法协助［M］. 北京：法律出版社，2003.

26. 王秀梅. 国际刑法学研究述评（1978—2008）［M］. 北京师范大学出版社，2009.

27. 张旭. 国际刑法——现状与展望［M］. 北京：清华大学出版社，2005.

28. 张智辉. 国际刑法通论［M］. 北京：中国政法大学出版社，1999.

29. 苏彩霞. 中国刑法国际化研究［M］. 北京大学出版社，2006.

30. 贾宇. 国际刑法学［M］. 北京：中国政法大学出版社，2004.

31. 高铭暄，马克昌. 刑法学［M］. 北京大学出版社，2005.

32. 卞建林. 中国刑事司法改革探索——以联合国刑事司法准则为参照［M］. 北京：中国人民公安大学出版社，2007.

33. 王虎华. 国际公法学［M］. 北京大学出版社，2015.

34. 张丽华. 主权博弈——全球化背景下国家与国际组织互动比较研究［M］. 长春：吉林大学出版社，2009.

35. 许宁宁. 行为科学百科全书［M］. 北京：中国劳动出版社，1992.

36. 谢邦宇. 行为法学［M］. 北京：法律出版社，1993.

37. 刘为军. 刑事证据调查行为研究——以行为科学为视角［M］. 北京：中国政法大学出版社，2007.

38. 张彤. 欧盟法概论［M］. 北京：中国人民大学出版社，2011.

39. 张海冰. 欧洲一体化制度研究［M］. 上海社会科学院出版社，2005.

40. ［法］让·博丹著，［美］朱利安·H. 富兰克林编. 主权论［M］. 李卫海，钱俊文，译. 北京大学出版社，2008.

41. ［法］M. 戴尔玛斯·玛蒂，［荷］约翰·A. E. 佛菲勒. 欧盟刑事法：欧盟财政利益的刑事法保护［M］. 贾宇，喻贵英，付玉明，译. 北京：法律出版社，2009.

42. ［美］M. 谢里夫·巴西奥尼. 国际刑法导论［M］. 赵秉志，等译. 北京：法律出版社，2006.

43. ［比］让-马里·亨克茨，［英］路易丝·多斯瓦尔德-贝克. 习惯国际人道法规则［M］. 红十字国际委员会组织编译. 北京：法律出版社，2007.

44. 澳大利亚国际刑事法院法及其修正案［M］. 王秀梅，泮颖雯，译. 北京：中国人民公安大学出版社，2007.

45. 毋冰. 从肯尼亚情势看国际刑事法院管辖权启动机制［A］. 陈兴良主编. 刑事法评论（第28卷）［C］. 北京大学出版社，2011.

46. 周振杰，刘仁文. 论国际刑事法院的管辖权［A］. 赵秉志主编. 国际刑事法院专论［C］. 北京：人民法院出版社，2003.

47. 龙宗智. 国际刑事法院检察官的地位与功能研究［A］. 赵秉志主编. 国际刑事法院专论［C］. 北京：人民法院出版社，2003.

48. 谭世贵. 中国与国际刑事法院关系初探［A］. 赵秉志主编. 国际刑事法院专论［C］. 北京：人民法院出版社，2003.

49. 黄俊生，胡陆生. 也论国际刑事法院的管辖权［A］. 赵秉志主编. 国际刑事法院专论［C］. 北京：人民法院出版社，2003.

50. 胡云腾. 略论国际刑事法院与国内法院的关系［A］. 赵秉志主编. 国际刑事法院专论［C］. 北京：人民法院出版社，2003.

51. 赵秉志，周露露. 国际刑事法院的公正性与有效性研析［A］. 高铭暄，赵秉志主编. 国际刑事法院：中国面临的抉择［C］. 北京：中国人民公安大学出版社，2005.

52. 陆静. 国际检察官裁量权研究［D］. 上海：华东政法大学，2012.

53. 陈艳芳. 论国际刑事法院与联合国安理会的关系［D］. 长沙：湖南大学，2010.

54. 张艳. 论国际刑事法院检察官调查权的行使［D］. 长春：吉林大学，2011.

55. 徐安军. 国际惩治战争犯罪历史的研究——从首次尝试到纽伦堡和东京两次大审判［J］. 西安政治学院学报，1999，(1)：54-58.

56. 阴建峰. 个人国际刑事责任论纲［J］. 山东公安专科学校学报，2002，(5)：41-46.

57. 龙宗智. 国际刑事法院检察官的地位与功能研究［J］. 现代法学，2003，(3)：10-14.

58. 杨力军. 安理会向国际刑事法院移交达尔富尔情势的法律问题［J］. 环球法律评论，2006，(4)：457-468.

59. 张贵玲. 国际刑事法院与联合国安理会的关系［J］. 西北师大学报（社会科学版），2007，(5)：126-129.

60. 曾令良. 国际法发展的历史性突破——《国际刑事法院规约》述评［J］. 中国社会科学，1999，(2)：141-152.

61. 杨力军. 论国际刑事法院管辖权与案件可受理性质疑程序［J］. 环球法律评论，2009，(6)：146-149.

62. 刘蕾. 美国合理根据证明标准及对我国证据法的启示［J］. 北京理工大学学报（社会科学版），2006，(3)：29-32.

63. 黄风，黄伯青. 向国际刑事法院移交人犯问题研究［J］. 吉林大学社会科学学报，2007，(6)：60-66.

64. 高铭暄，王俊平. 中国关注的国际刑事法院问题［J］. 人民检察，2007，(7)：5-9.

65. 高格. 我国刑法应如何规定国际犯罪［J］. 法学，1991，(3)：34.

66. 刘流，王君祥，叶希善. 评《国际刑事法院规约》证人权益保障机制设计——兼论对我国刑事立法与司法的启示［J］. 法律适用，2004，(4)：66-67.

67. 洪期荣，陈荔彤. 新欧盟逮捕令及解送程序架构规定与传统国际法引渡制度的比较研究［J］. 军法专刊，2011，(1)：134.

68. 何平. 世界多国保障和发展人权的启示［J］. 人民论坛，2010，(6)：54-55.

69. 李龙，任颖. 论国家治理与人权保障［J］. 武汉大学学报（哲学社会科学版），2014，(5)：89.

70. 王玉叶. 欧洲联盟之辅助原则［J］. 欧美研究，2000，(2)：1.

71. 匡茂华. 主办检察官办案责任制试点探索［J］. 人民检察，2013，(22)：48.

72. 郑青. 湖北省主办检察官办案责任制探索［J］. 国家检察官学院学报，2014，(4)：72-79.

73. 邓思清. 主诉（办）检察官制度改革回顾及启示［J］. 人民检察，2013，(14)：26.

74. 朱孝清. 检察官相对独立论［J］. 法学研究，2015，(1)：141-145.

75. 莫纪宏. 人权法制的确立与缺憾［J］. 人民论坛，2010，(6)：52.

76. ［德］萨茨格尔. 欧盟检察署的未来设置——为“补充性模式”建言［J］. 王士帆，译. 检察新论，2014，(1)：357.

77. 吴伟东，孟广军. 主任检察官挑起“大梁”［N］. 检察日报，2015-04-10.

78. 余晓洁，田颖. 中国批准中英、中比刑事司法协助条约［N］. 检察日报，2015-08-30.

79. 联合国. 联合国宪章［EB/OL］. http://www.un.org/zh/documents/charter/preamble.shtml，2015-06-25.

二、外文参考文献

80. John R. W. D. Jones. The practice of the International Criminal

Tribunals for the Former Yugoslavia and Rwanda[M].New York:Translation Publisher,1998.

81. William A. Schabas. An Introduction to the International Criminal Court[M].Cambridge:Cambridge University Press,2002.

82.Teruo Komori, Karel Wellens. Public Interest Rules of International Law [M].Farnham:Ashgate Publishing Limited,2009.

83.Mitsue Inazumi. Universal Jurisdiction in Modern International Law: Expansion of National Jurisdiction for Prosecuting Serious Crimes under International Law[M].Antwerpen:Intersentia,2005.

84.Richard May, Marieke Wierda. International Criminal Evidence[M]. New York:Translation Publisher Inc.,2002.

85.Roy S.Lee.The International Criminal Court:The Making of the Rome Statute—Issues, Negotiations and Results[M]. Leiden: Kluwer Law International,1999.

86.Otto Triffterer. Commentary on the Rome Statute of the International Criminal Court[M].Germany:C.H.Beck,2008.

87.John N. Ferdico, Henry F. Fradella, Christopher D. Totten. Criminal Procedure for the Criminal Justice Professional[M]. California: Wadsworth Publishing,2008.

88. Rebecca M. M. Wallace. International Law: A Student Introduction [M].London:Sweet & Maxwell,1986.

89.Thomas S.Kuhn.The Structure of Scientific Revolutions[M].Chicago: University of Chicago Press,1962.

90.Adriaan Schout, Sarah Wolff.The "Paradox of Lisbon":Supranationalism-Intergovernmentalism as an Administrative Concept[C]. Finn Laursen. The EU's Lisbon Treaty:Institutional Choices and Implementation, Burlington: Ashgate Publishing,2012:21.

91.Marianne Wade.EuroNEEDs-Evaluating the need for and the needs of a European Criminal Justice System[R].Freiburg im Breisgau(Germany): Max Planck Institute for Foreign and International Criminal Law,2011.

92.Ademola Abass.The International Criminal Court and Universal Jurisdiction[J].International Criminal Law Review,2006,(3):349-385.

93.Mireille Delmas－Marty. Nécessité, legitimité et faisabilité du Corpus Juris[J].AGON,1999,(4):5-9.

94.Mireille Delmas－Marty. Combatting fraud－Necessity, legitimacy and feasibility of the Corpus Juris[J].Common Market Law Review,2000,(2): 247-256.

95. Simone White, Nicholas Dorn. Towards a decentralised European Public Prosecutor's Office[J].Amicus Curiae,2012,(1):2-8.

96.Antonio Cassese.On the Current Trends towards Criminal Prosecution and Punishment of Breaches of International Humanitarian Law[J].European Journal of International Law,1998,(1):13.

97.Douglas O.Linder.A Trial Account[EB/OL].http://law2.umkc.edu/faculty/projects/ftrials/nuremberg/NurembergIndictments.html,2015-08-05.

98.United Nations International Criminal Tribunal for Rwanda.The ICTR in Brief[EB/OL].http://www.unictr.org/en/tribunal,2015-08-05.

99.United Nations International Criminal Tribunal for Rwanda.Chambers [EB/OL].http://www.unictr.org/en/tribunal/chambers,2015-08-05.

100.United Nations Security Council.Resolution 1970(2011)[EB/OL]. http://www.icc-cpi.int/NR/rdonlyres/081A9013-B03D-4859-9D61-5D0B0F2F5EFA/0/1970Eng.pdf,2015-07-28.

101.International Criminal Court.History of the ICC(Rome Conference) [EB/OL].http://www.iccnow.org/? mod=rome,2015-08-05.

102.International Criminal Court.Frequently Asked Questions[EB/OL]. http://www.icc-cpi.int/en_menus/icc/structure%20of%20the%20court/office%20of%20the%20prosecutor/faq/Pages/faq.aspx,2015-07-24.

103. International Criminal Court. About the Court [EB/OL]. http://www.icc-cpi.int/en_menus/icc/about%20the%20court/Pages/about%20the%20court.aspx,2015-07-16.

104.International Criminal Court.ICC at a glance[EB/OL].http://www.icc-cpi.int/en_menus/icc/about%20the%20court/icc%20at%20a%20glance/Pages/icc%20at%20a%20glance.aspx,2015-07-16.

105. International Criminal Court. Office of the Prosecutor [EB/OL]. http://www.icc-cpi.int/en_menus/icc/structure%20of%20the%20court/

office% 20of% 20the% 20prosecutor/Pages/office% 20of% 20the% 20prosecutor.aspx,2015-07-24.

106.International Criminal Court.Regulations of the Office of the Prosecutor[EB/OL].http://www.icc-cpi.int/NR/rdonlyres/FFF97111-ECD6-40B5-9CDA-792BCBE1E695/280253/ICCBD050109ENG.pdf,2015-07-24.

107.International Criminal Court.Situation in Uganda[EB/OL].http://www.icc-cpi.int/en_menus/icc/press% 20and% 20media/press% 20releases/2004/Pages/president% 20of% 20uganda% 20refers% 20situation% 20concerning% 20the% 20lord_s% 20resistance% 20army% 20_lra_% 20to% 20the%20icc.aspx,2015-07-27.

108.International Criminal Court.The Office of the Prosecutor of the International Criminal Court opens its first investigation[EB/OL].http://www.icc-cpi.int/en_menus/icc/press%20and%20media/press%20releases/2004/Pages/the%20office%20of%20the%20prosecutor%20of%20the%20international%20criminal%20court%20opens%20its%20first%20investigation.aspx,2015-07-27.

109.International Criminal Court.Prosecutor receives referral of the situation in the Democratic Republic of Congo[EB/OL].http://www.icc-cpi.int/en_menus/icc/press%20and%20media/press%20releases/2004/Pages/prosecutor% 20receives% 20referral% 20of% 20the% 20situation% 20in% 20the% 20democratic%20republic%20of%20congo.aspx,2015-07-27.

110. International Criminal Court. Prosecutor opens investigation in the Central African Republic[EB/OL].http://www.icc-cpi.int/en_menus/icc/press%20and%20media/press%20releases/2007/Pages/prosecutor%20opens%20investigation% 20in% 20the% 20central% 20african% 20republic. aspx,2015-07-27.

111.International Criminal Court.ICC Prosecutor opens investigation into war crimes in Mali:"The legal requirements have been met. We will investigate"[EB/OL].http://www.icc-cpi.int/en_menus/icc/press% 20and% 20media/press% 20releases/news% 20and% 20highlights/Pages/pr869. aspx,2015-07-27.

112.International Criminal Court.Situation in Darfur,Sudan[EB/OL].http://www.icc-cpi.int/en_menus/icc/situations% 20and% 20cases/

situations/situation% 20icc% 200205/Pages/situation% 20icc - 0205. aspx, 2015-07-28.

113.International Criminal Court.The Prosecutor of the ICC opens investigation in Darfur[EB/OL].http://www.icc-cpi.int/en_menus/icc/press% 20and% 20media/press% 20releases/2005/Pages/the% 20prosecutor% 20of% 20the%20icc%20opens%20investigation%20in%20darfur.aspx,2015-07-28.

114.International Criminal Court. Situation in Libya[EB/OL].http://www. icc - cpi. int/en _ menus/icc/situations% 20and% 20cases/situations/icc0111/Pages/situation%20index.aspx,2015-07-28.

115.International Criminal Court.Situation in the Republic of Kenya[EB/OL].http://www.icc-cpi.int/en_menus/icc/situations%20and%20cases/situations/situation%20icc%200109/Pages/situation%20index.aspx,2015-07-28.

116.International Criminal Court.Situation in the Republic of Côte d'Ivoire[EB/OL]. http://www. icc - cpi. int/en _ menus/icc/situations% 20and% 20cases/situations/icc0211/Pages/situation%20index.aspx,2015-07-28.

117.International Criminal Court.The Prosecutor v. Laurent Gbagbo[EB/OL].http://www.icc-cpi.int/iccdocs/PIDS/publications/Gbagbo-and-BleGoudeEng.pdf,2015-07-28.

118.The International Criminal Tribunal for the former Yugoslavia(ICTY).Celebici case/Update 7:Trial Chamber II denies Delalic's motion on the form of the indictment[EB/OL].http://www.icty.org/sid/7305,2015-08-01.

119. International Criminal Court. Victims and witnesses [EB/OL]. http://www. icc - cpi. int/en _ menus/icc/structure% 20of% 20the% 20court/victims/Pages/victims%20and%20witnesses.aspx,2015-08-04.

120.International Criminal Court.The Prosecutor v.Thomas Lubanga Dyilo [EB/OL]. http://www. icc - cpi. int/en _ menus/icc/situations% 20and% 20cases/situations/situation% 20icc% 200104/Pages/situation% 20index. aspx, 2015-07-27.

121.International Criminal Court.The Prosecutor v.Omar Hassan Ahmad Al Bashir[EB/OL].http://www. icc - cpi. int/en _menus/icc/situations% 20and% 20cases/situations/situation%20icc%200205/related%20cases/icc02050109/Pages/

icc02050109.aspx,2015-07-28.

122. Katalin Ligeti. Introduction to the Model Rules [EB/OL]. http://eppo-project.eu/design/eppodesign/html/eu_model_rules/intro_model_rules/intro_model_rules.html,2015-07-24.

123. European Commission. European Public Prosecutor's Office [EB/OL]. http://ec.europa.eu/justice/criminal/judicial-cooperation/public-prosecutor/index_en.htm,2015-07-25.

124. International Law Commission. Yearbook of the International Law Commission, 1995 [EB/OL]. http://legal.un.org/ilc/publications/yearbooks/1995.htm,2015-06-25.